INFORMATIONS-
TECHNOLOGIE

Aufbauwissen 3

Realschule Bayern

Cornelsen

INFORMATIONS-
TECHNOLOGIE

Aufbau 3

Autorinnen und Autoren:
    Dominik Gerwald, Traunstein;
    Michael Konz, München;
    Dietmar Kratzer, Landshut;
    Melanie Kreidenweis, München;
    Theresa Rădulescu, Gauting;
    Julia Reichel, Pfaffenhofen an der Ilm;
    Wieland Stelzer, Nürnberg

Redaktion: Dr. Lutz Engelmann

Umschlaggestaltung: Studio SYBERG

Layoutkonzept: zweiband.media, Berlin

Grafik und technische Umsetzung: zweiband.media, Berlin

Begleitmaterialien für Lehrerinnen und Lehrer

Begleitmaterial auf USB-Stick mit Unterrichtsmanager und E-Book auf Scook   978-3-06-041082-8

---

www.cornelsen.de

Die Webseiten Dritter, deren Internetadressen in diesem Lehrwerk angegeben sind, wurden vor Drucklegung sorgfältig geprüft. Der Verlag übernimmt keine Gewähr für die Aktualität und den Inhalt dieser Seiten oder solcher, die mit ihnen verlinkt sind.

1. Auflage, 1. Druck 2020

Alle Drucke dieser Auflage sind inhaltlich unverändert und können im Unterricht nebeneinander verwendet werden.

© 2020 Cornelsen Schulverlag GmbH, Berlin

Das Werk und seine Teile sind urheberrechtlich geschützt. Jede Nutzung in anderen als den gesetzlich zugelassenen Fällen bedarf der vorherigen schriftlichen Einwilligung des Verlages. Hinweis zu §§ 60a, 60b UrhG: Weder das Werk noch seine Teile dürfen ohne eine solche Einwilligung an Schulen oder in Unterrichts- und Lehrmedien (§ 60b Abs. 3 UrhG) vervielfältigt, insbesondere kopiert oder eingescannt, verbreitet oder in ein Netzwerk eingestellt oder sonst öffentlich zugänglich gemacht oder wiedergegeben werden. Dies gilt auch für Intranets von Schulen.

Druck: AZ Druck und Datentechnik GmbH, Kempten

ISBN 978-3-06-041077-4 (Schülerbuch)
ISBN 978-3-06-041078-1 (E-Book)

PEFC zertifiziert
Dieses Produkt stammt aus nachhaltig bewirtschafteten Wäldern und kontrollierten Quellen.
www.pefc.de
PEFC/04-31-2260

Kapitel 1 — Datennetze — 5

1. Netzwerkkomponenten und Topologie 6
2. Kommunikation zwischen Netzwerken 18
3. Das Client-Server-Modell 23
4. Protokolle 26
5. Datenschutz und Datensicherheit 29
   Grundwissen 34
   Zeig, was du kannst! 35

Kapitel 2 — Programmierung – Algorithmen und Objekte — 37

1. Modellierung und Codierung von Algorithmen 38
   Grundwissen 50
   Zeig, was du kannst! 51
2. Objektorientierte Softwareentwicklung 53
   Grundwissen 69
   Zeig, was du kannst! 70

Kapitel 3 — Logik und Robotik — 71

1. Logische Schaltungen 72
   Grundwissen 83
   Zeig was du kannst 84
2. Robotik und eingebettete Systeme 85
   Grundwissen 101
   Zeig was du kannst 102

Kapitel 4 — Multimedia — 105

1. Computergrafik 106
   Grundwissen 120
   Zeig was du kannst 121
2. Computeranimation 123
   Grundwissen 137
   Zeig was du kannst 138
3. Audio und Video 139
   Grundwissen 153
   Zeig was du kannst 154
4. Webdesign 157
   Grundwissen 169
   Zeig was du kannst 170

Kapitel 5 IT-Projekt 171

1 Elemente der Projektarbeit in der Informationstechnologie 172
2 Das klassische Wasserfallmodell 173
3 Agiles Projektmanagement 175
4 Ein agiles Projekt umsetzen 176
Grundwissen 179
Zeig was du kannst 180

Register 183

Bildquellenverzeichnis

5: Shutterstock.com/NicoElNino; **6**/1: Shutterstock.com/Sugarless; **6**/2: Shutterstock.com/Bacho; **6**/3a: Shutterstock.com/bigmikephoto; **6**/3b: Shutterstock.com/Vtls; **6**/3c: Shutterstock.com/Zern Liew; **6**/4a: Shutterstock.com/Den Rozhnovsky; **6**/4b: Shutterstock.com/jeabsam; **7**/1, 2, 3, 4: Shutterstock.com/Martina V; **7**/5a/AccessPoint: Shutterstock.com/xfilephotos; **7**/5b/Handy: Shutterstock.com/Vector farther; **7**/5c/Laptop: Shutterstock.com/zentilia; **8**/1, 2, 3, 4: Shutterstock.com/Martina V; **8**/5a/AccessPoint: Shutterstock.com/xfilephotos; **8**/5b/Handy: Shutterstock.com/Vector farther; **8**/5c/Laptop: Shutterstock.com/zentilia; **9**/1: Shutterstock.com/iaRada; **9**/2: Shutterstock.com/Love Silhouette; **19**/1: Shutterstock.com/Artem Pohrebniak; **21**/unten/Firewall: Shutterstock.com/sarahdesign; **23**/Server: Shutterstock.com/aShatilov; **23**/Ober: Shutterstock.com/cristovao; **26**/1: Shutterstock.com/TeraVector; **26**/2: Shutterstock.com/stockfour; **27**/Tupperdosen: Shutterstock.com/Food Travel Stockforlife; **27**/Briefkasten: Shutterstock.com/Maria Sbytova; **34**/1/Tupperdosen: Shutterstock.com/Food Travel Stockforlife; **34**/2: Shutterstock.com/stockfour; **34**/3: Shutterstock.com/alphaspirit; **34**/4: Shutterstock.com/Yuriy Mykhaylov; **35**/1: Shutterstock.com/David-Teamen; **37**: Shutterstock.com/whiteMocca; **38**: Shutterstock/Vector farther; **50**: Shutterstock.com/Naser Farrag; **53**: Shutterstock.com/Alainara; **63**/Festplatte: Shutterstock.com/hadescom; **71**: Shutterstock.com/Besjunior; **74**: Shutterstock.com/Photographee.eu; **75**: Shutterstock.com/pernsanitfoto; **85**/Roboter: Shutterstock.com/Ociacia; **85**/Taktstraße: Shutterstock.com/Phonlamai Photo; **85**/Einparkhilfe: Shutterstock.com/Akarat Phasura; **86**/Marsrover: Shutterstock.com/SergeyDV; **86**/Industrie 4.0: Shutterstock.com/PopTika; **89**/1: Shutterstock.com/Tribalium; **92**: Imago Stock & People GmbH/fStop Images; **94**/1: Shutterstock.com/EVZ; **94**/2: Shutterstock.com/JKstock; **95**/Schnecke: Shutterstock.com/Ysami; **95**/Fragezeichen: Shutterstock.com/3dmask; **95**/Läufer: Shutterstock.com/brandmix; **97**/1, 2, 3, 4, 5: Cornelsen/Dominik Gerwald; **99**/1, 2, 3: Cornelsen/Dominik Gerwald; **99**/4/Fragezeichen: Shutterstock.com/3dmask; **104**/links oben: Cornelsen/Dominik Gerwald; **105**: mauritius images/alamy stock photo/Jason Friend Photography Ltd; **106**/1: Cornelsen/Design: Wieland N. Stelzer; **117**/1: Cornelsen/Design: Wieland N. Stelzer; **118**/1: Cornelsen/Design: Wieland N. Stelzer; **122**/1, 2, 3: Cornelsen/Design: Wieland N. Stelzer; **123**/1, 2, 3: Cornelsen/Design: Wieland N. Stelzer; **126**: Cornelsen/Design: Wieland N. Stelzer; **127**: Cornelsen/Design: Wieland N. Stelzer; **128**: Cornelsen/Design: Wieland N. Stelzer; **134**/1: Cornelsen/Design: Wieland N. Stelzer; **135**/Fotos: Cornelsen/Design: Wieland N. Stelzer; **141**/1: Shutterstock.com/mipan; **141**/2: Shutterstock.com/Billy Bop; **141**/3: Shutterstock.com/Valentyna7; **145**/1, 2, 3, 4, 5, 6, 7: Cornelsen/Dietmar Kratzer; **146**: Cornelsen/Dietmar Kratzer; **147**/1, 2, 3, 4, 5, 6, 7: Cornelsen/Dietmar Kratzer; **152**: Cornelsen/zweiband.media, Berlin/Shutterstock.com/Oleksii Arseniuk; **168**/1: Shutterstock.com/Tonkinphotography; **171**: Cornelsen/Melanie Kreidenweis; **172**/1: stock.adobe.com/zeynurbabayev; **174**/1, 2: Cornelsen/Melanie Kreidenweis; **175**: Cornelsen/Melanie Kreidenweis; **176**: Cornelsen/Melanie Kreidenweis; **177**/1/Aufgabenkarten: Cornelsen/Melanie Kreidenweis; **177**/2/Aufgabentafel: Cornelsen/Anja Rosenbaum; **177**/3, 4: Cornelsen/Melanie Kreidenweis; **178**/1: Cornelsen/Melanie Kreidenweis; **178**/2: Cornelsen/Anja Rosenbaum; **178**/3: Cornelsen/Melanie Kreidenweis; **179**: Cornelsen/Melanie Kreidenweis; **182**: Cornelsen/Melanie Kreidenweis

Urheber der Bildschirmschüsse sind die Autoren.
Dr. Stefan Freischlad, Filius; Peter Schneider, EOS 2;
Scratch is developed by the Lifelong Kindergarten Group at the MIT Media Lab. See http://scratch.mit.edu;
Ulrich Freiberger, RobotKarol, Version 3

Kapitel 1

Datennetze

1 Netzwerkkomponenten und Topologie
2 Kommunikation zwischen Netzwerken
3 Das Client-Server-Modell
4 Protokolle
5 Datenschutz und Datensicherheit

6 Kapitel 1 — Datennetze

In unserem Alltag spielt die Kommunikation zwischen Computern, Smartphones und Tablets eine große Rolle. Recherche und Bestellungen im Internet, E-Mails und Instant Messages, etc. sind Selbstverständlichkeiten, auf die wir nicht mehr verzichten wollen.

Damit Computer miteinander kommunizieren, müssen gewisse Voraussetzungen bestehen. Unsere eigenen Computer und mobilen Endgeräte sind hierbei nur winziger Bestandteil eines riesigen, weltweiten Netzes aus Rechnern. Die Rechner sind durch Kabel oder Funk miteinander verbunden und die Kommunikation zwischen ihnen wird scheinbar wie durch Zauberhand gesteuert.

In diesem Kapitel erfährst du, mit Hilfe welcher Komponenten und Protokolle Computer miteinander in Verbindung treten und wie die Geräte arbeiten, um Daten auszutauschen. Du lernst, wie du kleine, grundlegende Strukturen zu größeren, komplexeren verknüpfst und erweiterst.

Auch wie Webseiten auf deinem Computer landen ist keine Zauberei, sondern wird durch genaue Protokolle geregelt, die du hier kennenlernst.

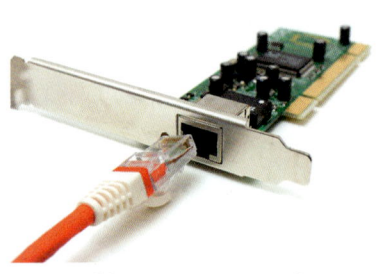

1. Erstelle eine Liste von Geräten und Orten, an denen du Internetdienste verwendest. Hast du eine Idee, wie die Geräte kommunizieren?

LAN steht für **L**ocal **A**rea **N**etwork und bezeichnet ein örtlich begrenztes Netzwerk, wie z. B. ein Heimnetzwerk oder das Netz einer Firma.

Netzwerkkarte (**NIC**, **N**etwork **I**nterface **C**ard) mit LAN (Local Area Network)-Kabel

1 Netzwerkkomponenten und Topologie

Die Basiskomponenten

Um den Aufbau eines Rechnernetzes zu begreifen, analysieren wir zunächst das Netz in deinem Schulhaus. Betrachtest du die Kabel an den Computern in eurem PC-Raum, so siehst du an jedem Gerät neben dem Stromkabel und den Verbindungskabeln für Monitor, Tastatur und Maus ein weiteres Kabel – das Netzwerk- oder **LAN-Kabel**. Dieses steckt an der sogenannten **Netzwerkkarte** (NIC), der physischen Schnittstelle zwischen Computer und Kabel.

Schließt man mit Hilfe des LAN-Kabels zwei Computer aneinander, so können diese theoretisch miteinander kommunizieren.

Bisher haben wir nur zwei Rechner miteinander verbunden. Betrachtest du die Netzwerkkarten eurer PCs, so wirst du merken, dass hier jeweils nur ein Anschluss vorgesehen ist. Einen dritten PC mit in das Netzwerk aufzunehmen, ist also gar nicht möglich.

Wie kommt es dann, dass dennoch alle eure Rechner miteinander verbunden sind?

Um dies zu ermöglichen, nutzt man Verteiler, an die alle Geräte gekoppelt sind und die die Datenpakete zum jeweiligen Zielrechner weiterleiten. Diese Verteiler heißen **Switches**.

Ein Switch lernt selbstständig die Teilnehmer an seinem Netz kennen. Man braucht selbst keine weiteren Einstellungen vornehmen.

5-, 16- und 48-Port-Switches

Datenströme werden in Netzwerken als kleine Einheiten (sogenannte Frames) verpackt und versendet.

Topologien und Übertragungsmedien

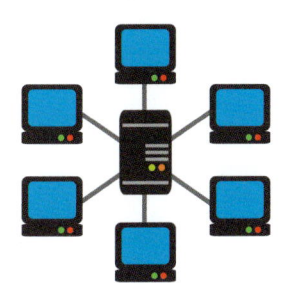

Die Anordnung der angeschlossenen PCs um ein zentrales Gerät nennt sich **Stern-Topologie.**
Jedes Netzwerk hat eine eigene Topologie, die sich aus den Ansprüchen an Kosten für Aufbau und Wartung, Geschwindigkeit der Datenübertragung und Ausfall- und Abhörsicherheit ergibt. Auch bauliche Voraussetzungen müssen häufig Berücksichtigung finden.

Der Vorteil eines „Sterns" ist, dass sich hier viele Rechner mit jeweils nur einem Kabel und damit auch nur einer Netzwerkkarte zusammenschließen lassen. Außerdem stört der Ausfall eines Computers oder Kabels die Funktion des restlichen Netzwerkes nicht. Fällt allerdings das zentrale Gerät selbst aus, so ist das komplette Netzwerk tot. Außerdem ist die Anschaffung eines solchen zentralen Verteilers notwendig und bei vielen Endgeräten entsprechend teuer.

Neben dem Stern und der direkten Verbindung zweier Geräte (Punkt-zu-Punkt-Verbindung) gibt es jede Menge weitere Topologien. Die jeweilige Topologie bestimmt die Ausfallsicherheit eines Netzwerkes. Nur wenn alternative Wege bestehen, bleibt beim Ausfall einzelner Verbindungen die Funktionsfähigkeit des Netzwerkes erhalten.
Bei der Realisierung spielen allerdings auch die Kosten und der Aufwand beim Verkabeln eine Rolle, weshalb die Entscheidung für eine bestimmte Infrastruktur stark von ihrem Zweck abhängt. Vor dem Aufbau eines Netzes sollte man also eine geeignete Topologie wählen.

Vermaschtes Netz: Jeder Teilnehmer ist mit einem oder mehreren anderen Teilnehmern verbunden. Sind alle mit allen verbunden, so ist das Netz **vollvermascht.**
Beispiel: Das Internet ist vermascht, aber nicht vollvermascht.

Bus: Bei einem Bus sind alle Teilnehmer durch das gleiche Übertragungsmedium (Kabel), dem sogenannten Bus verbunden. Der Anschluss der Netzwerkkarten erfolgt über T-Stücke.
Beispiel: Lichtsteuerung im Smarthome

Ring: Bei einem Ring werden je zwei Teilnehmer direkt miteinander verbunden. Die Informationen werden von Teilnehmer zu Teilnehmer weitergeleitet, bis der Empfänger erreicht ist. Die Übertragung hat im Normalfall immer die gleiche Richtung.
Beispiel: heute in der Realität kaum verwendet

Zelle: Eine Zelle ist der Bereich um eine Basisstation (z. B. WLAN-Access-Point) innerhalb der die Kommunikation zwischen den teilnehmenden Geräten und der Basisstation möglich ist. Diese Topologie kommt bei Drahtlosnetzwerken zum Einsatz.
Beispiele: WLAN, Mobilfunk

Die Anordnung von Geräten und Leitungen sowie die verwendeten Übertragungsmedien, die ein Rechnernetz bilden, bezeichnet man als **Topologie.**
Unter Topologie versteht man in der Mathematik die Lehre von der Lage und Anordnung geometrischer Gebilde im Raum.

Als **Ethernet** bezeichnet man die kabelgebundene Variante eines Netzwerks, mit dem Daten zwischen Geräten transportiert werden können. Die dafür benötigten Ethernet-Kabel haben wir bereits als LAN-Kabel kennengelernt.

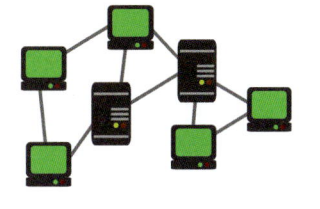

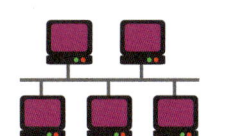

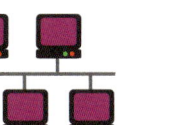

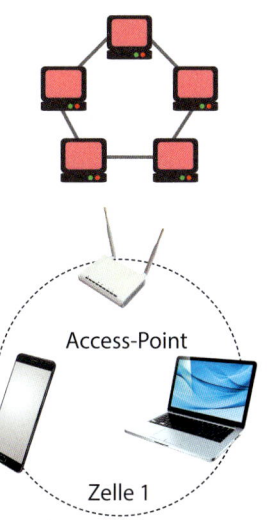

2. Erkläre, welche Topologie du für einen Computerraum mit 10 Computern vorschlagen würdest. Begründe deine Meinung.

Topologie	Vorteile	Nachteile
Stern	• Ausfall eines Endgerätes hat keine Auswirkung auf restliches Netz • leicht erweiterbar, Fehlersuche einfach, da Komplexität gering (leicht verständlich) • hohe Übertragungsraten, da Übertragungswege (Kabel) nicht geteilt	• hoher Kabelaufwand • bei Ausfall des Verteilers Zusammenbruch des ganzen Netzes • auf Anschlussstellen am Verteiler begrenzte Anzahl an Teilnehmern
Vermascht	• Bei Ausfall eines Gerätes ist die Umleitung über andere Teilnehmer möglich und damit die Kommunikation nicht unterbrochen. Dadurch ist dies die ausfallsicherste Art der Vernetzung.	• hoher Kabelaufwand und hoher Energieaufwand durch ggf. komplexes Weiterleiten
Bus	• geringe Kosten, da nur geringe Kabelmengen erforderlich sind • einfache Verkabelung und Netzerweiterung • Ausfall eines Gerätes hat keine Auswirkung auf das Gesamtsystem	• Datenübertragungen können ziemlich leicht abgehört werden • Bei einer Störung des Übertragungsmediums (defektes Kabel) fällt das ganze System aus. • Es kann zu jedem Zeitpunkt immer nur eine Station Daten senden. Währenddessen sind alle anderen Sender blockiert.
Ring	• alle Rechner haben gleiche Zugriffsmöglichkeiten • schnelle, kollisionsfreie Übertragung • alle Stationen verstärken das Signal, wodurch weite Übertragungsstrecken möglich werden	• Bandbreite kann voll ausgeschöpft werden • Der Ausfall eines Teilnehmers unterbricht die ganze Kommunikation, was allerdings durch eine Richtungsänderung abgefangen werden kann. • teure Geräte notwendig (zwei Netzwerkkarten pro Gerät)
Zelle	• keine Kabel notwendig • Ausfall eines Endgerätes hat keine Auswirkung auf restliches Netz	• sehr begrenzte Reichweite • Der Ausfall des Verteilers oder Probleme beim Provider legen die Zelle lahm. • störanfällig, z. B. durch fremde Zellen oder Stahlbetondecken • Sehr unsicher, da von außen jeder zugreifen kann. Hier schafft eine Verschlüsselung Abhilfe.

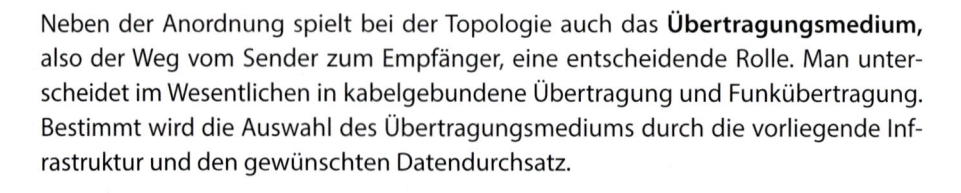

Die grundlegenden Strukturen treten in großen Netzwerken häufig in vermischter Form als Hybride auf. So werden z. B. oft mehrere Sterne (erweiterter Stern oder Baum) durch einen weiteren Verteiler miteinander verbunden.

Neben der Anordnung spielt bei der Topologie auch das **Übertragungsmedium**, also der Weg vom Sender zum Empfänger, eine entscheidende Rolle. Man unterscheidet im Wesentlichen in kabelgebundene Übertragung und Funkübertragung. Bestimmt wird die Auswahl des Übertragungsmediums durch die vorliegende Infrastruktur und den gewünschten Datendurchsatz.

Netzwerkkomponenten und Topologie — Kapitel 1

Kabelgebundene Übertragung: Kabel können oberirdisch, unterirdisch oder auch als Unterseekabel durch ganze Ozeane verlaufen. Es leuchtet ein: Je mehr Daten versendet werden sollen, desto dicker müsste das Kabel sein. Oder, man benötigt eine andere Art von Kabel. Neben dem klassischen **Kupferkabel,** welches die Daten durch elektrischen Strom übermittelt, gibt es heute **Glasfaserkabel (Lichtwellenleiter, LWL),** die aus dünnsten Glasfäden bestehen und die Daten als optische Lichtimpulse störungsfrei über weite Strecken übertragen können. Lichtwellenleiter umspannen mittlerweile die ganze Erde und sind für die weltweite Informationsübertragung unverzichtbar.

2018 stellten Microsoft und Facebook das Transatlantikkabel „Marea" fertig, mit welchem sich 71 Mio. HD-Videos gleichzeitig streamen lassen. Das LWL-Kabel ist dabei in etwa so dick wie ein Gartenschlauch.

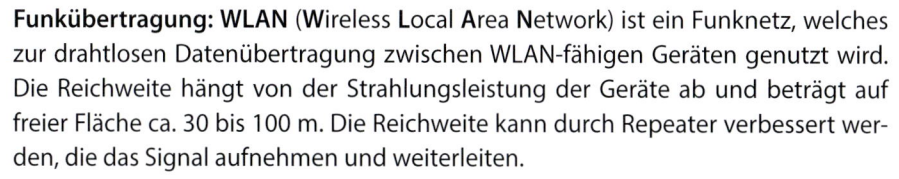

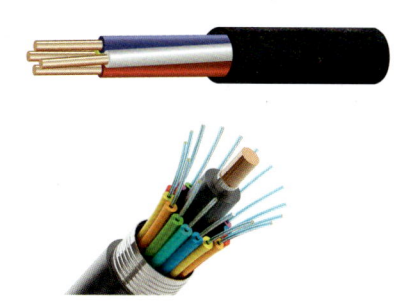

Kupferkabel und Lichtwellenleiter

Funkübertragung: WLAN (**W**ireless **L**ocal **A**rea **N**etwork) ist ein Funknetz, welches zur drahtlosen Datenübertragung zwischen WLAN-fähigen Geräten genutzt wird. Die Reichweite hängt von der Strahlungsleistung der Geräte ab und beträgt auf freier Fläche ca. 30 bis 100 m. Die Reichweite kann durch Repeater verbessert werden, die das Signal aufnehmen und weiterleiten.

Mobilfunk basiert auf dem gleichen Prinzip wie WLAN, hat aber im Gegensatz dazu beträchtlich größere Reichweiten, was eine flächendeckende Versorgung erleichtert.

> Sind Übertragungsstrecken zu lang, können **Repeater** Signale zwischendurch verstärken und sorgen so für eine größere Reichweite. Repeater kennen wir meist vom WLAN, es gibt sie aber auch für kabelgebundenen Signale.

	Kupferkabel	LWL	WLAN	Mobilfunk
Datenübertragungsrate (Theorie)	Die Datenübertragungsrate hängt von der Anzahl der Adern (▶ Abbildung zum Kupferkabel) ab. Fast Ethernet 4 Adern: **100 MBit/s** Gigabit Ethernet 8 Adern: **1 GBit/s**	Variiert stark abhängig von der Art des eingestreuten Lichts (LED, Laser) und Art und Güte der Faser im **Gigabitbereich.**	WLAN, 2,4 GHz **bis 450 MBit/s** WLAN 5 GHz **bis 1733 MBit/s** Die Übertragungsgeschwindigkeit ist auch stark von der Anzahl der Nutzer abhängig.	GSM (2G) 9,6 kBit/s UTMS (3G) 384 kBit/s LTE (4G) 500 MBit/s (2G, 3G, 4G und 5G stehen für die 2., 3., 4. und 5. Generation des mobilen Internet.)
Reichweite	100 m	sehr hohe Reichweite (mehrere hundert Meter ohne Zwischenverstärker)	Bis zu ca. 100 m. Je höher die Frequenz, desto geringer die Reichweite.	bei optimalen Bedingungen (Wetter, geografische Umgebung und Bebauung) je nach Standard 35 km (GSM), 20 km (LTE)
Vorteile	günstig bei vernünftigen Übertragungsraten im LAN	hohe Übertragungsrate; hohe Unempfindlichkeit gegenüber elektrischen und magnetischen Störfeldern; leichtere Kabel und weniger Verstärker	keine Verkabelung zu den Endgeräten nötig	keine Verkabelung zu den Endgeräten nötig; weitgehend flächendeckende Versorgung
Nachteile	Bei hohem Datenverkehr sind dicke Kabelstränge nötig, die schwer zu verlegen sind, empfindlich gegenüber Störfeldern (andere Daten- oder Stromkabel), geringe Reichweite.	hohe Anschaffungskosten, Geschwindigkeitsverluste durch Biegungen, Kopplungsstücke und Materialfehler im Glas; Unterbrechungen der Leitung schwer möglich; höhere Sorgfalt beim Verlegen erforderlich, da empfindlich gegenüber mechanischer Belastung	hohe Störanfälligkeit durch ungeeignete Umgebung und andere Sender; wenig abhörsicher	wenig abhörsicher

Nicht jedes Übertragungsmedium eignet sich für jede Topologie. Signale in kabelgebundenen Netzen haben klare Wege entlang der Kabelstrecke, während sich Funkwellen kugelförmig um die Quelle ausbreiten können. Bei Funkwellen kann jeder Empfänger das Signal aufnehmen und mithören, ohne andere Empfänger zu stören. Funkübertragung eignet sich also z. B. für Bus-Topologien. Ein LWL hingegen kann nicht einfach beliebig unterbrochen und angekoppelt werden. Er eignet sich aber gut für die Punkt-zu-Punkt-Kommunikation in einem vermaschten Netz.

Adressierung und Subnetting

Natürlich möchten wir nun gerne ausprobieren, wie man die Rechner miteinander verbindet und ob sie dann kommunizieren können. Bevor wir aber den PC-Raum deiner Schule demontieren und umbauen, lernen wir eine Simulationssoftware kennen, mit deren Hilfe du Computernetze nachbauen und testen kannst: **Filius.**

Freier Download und Material für Filius:
http://www.lernsoftware-filius.de

3. Lade das Lernprogramm Filius auf deinen PC bzw. öffne es, falls es bereits installiert ist. Ziehe zwei Rechner in den Arbeitsbereich und verbinde diese.

Mit Filius kannst du Computer zu einem Netzwerk zusammenschließen. Hierzu ziehst du aus der Symbolleiste per Drag&Drop die Bauteile in den Arbeitsbereich. Wieder entfernen kannst du sie mit Hilfe der rechten Maustaste.
Um die Rechner wirklich miteinander zu verbinden, musst du nun noch eine kleine Einstellung vornehmen: Ändere (per Doppelklick) die Standardkonfiguration eines der Rechner bei „IP-Adresse" folgendermaßen ab:

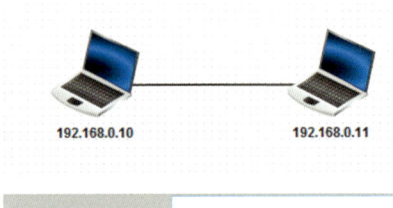

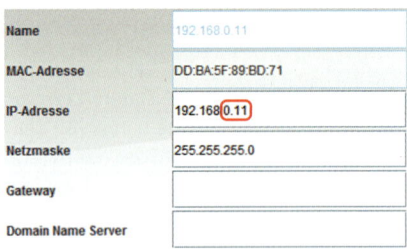

Mit dieser kleinen Änderung hast du diesem Rechner eine neue, eigene Adresse gegeben. Wie auch in der Wirklichkeit, können keine zwei Häuser auf der Welt die genau gleiche Adresse haben. Auch in Computernetzen muss die Adresse eines bestimmten Rechners einzigartig sein, damit es nicht zu Verwechslungen kommen kann und jeder Rechner erreichbar ist.

Mehr über die IP-Adresse erfährst du auf Seite 12.

Die Adresse in einem Computernetz nennt man **IP-Adresse** (oder auch kurz **IP**), da sie auf dem sogenannten Internetprotokoll basiert. Jedem Gerät, das an ein auf dieser Internettechnik basierendes Computernetz angeschlossen ist, muss eine IP-Adresse zugewiesen sein.
Auch in Filius kannst du kein zweites Kabel an einen Rechner stecken. Allerdings gibt es hier natürlich einen Switch, um beliebig viele Rechner miteinander zu verbinden.

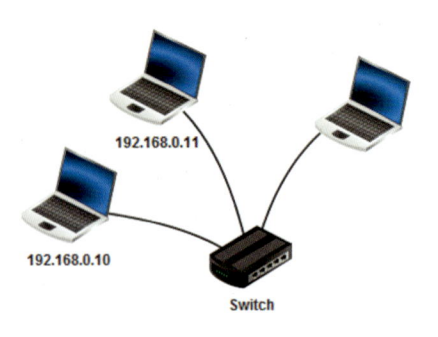

4. Setze in deinem kleinen Filiusnetzwerk einen Switch ein und verkable neu, so dass ein Netzwerk mit drei Rechnern entsteht. Passe die letzten Stellen der IP-Adressen so an, dass eine Kommunikation zwischen den Rechnern möglich wird.

Bei 340 Sextillionen IPv6-Adressen können theoretisch 1500 Geräte pro Quadratmeter der Erde versorgt werden. Das sollte eine Weile reichen.

Im Internet Protokoll Version 4 (**IPv4**) ist eine IP-Adresse eine 32-Bit-Nummer. Es gibt demnach also maximal 2^{32} = 4 294 967 294 mögliche Adressen im WWW (World Wide Web). In unserer Welt sind heute aber deutlich mehr IP-Adressen an allen erdenklichen Geräten im Einsatz. Technische Tricks machen das möglich, es ist aber umständlich. Aus diesem Grund wurde eine neue Version des Internet Protokolls (**IPv6**) entwickelt. Hier besteht eine IP-Adresse aus 128 Bit. Es gibt also rund 340 282 366 920 938 000 000 000 000 000 000 000 000 Möglichkeiten. Mit der IPv6 kann jedes Gerät weltweit über eine eigene IP verfügen.

Die Kommandozeile und der Ping-Test

Nun kannst du vom Entwurfs- in den Aktionsmodus wechseln und testen, ob tatsächlich eine Verbindung zwischen den Rechnern besteht.

Hierzu installierst du zunächst auf dem Rechner mit der IP-Adresse 192.168.0.10 die Befehlszeile (Doppelklick → Software-Installation) und gibst den Befehl ping 192.168.0.11 ein.

Die Konsole (Terminal, Kommandozeile, Eingabeaufforderung,…) dient der direkten Eingabe von Systembefehlen. Eine Liste der möglichen Befehle erhältst du in FILIUS beim Aufruf der Befehlszeile.

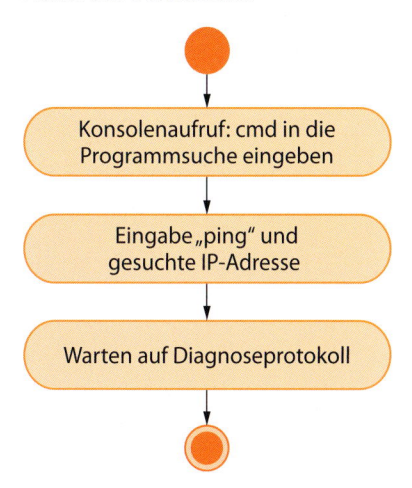

```
192.168.0.10
Befehlszeile
=================================================
Liste verfügbarer Befehle:
 arp         zeige Adresstabelle des "Address Resolution Protocol" (ARP)
 cat / type  zeige Dateiinhalt an
 cd          Verzeichnis wechseln
 copy / cp   Datei kopieren
 del / rm    lösche Datei/Verzeichnis
 dir / ls    zeige Liste der Dateien im aktuellen Verzeichnis
 exit        beende Terminal-Anwendung
 help        zeige diese Befehlsliste
 host        löse Hostnamen zu IP-Adresse auf
 ipconfig    Netzwerkkonfiguration anzeigen
 mkdir       erstelle Verzeichnis
 move / mv   Datei verschieben/umbenennen
 netstat     zeige Liste aller Verbindungen
 ping        teste Verbindung zu anderem Rechner
 pwd         gib Pfad des aktuellen Arbeitsverzeichnisses aus
 route       Routing-/Weiterleitungstabelle anzeigen
 touch       erstelle Datei
 traceroute  analysiere Stationen des Übertragungsweges
=================================================
root /> ping 192.168.0.11
```

Ping-Test unter Windows:
- Konsolenaufruf: cmd in die Programmsuche eingeben
- Eingabe „ping" und gesuchte IP-Adresse
- Warten auf Diagnoseprotokoll

Mit Hilfe des Ping-Tests werden Anfragepakete mit der Aufforderung nach Antwort (pong) an eine Zieladresse gesendet. Der Empfänger sendet, sofern er erreichbar ist und Pinganfragen unterstützt Antwortpakete zurück. Üblicherweise wird auch die Zeit zwischen dem Aussenden der Anfrage und dem Empfang der Antwort (Paketumlaufzeit) angegeben.

Das Diagnosetool hilft dabei zu ermitteln, ob ein anderer Rechner im Netzwerk erreichbar ist und wie schnell eine Verbindung zwischen zwei Rechnern ist.

```
root /> ping 192.168.0.11
PING 192.168.0.11 (192.168.0.11)
From 192.168.0.11 (192.168.0.11): icmp_seq=1 ttl=64 time=249ms
From 192.168.0.11 (192.168.0.11): icmp_seq=2 ttl=64 time=127ms
From 192.168.0.11 (192.168.0.11): icmp_seq=3 ttl=64 time=127ms
From 192.168.0.11 (192.168.0.11): icmp_seq=4 ttl=64 time=127ms
--- 192.168.0.11 Paketstatistik ---
4 Paket(e) gesendet, 4 Paket(e) empfangen, 0% Paketverlust
```

Zeitspanne, die vom Aussenden eines Pakets bis zum Empfang eines unmittelbar geschickten Antwortpakets vergeht

5. Teste in deinem Filiusnetzwerk die Verbindung zu den jeweils anderen Rechnern mit dem Ping-Test. Erkläre die zugehörige Paketstatistik.

6. Starte auch auf deinem Schulrechner (nicht in FILIUS) die Befehlszeile und finde deine IP-Adresse heraus.

7. Pinge die IP-Adresse deines Nachbarn. Bekommst du Antwort, obwohl eure Rechner nicht direkt verbunden sind? Welche Bauteile sind hierfür nötig und wo stehen sie in deinem Klassenraum?

Die Befehlszeile ist kein Werkzeug, welches nur FILIUS zur Verfügung steht. Fast jeder Rechner verfügt über eine vergleichbare Konsole. Bei Windows-Rechnern startet man diese mit dem Befehl cmd (command/Kommandozeile) in der Programmsuche ([Windows]+[R]), oder man findet sie bei den Zubehörprogrammen.

Ein weiterer sehr nützlicher Konsolenbefehl ist **ipconfig**, welcher die aktuelle Netzwerkkonfiguration des Rechners anzeigt.
Hier siehst du neben der IP-Adresse alle für die Teilnahme an deinem Netzwerk getroffenen Einstellungen.

```
root /> ipconfig
IP Adresse . . . : 192.168.0.10
Netzmaske. . . . : 255.255.255.0
Physische Adresse: 6C:78:B1:45:DB:61
Standardgateway. :
DNS-Server . . . :
```

Mit dem Befehl **ipconfig/all** erhältst du unter Windows sogar noch mehr Informationen zu deinem Netzwerk.

Kommunikation durch IP-Adresse und Subnetzmaske

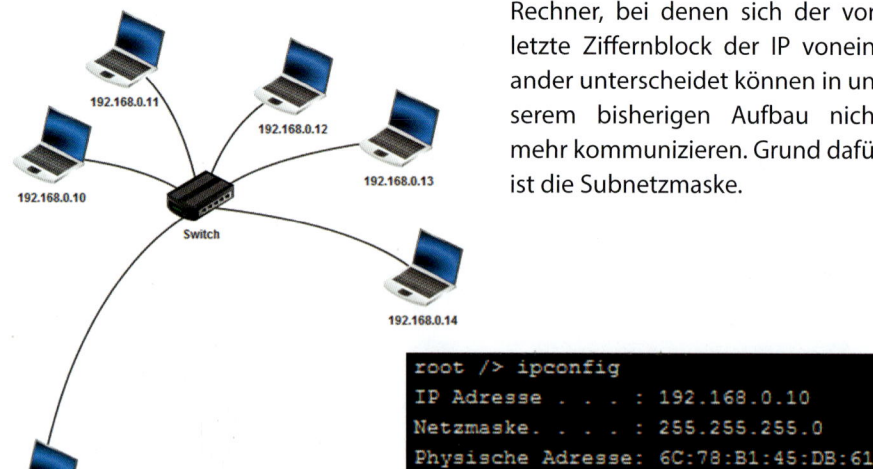

✏️
8. Ändere in deinem Netzwerk die IP-Adresse eines Rechners auf 192.168.1.10 ab und teste dein Netzwerk erneut mit Hilfe des Pings. Beschreibe was passiert.

Rechner, bei denen sich der vorletzte Ziffernblock der IP voneinander unterscheidet können in unserem bisherigen Aufbau nicht mehr kommunizieren. Grund dafür ist die Subnetzmaske.

```
root /> ipconfig
IP Adresse . . . : 192.168.0.10
Netzmaske. . . . : 255.255.255.0
Physische Adresse: 6C:78:B1:45:DB:61
Standardgateway. :
DNS-Server . . . :
```

🪄
Als **Host** bezeichnet man einen in ein Netzwerk eingebundenen Rechner.

Neben der IP-Adresse spielt die Subnetzmaske oder Netzmaske eine große Rolle bei der Konfiguration eines Netzwerkes.

Betrachtest du deine Netzwerkkonfiguration stellst du fest, dass alle Netzmasken drei Mal die Zahl 255 und einmal die Zahl 0 haben.

Die **Subnetzmaske** fasst mehrere IP-Adressen zu einem Netzwerk zusammen.
Dabei teilt die Subnetzmaske die IP in zwei Teile: Den Netzwerk- und den Hostanteil, ähnlich der Vorwahl und der Rufnummer bei einer Telefonnummer.
Die Netzmaske legt dabei fest, welche Blöcke der IP-Adresse dem Netzwerk zugeordnet sind (255) und bei welchem Teil es sich um den Rechner selbst handelt (0).

✏️
9. Erweitere dein Netzwerk nach dem in der obigen Grafik gezeigten Modell. Bringe alle Rechner mit Hilfe der Subnetzmaske in das gleiche Netz.

Für die obige Grafik bedeutet das also mit der Netzmaske *255.255.255.0*, dass sich fünf der Rechner in einem, der sechste in einem anderen Netzwerk befinden.

Netzwerk (255.255.255.0)	Hosts
192.168.0	**10; 11; 12; 13; 14**
192.168.1	**15**

🪄
Beispiel:
192.168. 0. | 10
255.255.255. | 0

Lautet die Netzmaske hingegen *255.255.0.0*, so befinden sich alle Rechner im selben Netz.

Netzwerk (255.255.0.0)	Hosts
192.168	**0.10; 0.11; 0.12; 0.13; 0.14; 1.15**

Um nicht bei jeder IP-Konfiguration die komplette Subnetzmaske mit angeben zu müssen, verwendet man vereinfachend ein Suffix (Nachsilbe/Anhängsel), das die Maske beschreibt. Das Suffix leitet sich von der Anzahl der Einsen in der binären Darstellung der Netzmaske ab.

Netzwerkkomponenten und Topologie — Kapitel 1

Netzmaske	Binärdarstellung	Suffix
255.0.0.0	1111 1111 0000 0000 0000 0000 0000 0000	/8
255.255.0.0	1111 1111 1111 1111 0000 0000 0000 0000	/16
255.255.255.0	1111 1111 1111 1111 1111 1111 0000 0000	/24

Nun stellt sich die Frage, warum man nicht immer direkt die /8er-Netzmaske verwendet, wenn sich dann „automatisch" die Rechner mit den meisten IPs im gleichen Netz befinden und ihre Kommunikation damit einfach möglich ist.

Es gibt häufig Gründe, Netzwerke voneinander zu trennen. In deiner Schule gibt es z. B. ein Netz, in dem sich die Schülerrechner befinden und eines, in dem die Verwaltung arbeitet. Die Schülerrechner sollten natürlich keinen Zugriff auf die Verwaltungsrechner haben, was getrennte Netze vereinfachen.

Gleichzeitig gibt die Netzmaske aber auch an, wie viele Rechner sich im gleichen Netz befinden können. In einem /24er-Netz werden alle 8 Bits des letzten Blocks für den Hostanteil verwendet. Hier gibt es also $2^8 = 256$ mögliche Adressen. Zwei der Adressen dürfen jedoch nicht frei vergeben werden, wodurch sich maximal 254 Geräte in dem Netzwerk befinden können.

> Die erste und die letzte mögliche Adresse eines Netzwerks dürfen nie als Host-IPs vergeben werden. Hierbei handelt es sich um die sogenannte Netzwerkadresse selbst (0) und die Broadcastadresse (255).

Betrachten wir als Beispiel das Netz **192.168.57.0 /24**, so ist die letzte mögliche Adresse im Netzwerk die 192.168.57.255.
Durch diese sogenannte **Broadcast-Adresse** (engl. Rundruf) werden Datenpakete an alle Geräte eines Netzwerks gleichzeitig verschickt. Je weniger Rechner zu einem Netzwerk zusammengefasst sind, umso weniger Leistung nehmen Broadcasts in Anspruch.

Soll ein Netz in andere als durch die Suffixe /8, /16 und /24 vorgegebenen Subnetze untergliedert werden, so muss man rechnen.

Betrachten wir wieder das Netz 192.168.57.0 mit der
Standardsubnetzmaske   255.255.255.0
Binär geschrieben bedeutet das   11111111.11111111.11111111.00000000

Um z. B. 4 Unternetze zu bilden, wird die Menge der jeweils im Netzwerk verfügbaren IP-Adressen verkleinert, also muss der Netzwerkanteil vergrößert werden. Für 4 Subnetze werden 2 Bit ($2^2 = 4$) dem Netzwerkanteil zugeordnet. Es bleiben also 6 Bit und damit 64 ($= 2^6$) Adressen für den Hostanteil übrig.
$$11111111.11111111.11111111.11000000$$

Berechnet man hier aus dem letzten Block nun die Dezimalzahl, so erhält man die Zahl 192 ($1 \cdot 2^7 + 1 \cdot 2^6 + 0 \cdot 2^5 + 0 \cdot 2^4 + 0 \cdot 2^3 + 0 \cdot 2^2 + 0 \cdot 2^2 + 0 \cdot 2^0$) und erhält damit die Maske 255.255.255.192 (bzw. das Suffix /26).
Damit erhält man 4 Subnetze:
  1) von 192.168.57.0 /26   bis   192.168.57.63 /26
  2) von 192.168.57.64 /26   bis   192.168.57.127 /26
  3) von 192.168.57.128 /26   bis   192.168.57.191 /26
  4) von 192.168.57.192 /26   bis   192.168.57.255 /26

Auch untypische Netzmasken wie 255.255.128.0 sind prinzipiell möglich und werden verwendet. Hier muss allerdings gerechnet werden um festzustellen zu welchem Netz welche IPs gehören.
Beispiel: 192.168.0.1 mit Subnetzmaske 255.255.255.0 entspricht 192.168.0.1 /24

10. Erkläre, warum es sich hierbei um eine untypische Netzmaske handelt.

Die erste Mögliche Adresse im selben Netzwerk ist die 192.168.57.0. Durch die sogenannte Netzwerk-Adresse wird das Netz selbst adressiert. Die Netzadresse darf keinem Host zugeordnet werden.

Neben **Broadcasts** ist auch oft von Unicasts und Multicasts die Rede. Hierbei sind die Versendung von Paketen an einzelne Adressen (**Unicast**) bzw. an einige ausgewählte Adressen im Netzwerk gleichzeitig (**Multicast**) gemeint.

11. Unterteile das Netz 139.12.21.0 /24 in 8 Subnetze.

Netzwerkgeräte und ihre Kommunikationsweise 1 – Switch und Hub

Du hast bereits gelernt, wie man Netzwerkgeräte mit Hilfe eines Switches zu einem Netzwerk verknüpft. Für diese Art des Zusammenschlusses gibt es ein weiteres, billigeres und ähnlich aussehendes Gerät: den Hub.
Ob man sich beim Aufbau eines Netzes für einen Switch oder einen Hub entscheidet, liegt an deren Eigenschaften. Grob könnte man sagen, der Switch ist schlauer als der Hub. Er hat ein „Gedächtnis".

Hubs sind die einfachsten Netzwerkgeräte. Das wirkt sich auf den Preis aus, was Hubs für einige Anwendungen interessant macht. Ein Hub ist nur zum Broadcasting fähig. Einzelne Geräte kann er nicht identifizieren. Er sendet alle Daten immer an alle angeschlossenen Geräte und nicht wie beim Multicast oder Unicast an ausgewählte Empfänger. Außerdem kann ein Hub nur senden oder empfangen, aber nicht beides gleichzeitig. Damit schränkt die zu Grunde liegende Technik die Bandbreite bei Übertragung großer Datenmengen und für mehr als vier Netzwerkteilnehmer zu stark ein.
Ein Hub leitet die Netzwerkdaten einfach an alle Netzwerkteilnehmer weiter, während ein Switch intelligenter ist und die Daten genau dahin weiterleitet, wo sie angefragt wurden. daher werden reine Hubs heute kaum noch eingesetzt.

Switches können gleichzeitig senden und empfangen. Außerdem sind sie neben dem Broadcast auch noch zu Mulitcast und Unicasting fähig. Möchten zwei Teilnehmer miteinander kommunizieren, stellt der Switch eine Verbindung zwischen den Schnittstellen her, an denen die Geräte angeschlossen sind, wodurch sie direkt verbunden werden. Auch mehrere dieser Verbindungen gleichzeitig sind möglich. Um Pakete gezielt an die Empfänger weiterzuleiten bzw. die Verbindung herstellen zu können, verwaltet ein Switch eine Tabelle (**ARP**-Tabelle) mit den **MAC**-Adressen angeschlossener Geräte. Um an diese Informationen zu gelangen, broadcastet der Switch eine ARP-Anfrage mit der IP des Ziels über alle seine Ports. Der angesprochene Teilnehmer gibt eine ARP-Antwort zurück, in der er die eigene MAC-Adresse an den Switch sendet. Der Switch merkt sich den Anschluss und die MAC-Adresse.

Mit dem Konsolenbefehl **arp –a** kann die ARP-Tabelle des eigenen Netzwerkgerätes ausgelesen werden. Beispiel:

```
Internetadresse          Physische Adresse
192.168.178.1            5c-49-79-dc-6a-2a
192.168.178.22           00-22-61-2f-ad-50
192.168.178.255          ff-ff-ff-ff-ff-ff
224.0.0.22               01-00-5e-00-00-16
224.0.0.252              01-00-5e-00-00-fc
239.255.255.250          01-00-5e-7f-ff-fa
255.255.255.255          ff-ff-ff-ff-ff-ff
```

Aufgrund der gezielteren Datenübertragung liegt die Geschwindigkeit von Switches deutlich höher als die von Hubs. Sie liegen aber auch im Preis meist deutlich höher.
Durch die direkt geschalteten Verbindungen zwischen den Teilnehmern ist die Sicherheit eines Switches deutlich höher als die des Hubs, bei dem an jedem Port die Kommunikation zweier Teilnehmer „mitgehört" werden kann.

Die MAC-Adresse ist die unveränderliche und einzigartige Hardwareadresse, die jedes Netzwerkgerät von seinem Hersteller zugewiesen bekommt. Sie setzt sich aus einer Herstellernummer und einem vom Hersteller vergebenem Code zusammen. Beispiel:
`00:80:41:ae:fd:7e`
Die Buchstaben in der Nummer rühren daher, dass die MAC-Adresse immer im Hexadezimalsystem (16er-System) angegeben ist und somit die Ziffern 0, 1, 2, 3, 4, 5, 6, 7, 8, 9, a, b, c, d, e, f enthält.

ARP steht für **A**ddress **R**esolution **P**rotocol und regelt die Ermittlung von angeschlossenen MAC-Adressen im Netzwerk.

12. Skizziere den Weg eines Datenpaketes mit ARP-Anfrage vom Sender zum Empfänger.

DHCP

Damit Computer mit einem Netzwerk kommunizieren können, müssen einige Einstellungen vorgenommen werden. So hast du bereits erfahren, dass jeder Teilnehmer eine eindeutige IP-Adresse und eine zugehörige Subnetzmaske braucht.

Inzwischen ist es Standard, dass jeder seine tragbaren Geräte (**BYOD**) mitbringen und in Netzwerke integrieren kann, ohne jegliche Einstellung treffen zu müssen. So ist es beispielsweise in vielen Schulen inzwischen möglich, dass Schülerinnen und Schüler im Unterricht eigene Tablets und Handys verwenden und damit auf das Netzwerk der Schule zugreifen.

Damit diese Geräte automatisch auf das Netzwerk zugreifen können gibt es **DHCP** (**D**ynamic **H**ost **C**onfiguration **P**rotocol).
Wenn ein Rechner den DHCP-Dienst des Netzwerks, an dem er teilnehmen möchte, um eine passende Netzwerkkonfiguration bittet, bekommt er automatisch eine passende Konfiguration zugewiesen.

Da die wenigsten Benutzer sich mit Netzwerktechnik auseinandersetzen möchten, ist auf den gängigen Internetroutern inzwischen in der Regel der DHCP-Dienst voreingestellt. Das führt dazu, dass man beispielsweise Handys nur noch mit dem WLAN verbinden muss, die Netzwerkkonfiguration erfolgt dann von selbst.

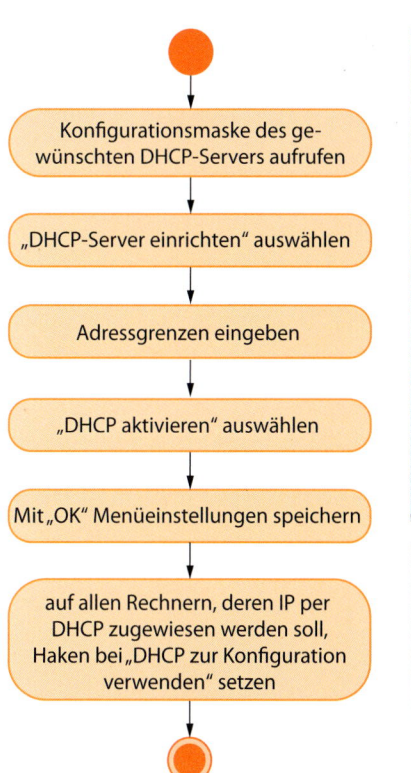

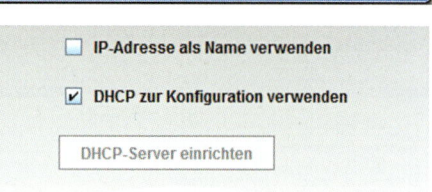

Auf dem DHCP-Server stellt man ein, welche IPs (aus welchem Adressbereich) er an anfragende Geräte übergeben soll.

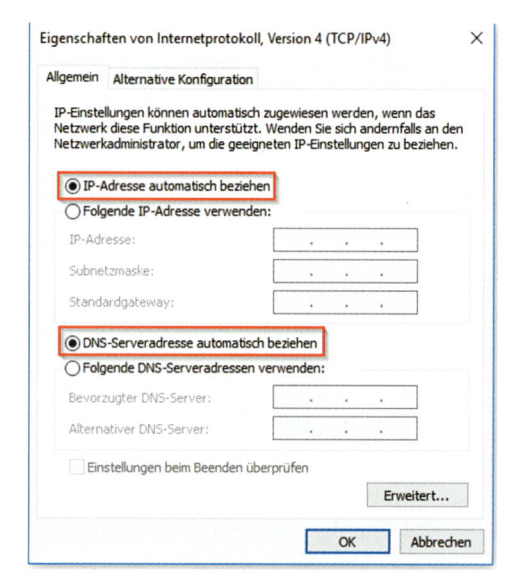

Um auf das Internet zugreifen zu können, sind neben IP und Netzmaske noch weitere Einstellungen erforderlich.

BYOD steht für „**B**ring **y**our **o**wn **d**evice." und bedeutet soviel wie „Nutze dein eigenes Gerät (… in unserem Netzwerk)."

13. Prüfe, wie die IP-Adresse an deinem Rechner eingestellt ist.

In Filius kann ein Rechner zum DHCP-Server gemacht werden, indem man in der Konfigurationsmaske „DHCP-Server einrichten" auswählt.

Ablauf:
1. Konfigurationsmaske des gewünschten DHCP-Servers aufrufen
2. „DHCP-Server einrichten" auswählen
3. Adressgrenzen eingeben
4. „DHCP aktivieren" auswählen
5. Mit „OK" Menüeinstellungen speichern
6. auf allen Rechnern, deren IP per DHCP zugewiesen werden soll, Haken bei „DHCP zur Konfiguration verwenden" setzen

Über DHCP können bei Bedarf noch deutlich mehr Optionen eingestellt werden. Die Abbildung zeigt eine vereinfachte Konfiguration, welche für einen funktionierenden Internetzugriff minimal erforderlich ist.

Kapitel 1 Datennetze

```
C:\Users\michael>ipconfig

Windows-IP-Konfiguration

Ethernet-Adapter Ethernet:

   Verbindungsspezifisches DNS-Suffix:
   IPv4-Adresse (Auto. Konfiguration): 169.254.64.96
   Subnetzmaske . . . . . . . . . . : 255.255.0.0
   Standardgateway . . . . . . . . :
```

```
C:\Users\michael>ipconfig

Windows-IP-Konfiguration

Ethernet-Adapter Ethernet:

   Verbindungsspezifisches DNS-Suffix: example.org
   IPv4-Adresse . . . . . . . . . . : 192.168.0.11
   Subnetzmaske . . . . . . . . . . : 255.255.255.0
   Standardgateway . . . . . . . . : 192.168.0.254
```

Mit *ipconfig /all* können unter Windows alle relevanten Netzwerkeinstellungen abgefragt werden. Auch die Leasedauer (Dauer für die die IP dem Gerät zugeordnet wird) ist hier zu sehen.

Die Abbildung zeigt, dass das System zunächst nur eine von Windows automatisch generierte IP-Adresse besitzt, die nicht zur Konfiguration unseres Netzwerks passt. Mit dem Befehl *ipconfig /renew* kann man eine neue IP vom DHCP-Server abfragen. Auch das geschieht in der Regel automatisiert.

Die automatisch vergebene IP bleibt nicht ewig bestehen. Der DHCP-Server verwaltet seine IPs dynamisch und vergibt sie bei Bedarf anderweitig. Eine IP kann also vom System zu unterschiedlichen Zeiten an verschiedene Geräte vergeben werden.

14. Prüfe, ob dein Arbeitsplatz per DHCP konfiguriert wurde und falls ja, von welchem DHCP Server.

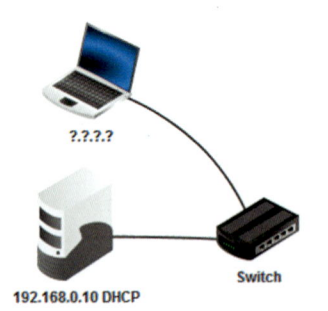

Wenn wir uns den zur DHCP-Anfrage gehörigen Netzwerkmitschnitt ansehen, stellen wir fest, dass der anfragende Rechner (noch ohne eigene IP: ?.?.?.?) zunächst per Broadcast an alle möglichen Geräte im Netzwerk (MAC-Adressen ff:ff:ff:ff:ff:ff) eine **DHCP-Discover-Anfrage** geschickt hat. Das ist die Bitte, ihm eine gültige Konfiguration mitzuteilen.

Ein sogenannter DHCP-Server (hier 192.168.0.10), hat diese Anfrage „gehört" und reagiert darauf, indem er der anfragenden MAC-Adresse (noch hat der Rechner ja keine IP) ein Konfigurationsangebot zuschickt **(DHCP Offer)**.
Dieses Angebot beinhaltet eine vollständige Netzwerkkonfiguration und die Information, welcher Server dieses Angebot abgegeben hat.

Der Client wählt anschießend eines der Angebote aus und teilt erneut per Broadcast allen Rechnern im Netz mit, für das Angebot welches Servers er sich entschieden hat **(DHCP Request)**.

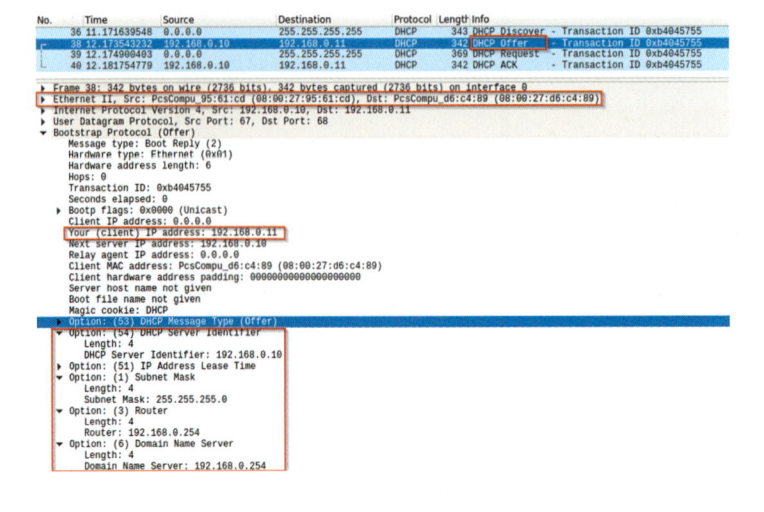

DHCP-Anfrage:
DHCP Discover: „Hallo kann mir hier irgendwer mal eine Adresse geben?!?"

DHCP Offer: „Ich hätte eine. Die 192.168.0.11 könntest du für einen Tag haben."

DHCP Request: „Danke an alle. Ich nehme die 192.168.0.11."

DHCP ACK: „Ok. Dann hab' ich sie jetzt für dich reserviert."

Neben den Informationen zur angebotenen Netzwerkkonfiguration schickt jeder DHCP-Server auch die Dauer mit, für die die angebotene IP dem Client überlassen wird (Leasedauer).

Im Normalfall entscheidet sich der Client für das Angebot mit der längsten Leasedauer, damit er seine IP nicht ständig wechseln muss.

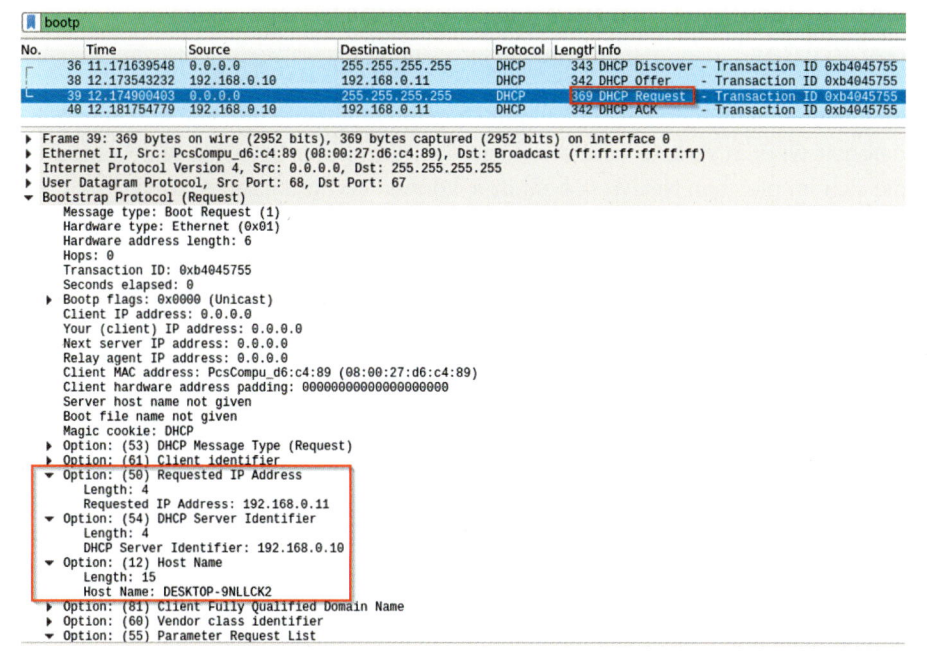

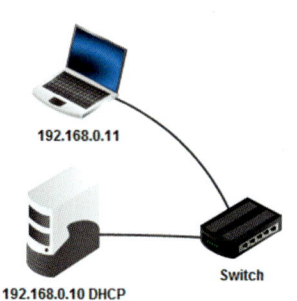

Der Server bestätigt das abschließend mit einer **DHCP-ACK**-Nachricht und teilt dem Client damit mit, dass das Angebot noch gültig ist, er diese Adresse zwischenzeitlich noch keinem anderen Client angeboten hat und er die Adresse jetzt für den Client reserviert hat.

Hier steht die Information, für welches Angebot sich der Client entschieden hat.

ACKnowledgement (engl.): Bestätigung (einer Datenübertragung)

Wireshark

Gerade hast du die Auswertung von echtem Netzwerkverkehr gesehen. Neben Schulungszwecken wird dieser in der Praxis häufig dann aufgezeichnet, wenn es in einem Netzwerk zu Problemen kommt und man herausfinden will, wo das Problem liegt. Solche Aufzeichnungen sind beispielsweise mit dem kostenlosen Programm **Wireshark** möglich. Da in großen Netzwerken in der Regel sehr viel Datenverkehr herrscht, werden diese Mitschnitte ziemlich schnell ziemlich unübersichtlich. Wireshark ist in der Lage, die mitgenschnittenen Daten zu filtern.

15. Entwirf ein ausführliches „Netzwerkgespräch" zwischen den DHCP-Servern Fritz, Emil und Klaus und dem Client Hans, der um eine Netzwerkkonfiguration bittet.

Wireshark kannst du unter *https://www.wireshark.org/download.html* kostenfrei herunterladen.

In der abgebildeten Grafik wurde beispielsweise auf Netzwerkverkehr gefiltert, der zwischen den IP Adressen 192.168.0.10 und 192.168.0.11 erfolgt ist.

Als Nutzer von öffentlichen Netzwerken (Schule, Hotel, Schnellrestaurant, Flughafen ‚...) kannst du nie wissen, ob und wie viel deines Netzwerkverkehrs mitgeschnitten und evtl. sogar ausgewertet wird. Gegebenenfalls lohnt sich ein Blick in die AGBs des Anbieters!

16. Erweitere das oben abgebildete Netzwerk um einen weiteren Raum. Die Schulleitung soll Adressen aus dem Netz 192.168.2.0 /24 verwenden. Weise diese Adressen per DHCP zu.

2 Kommunikation zwischen Netzwerken

Netzwerkgeräte und ihre Kommunikationsweise 2 – der Router

Im letzten Kapitel hast du gelernt, dass über die IP-Adresse und die Subnetzmaske geregelt wird, in welchem Netzwerk sich ein Computer befindet. Alle Computer, die sich im gleichen Netzwerk befinden, können kommunizieren, sobald sie über einen Switch oder Hub miteinander verbunden werden.

Es kommt immer wieder zu Netzwerkstörungen, da falsch konfigurierte Rechner an das Netz angeschlossen werden und den Datenverkehr stören oder das Netzwerk bewusst sabotiert wird.

Um solche Probleme zu verringern, empfiehlt es sich, dass Netzwerke in kleine, unabhängige Funktionseinheiten getrennt werden. Diese Trennung führt dann dazu, dass Probleme in einem Netzwerk keine Auswirkungen auf die anderen Netzwerke haben.

In vielen Firmen werden Netzwerke getrennt. Zum Beipiel sollte nicht jeder Handwerker auf die Dateien der Buchhaltung zugreifen können. Und euer Schulleiter fände es sicher nicht schön, wenn ihr auf dem Drucker in seinem Büro drucken würdet.

Damit zentrale Dienste wie die zentrale Dateiablage von allen Netzen gemeinsam genutzt werden können und die Teilnehmer an den Netzwerken bei Bedarf auch auf die anderen Netze zugreifen können, braucht es einen Router.

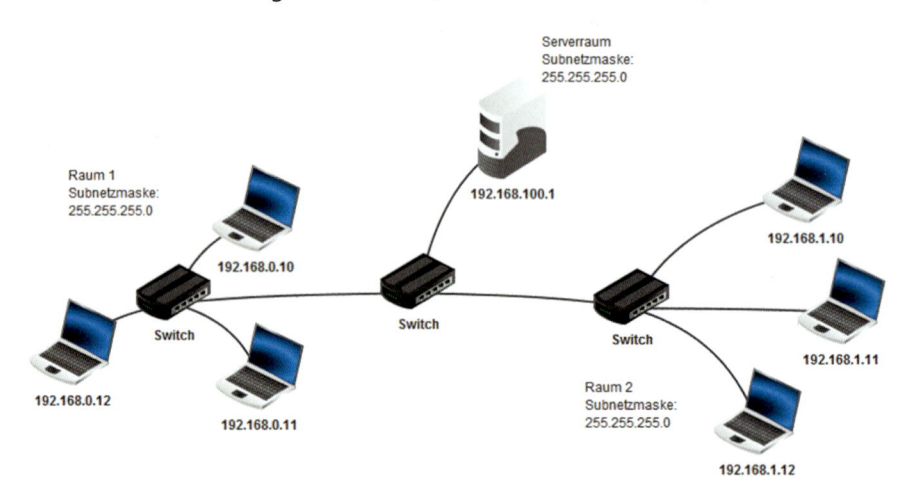

Was genau ein Server ist, erfährst du auf Seite 23.

Router bieten neben allen Funktionen eines Switches eine eigene IP und die Möglichkeit eine Firewall einzurichten. Außerdem können sie IP-Adressen automatisch zuweisen (DHCP) und ermöglichen durch NAT (Network Adresse Translation) die Kommunikation zwischen privaten und öffentlichen Netzwerken. So kann ein Router bei dir zu Hause dein LAN (Local Area Network) in dem du selbst dein Netz mit allen Einstellungen und möglichen IPs verwaltest vom WAN (Wide Area Network), welches auch das WWW ist, trennen.

Außerdem unterscheiden die Geräte sich grundlegend in der Arbeitsweise. Der Router arbeitet mit IP-Adressen, der Switch mit MAC-Adressen.

17. Begründe, an welchen Einstellungen es liegt, dass die Rechner der drei Räume so nicht miteinander kommunizieren können.

Wie du bereits gelernt hast, könnte in diesem Aufbau kein Rechner aus einem Raum mit einem in den beiden anderen Räumen kommunizieren. Der Zugriff über einen Switch ist in ein anderes Netz nicht möglich.

Für diesen Zweck gibt es **Router**. Einen Router kannst du dir als kleinen Computer mit vielen Netzwerkkarten vorstellen. Jede dieser Netzwerkkarten kann jeweils eine IP und eine Subnetzmaske haben. Die einzelnen Netzwerkkarten werden dabei so konfiguriert, dass sie sich in unterschiedlichen Netzwerken befinden. Die Aufgabe des Routers besteht dann darin, Kontakt zwischen den einzelnen Netzwerken zu ermöglichen. In Filius werden Router daher auch als **Vermittlungsrechner** bezeichnet.

> Um von einem auf ein anderes Netz zugreifen zu können, benötigt man einen Router. Der Router hat für jedes Netz, an dem er teilnimmt eine eigene Netzwerkkarte mit den passenden Netzwerkeinstellungen.

Kommunikation zwischen Netzwerken — Kapitel 1

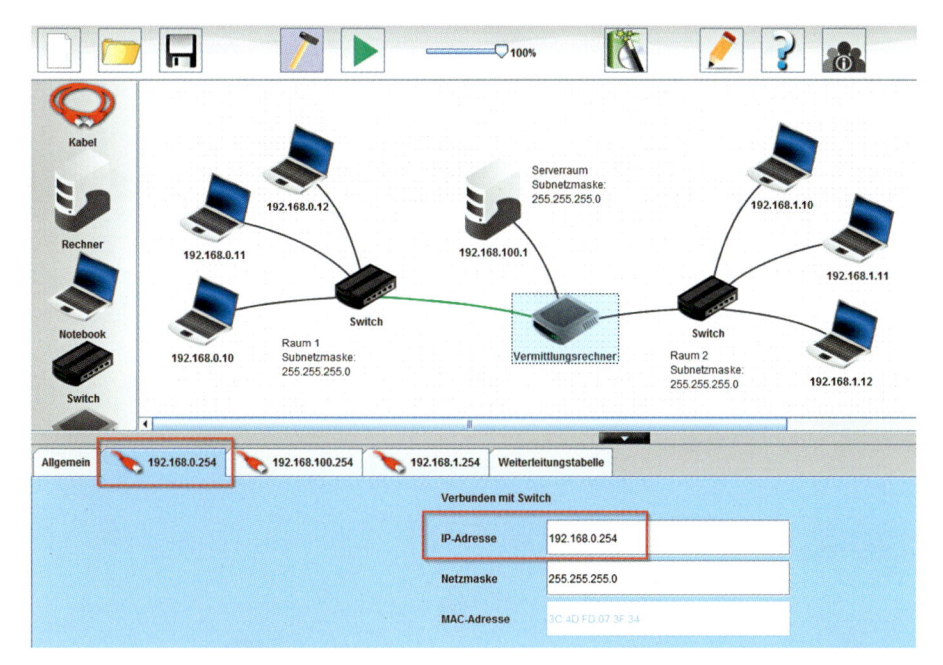

Die folgende Abbildung zeigt einen Router, der eine Netzwerkkarte in jedem der Netze hat. Filius unterstützt dich hier in der Konfiguration, indem das Kabel, welches sich an der aktuell gewählten Netzwerkkarte befindet, grün markiert wird.

18. Stelle sicher, dass die IPs des Routers zum jeweiligen Netz passen.

19. Teste, ob der Ping von allen Rechnern auf die jeweils im gleichen Netz befindliche Schnittstelle des Routers funktioniert.

Damit die einzelnen Rechner wissen, wohin sie Pakete schicken müssen, die für andere Netze gedacht sind, muss die Schnittstelle des Routers noch als **Gateway** an den Rechnern eingetragen werden.

An das Standardgateway werden die Pakete übergeben, für die der Router im LAN keinen Empfänger kennt.

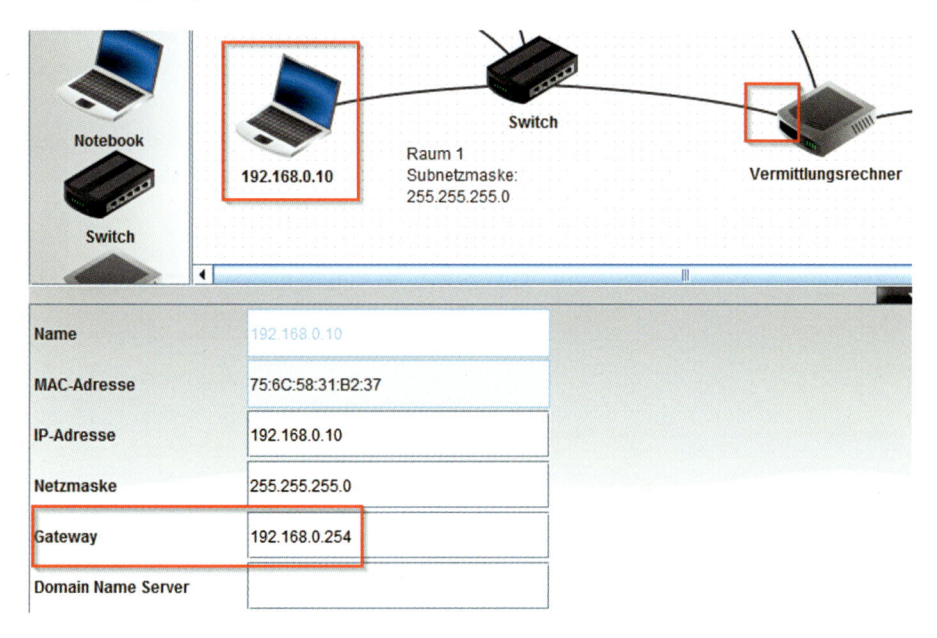

Über die Gate(way)s, die Schnittstellen des Routers, betreten und verlassen IP-Pakete Netzwerke.

Die IP-Adresse des Gateways muss sich im selben Netzanteil befinden wie die IP-Adressen der zugehörigen Geräte. Die IP-Adresse des Gateways sollte festgelegt werden und nicht mit über den DHCP-Server verteilt werden können.

20. Ergänze deine Konfiguration, so, dass du von deinen Rechnern die jeweils anderen Netzwerke erreichen kannst.

Um sich tatsächlich mit dem Internet verbinden zu können, muss am Router noch ein Modem angeschlossen werden (s. folgende Seite).
Das Modem ist heute bei den meisten privat genutzten Routern schon integriert. Man braucht also keine zwei Geräte.

Kapitel 1 — Datennetze

✏️ **21.** Ergänze dein Netzwerk um alle fehlenden Komponenten und trage auch das Standardgateway ein.

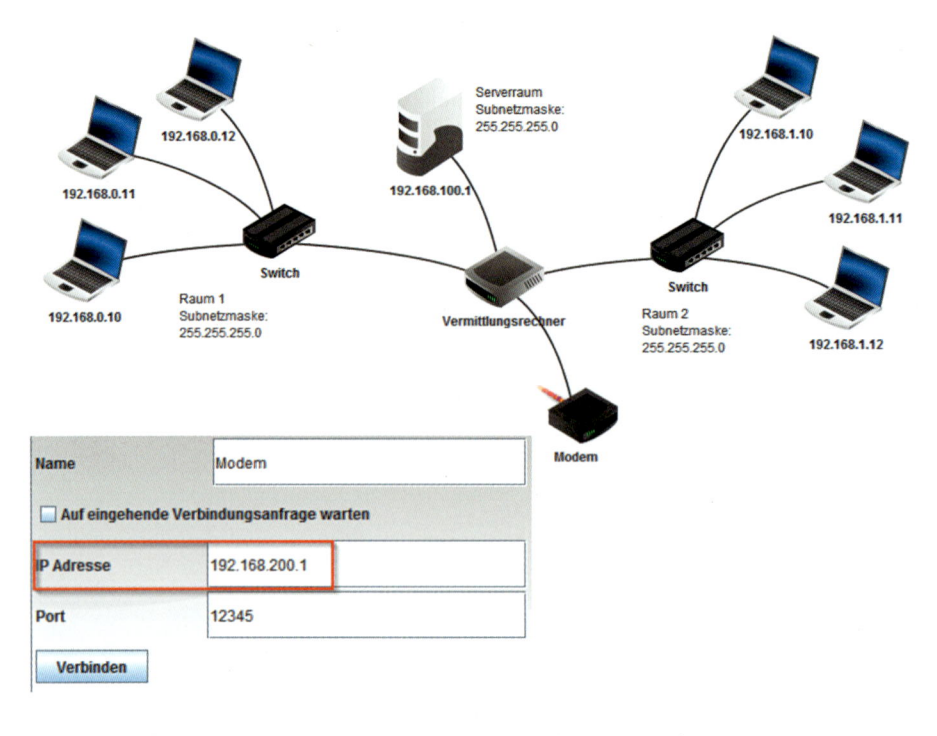

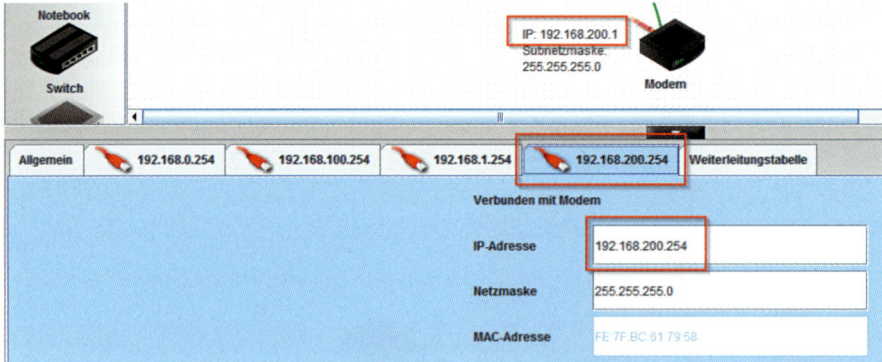

🪄 Über das Standardgateway verlassen IP-Pakete das Netzwerk in Richtung eines entfernten Netzes. Das Standardgateway ist damit natürlich die IP-Adresse des angeschlossenen Modems.

🪄 **Tipp:** Die externe IP-Adresse deines Anschlusses kannst du z. B. über die Internetseite *www.wieistmeineip.de* ermitteln.

🪄 Einige Internetanbieter verwenden inzwischen IPv6 für die externen Schnittstellen der Router. Entsprechend kann es sein, dass du hier eine IPv6-Adresse angezeigt bekommst.
Der große Vorteil der IPv6-Adressen liegt darin, dass jedes Gerät mit einer festen, unveränderlichen IP versorgt werden kann. Somit erübrigt sich NAT. Die eindeutige Identifizierbarkeit hat jedoch auch Nachteile bei der Sicherheit und dem Datenschutz.

Damit der Router weiß, was er mit Paketen tun soll, die nicht an ein direkt angeschlossenes Netz weitergeleitet werden, muss ein weiteres Gateway, das **Standardgateway** eingerichtet werden:

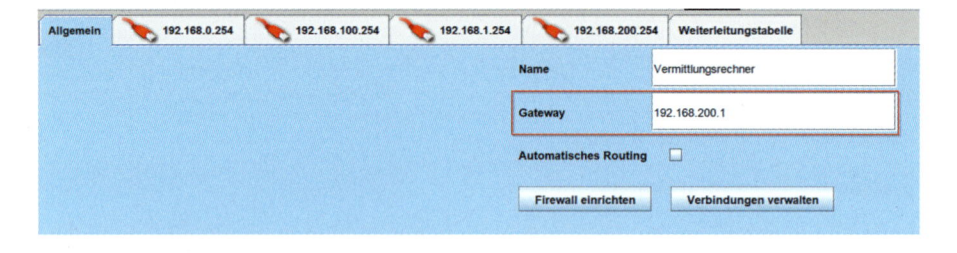

Im Internet ist jede IP-Adresse eindeutig. Man bekommt sie von seinem Internetdienstanbieter (per DHCP) zugewiesen:

Im eigenen Netzwerk ist man selbst Herr über alle IPs. Man kann also intern in seinem lokalen Netzwerk die IPs frei vergeben, sofern auch hier keine doppelt vergeben wird. Diese privaten „hausinternen" IP-Adressen ersetzt der Router auf den Datenpaketen durch die externe IP des Anschlusses ins Internet.

Der Router führt dabei eine Liste, um aus dem Internet zurückkommende Antworten dem eigentlichen Absender wieder zuordnen zu können.
Diese Technik wird als Network Address Translation (kurz NAT) bezeichnet.
NAT ersetzt mehrere private IP-Adressen durch eine öffentliche.

Um die Daten von einem in ein anderes Netz weiterleiten zu können, arbeiten Router mit einer **Weiterleitungs- oder Routingtabelle,** welche angibt, welches Netzwerk über welche Netzwerkkarte erreichbar ist.

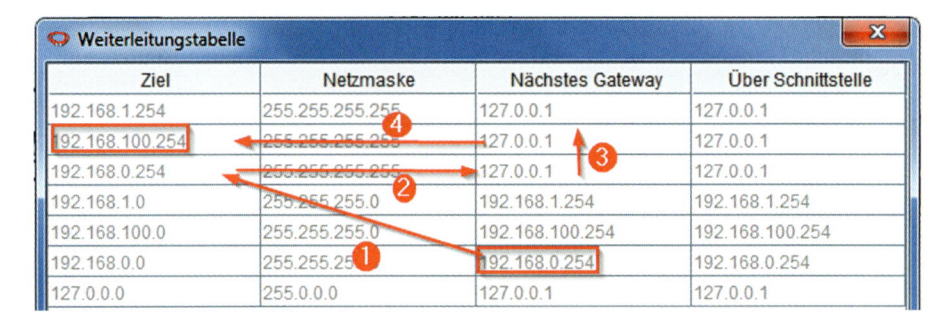

Ziel	Netzmaske	Nächstes Gateway	Über Schnittstelle
192.168.1.254	255.255.255.255	127.0.0.1	127.0.0.1
192.168.100.254	255.255.255.255	127.0.0.1	127.0.0.1
192.168.0.254	255.255.255.255	127.0.0.1	127.0.0.1
192.168.1.0	255.255.255.0	192.168.1.254	192.168.1.254
192.168.100.0	255.255.255.0	192.168.100.254	192.168.100.254
192.168.0.0	255.255.255.0	192.168.0.254	192.168.0.254
127.0.0.0	255.0.0.0	127.0.0.1	127.0.0.1

Dabei muss man wissen, dass die IP 127.0.0.1 (localhost) immer eine Sonderstellung einnimmt und für das Gerät selbst steht. Im Router kann ein Paket nur innerhalb des gleichen Netzes oder auf dem Gerät selbst springen.
1. Ein Paket betritt den Router durch das Gateway im Netz des Absenders.
2. Das Paket wird vom Gateway an den Router selbst weitergegeben (127.0.0.1).
3. Das Paket durchläuft den Router in Richtung des Zielnetzes.
4. Das Paket verlässt den Router über das Gateway im Netz des Empfängers.

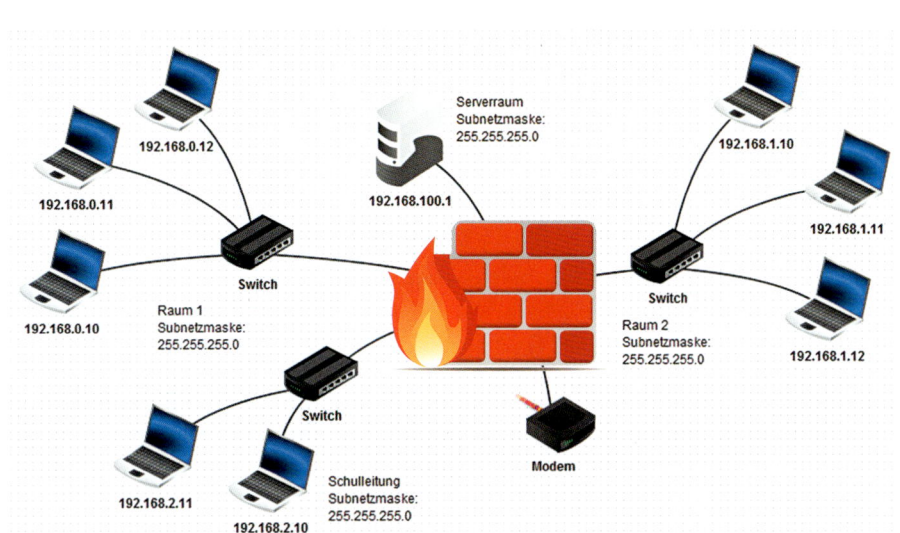

> Mit dem Befehl „traceroute *Ziel-IP*" kannst du in Filius prüfen, welchen Weg ein IP Paket vom Sender zum Empfänger nimmt. In Linux-Konsolen lautet der Begriff gleich, bei Windows Rechnern „tracert".

> Auch jeder Rechner hat eine Routingtabelle, die festlegt, wohin er seine Pakete schickt. Diese kannst du in Filius mit dem Konsolenbefehl *route* abfragen.

22. Erkläre den Weg durch den Router, den ein Paket vom Eintritt bis zum Wiederaustritt nimmt anhand der abgebildeten Weiterleitungstabelle.

Firewallregeln

Bisher hast du gelernt, dass Netzwerke durch IP-Adressen und Subnetzmasken definiert werden und Computer, welche sich in verschiedenen Netzwerken befinden durch Router miteinander verbunden werden können. Im Alltag ist es jedoch in der Regel so, dass nicht gewollt ist, dass alle Netzwerkteilnehmer beliebig auf Netzwerke zugreifen können. So haben beispielsweise in Schulen die Sekretärinnen und alle Schulleitungsmitglieder die Möglichkeit auf eine zentrale Dateiablage zuzugreifen, jedoch muss sichergestellt werden, dass kein Schüler auf die Rechner der Schulleitung zugreift. Genauso schlecht wäre es, wenn jeder aus dem Internet einfach auf dein lokales Netz zu Hause zugreifen würde.
Um Netzwerke gegeneinander vor unerwünschten Zugriffen zu schützen, müssen am Router Firewallregeln definiert werden.

Kapitel 1 — Datennetze

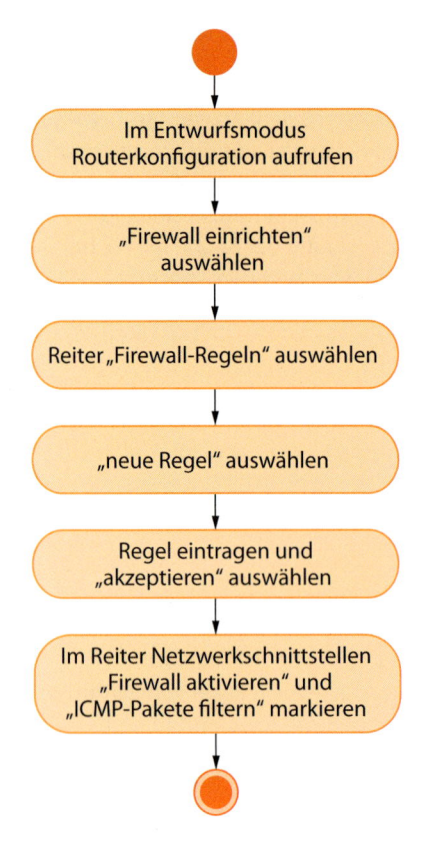

In Filius kann eine Firewall konfiguriert werden (Allgemein → Firewall einrichten).

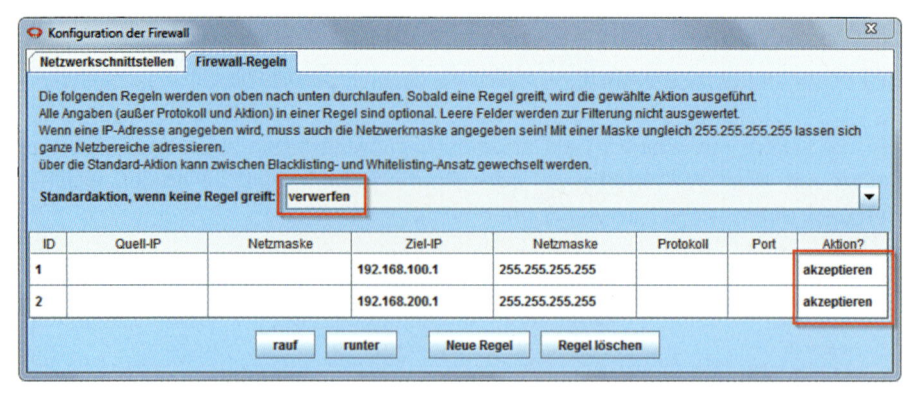

Ablauf (Flussdiagramm):
- Im Entwurfsmodus Routerkonfiguration aufrufen
- „Firewall einrichten" auswählen
- Reiter „Firewall-Regeln" auswählen
- „neue Regel" auswählen
- Regel eintragen und „akzeptieren" auswählen
- Im Reiter Netzwerkschnittstellen „Firewall aktivieren" und „ICMP-Pakete filtern" markieren

Die Standardeinstellung der aktiven Routerfirewall ist:
Alles was nicht erlaubt ist, ist verboten.
Also alles was nicht explizit durch Firewallregeln freigegeben wird, kommt nicht durch die Firewall und somit nicht von Netz zu Netz.
(Genauso ist als Standardeinstellung möglich, erst einmal alles zu erlauben und mit bestimmten Regeln bestimmte Zugriffe sperren.)

Um Zugriffe zu erlauben, müssen Regeln festgelegt werden, die angeben, was erlaubt ist. Die Reihenfolge der Regeln ist wichtig, da sie, möchte ein Paket passieren, der Reihe nach abgearbeitet werden.

Im Beispiel soll der Zugriff auf das Modem und somit auf das Internet sowie der Zugriff auf den Server aus allen Netzwerken erlaubt werden. Ist keine Quelle angegeben, bedeutet das, dass die Regel für alle gilt, die den Zugriff wünschen.

Wenn ein Datenpaket zum Router kommt, arbeitet die Firewall die Regeln von oben nach unten ab und prüft, ob eine für das Paket gilt. Sobald die erste passende Regel gefunden wird, wird sie ausgeführt. Es nützt also nichts, eine Freigaberegel zu erstellen, wenn weiter oben die gleiche Aktion schon verboten war. Wenn der Router keine passende Regel findet, wird automatisch die Standardregel ausgeführt: Das Paket wird verworfen.

In der Beispielkonfiguration kann damit jeder ins Internet und auf den Dateiserver im Serverraum zugreifen, aber weder der Schulleiter kann auf einen Schülerrechner noch umgekehrt gelangen.

Für den Test der Firewall muss man wissen, dass der Ping-Befehl über ein besonderes Protokoll (ICMP) abläuft. Dieses muss in der Filius-Firewall noch zusätzlich gesperrt werden, möchte man auch Ping-Pakete an der Firewall abprallen lassen. In „echten" Netzerken ist diese Einstellung meist sinnvoll.

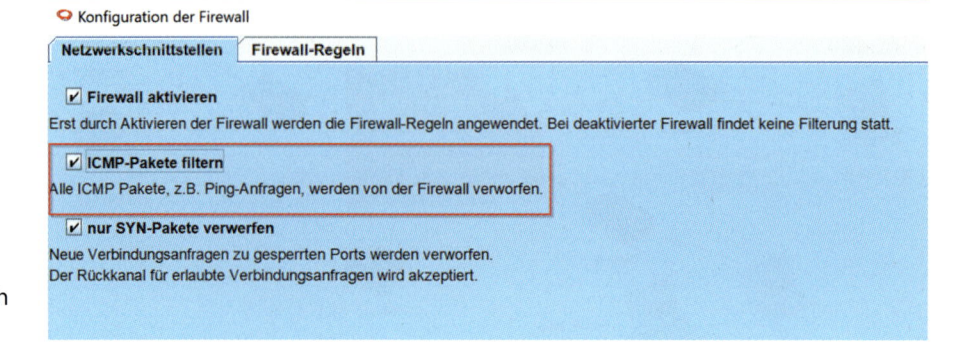

Eine Firewall muss in der Regel den Datenverkehr von deinem Computer ins Internet frei zulassen, sollte aber den Datenverkehr vom Internet auf deinen Computer zunächst blockieren, da sonst z. B. auch Schadsoftware oder andere Eindringlinge auf deinen Rechner gelangen können. Welcher Verkehr auf deinen Computer zugelassen werden soll, wird über Firewallregeln explizit erlaubt. So wird es z. B. möglich Webseiteninhalte zu empfangen.

23. Mit einer Netzmaske ungleich 255.255.255.255 lassen sich ganze Netzbereiche statt einzelner Geräte adressieren. Bearbeite deinen Netzwerkaufbau so, dass alle Rechner ins Internet und auf den Dateiserver gelangen können sowie der Schulleiter auf die Schülerrechner aber nicht umgekehrt.

24. Prüfe deine Konfiguration durch Ping-Befehle.

3 Das Client-Server-Modell

Bisher haben wir uns mit Rechnernetzen beschäftigt, in denen jeder Computer gleichgestellter Teilnehmer (Peer) ist. In Netzwerken ist es jedoch in der Regel so, dass es bestimmte Funktionen gibt, die von verschiedenen Benutzern verwendet werden. Ein typisches Beispiel dafür ist der Aufruf einer Webseite. Hierzu gibt es Computer (Server), auf denen die Daten zu Internetseiten abgelegt sind, die von verschiedenen Computern (Clients) an völlig unterschiedlichen Orten aufgerufen werden können.

> Ein **Server** ist ein Rechner, der bestimmte Dienstleistungen anbietet, die von Clients angefragt werden können.

Dienste und Server

Damit Geräte etwas von einem Server abrufen können, muss der Server entsprechende **Dienste** anbieten. So bieten z. B. viele Schulen ihren Schülern die Möglichkeit, dass Dateien im Netzwerk gespeichert werden können. Dazu muss es einen Fileserver geben, von welchen die Clients die Dateien abfragen können.

> **Dienste** sind Anwendungen, die auf einem Rechner laufen und Funktionen bereitstellen, die von anderen Rechnern genutzt werden können.

Der Begriff Server wird doppeldeutig verwendet und kann daher verwirren. Als Server wird sowohl der Rechner bezeichnet, auf dem ein bestimmter Dienst installiert ist, als auch die installierte Software selbst, die den Clients Funktionen zur Verfügung stellt. Auf einem „Server" können also auch mehrere „Server" laufen (installiert sein). Zum Beispiel kann ein Großrechner gleichzeitig Webserver, Fileserver, DNS-Server … sein.

Server	Funktion
Fileserver (z. B. SMB) Bereitstellung von Dateien	Ein Fileserver speichert Dateien, die von den Clients erstellt oder benutzt werden. Der Rechner, auf dem ein Fileserver läuft, braucht dementsprechend eine große Speicherkapazität und eine hohe Zugriffsgeschwindigkeit.
Webserver Bereitstellung von Internetseiten	Ein Webserver stellt Webbrowsern Webseiten zur Verfügung. Webserver können lokal im Netzwerk eingesetzt werden, werden aber hauptsätzlich im WWW verwendet.
DNS-Server Namensauflösung	Der DNS-Server verwaltet eine Liste mit IP-Adressen und zugehörigen Domänen (▶ Seite 25). Bei Anfrage gibt er Auskunft über die zur Domain gehörige IP.
DHCP-Server Konfiguration von Netzwerkeinstellungen	Der DHCP-Server beherbergt einen Dienst, der automatisch IP-Adressen an die Teilnehmer seines Netzes vergibt.

Der Dienst wartet geduldig auf Aufträge und erledigt diese für den Auftraggeber (Client).

25. Finde weitere Beispiele für Dienste.

Auf den folgenden Seiten erfährst du die Arbeitsweise von Webservern und DNS-Servern. Du kannst in Filius auch selbst gut mit E-Mail-Client und Mailserver experimentieren oder einen eigenen DHCP einrichten, der die Adressen in einem von dir festgelegten Adressraum automatisch vergibt.

Server	Funktion
Mailserver Verwaltung von E-Mail-Postfächern	Auf einem Mailserver wird für jeden Benutzer ein Postfach angelegt und verwaltet, sodass mit Hilfe dieses Servers über E-Mails kommuniziert werden kann.
Datenbankserver Bereitstellung von Datenbanken	Ein auf diesem Server angelegtes Datenbankmanagementsystem kann große Datenbestände zentral zur Verfügung stellen, sodass mehrere Clients gleichzeitig mit diesen Daten arbeiten können.
Benutzerverwaltungsdienste Bereitstellung einer Benutzerverwaltung	Benutzerkonten werden von einem Dienst zentral verwaltet. Benutzer können sich an allen Rechnern im Netz mit ihrem persönlichen Konto anmelden.
Proxyserver Überwachung des Internetverkehrs	Ein „Proxy" bietet für alle Clients einen zentralen Zugang zum Internet an und verwaltet diesen. Hierbei können auch Filtereinstellungen für die einzelnen Clients vorgenommen werden.

Der Webserver

Die oben genannte Dienstleistung (Aufruf einer Webseite) bieten **Webserver** an. Dazu werden die Webseiten von ihren Erstellern auf dem Server abgelegt, so dass dieser die entsprechende Seite bei Bedarf an einen Browser ausliefern kann.

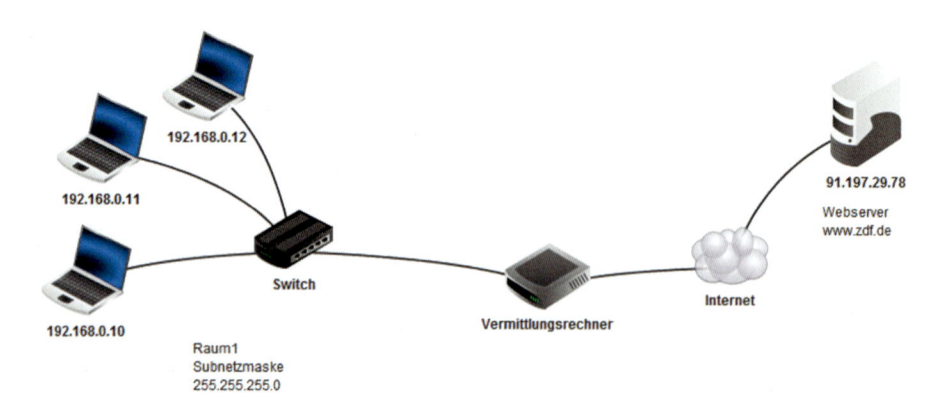

26. Versuche in deiner Adressleiste deines Browsers die IP 136.243.61.255 einzugeben. Begründe das Ergebnis, welches dir angezeigt wird.

27. Installiere in deinem Netzwerk aus Aufgabe 22 einen Webserver auf dem Rechner 192.168.100.1 und rufe von einem Browser auf einem der Clients im Raum 1 aus dessen IP-Adresse auf. Was passiert?

Ein Webserver ist in Filius schnell installiert und bringt die Datei **index.html** mit. Diese Datei liefert ein Webserver, wenn nicht explizit eine andere Datei angefordert wird, bei der Anfrage nach seiner Website als Startseite aus. Achte in Filius darauf, dass der Dienst auch gestartet wird, sonst kann er keine Webseiten liefern.

Natürlich muss auf einem Client zum Aufruf und zum Betrachten einer Webseite ein Webbrowser installiert sein. Filius bietet dir die Möglichkeit die Webseite zu überarbeiten, wie auf einem richtigen Webserver. Hierzu rufst du auf dem Rechner mit dem Webserver mit Hilfe eines Texteditors die index.html auf und programmierst dort deine Änderungen ein.

▶ auch Abschnitt „Webdesign" ab Seite 157

Der DNS

Es wäre auf Dauer sehr umständlich, sich alle IP-Adressen von allen gewünschten Webseiten zu merken, die man aufrufen möchte. Daher gibt es für diese Aufgabe einen weiteren Dienstanbieter – den **DNS-Server** (**D**omain **N**ame **S**ystem-Server, kurz **DNS**). Dieser Dienst führt eine Tabelle, ähnlich einem Telefonbuch, in der die Namen der Webseiten (**URL**/**U**niform **R**esource **L**ocator) und die dazugehörige IP-Adresse vermerkt sind.

Eine **Domain** (oder Domäne) ist zusammen mit der **Top-Level-Domain** (TLD) ein im WWW einmaliger und eindeutiger Name einer Website. Die TLD bezeichnet den letzten Abschnitt, in dem die Länderkennungen (bestehend aus zwei Buchstaben z. B. .de, .uk, .to , …) bzw. die Bereichskennungen bezogen auf Gruppen mit bestimmten Gemeinsamkeiten (z. B. .com, .org, .gov) stehen.
Eine **URL** (Uniform Resource Locator) umfasst den kompletten Pfad einer Website, bis hin zu einem Verzeichnis oder einer Datei:

https://www.lbv.de/ratgeber/lebensraum-haus/fledermaeuse/

Beim Aufruf der URL einer deinem System noch unbekannten Website wendet sich der Rechner an einen DNS-Server (kurz DNS), um die passende IP zur Domäne zu erfahren. Der DNS gibt die IP als Antwort und der Computer kann auf gewohntem Weg die Webseite anfragen. Kennt der DNS selbst die Antwort auch nicht, so besorgt er sich diese bei einem weiteren DNS.

Damit ein Rechner weiß, wen er überhaupt fragen muss, wenn er die IP einer Domäne erfahren möchte (Namensauflösung), muss man ihm mitteilen, wer seine Auskunft ist. Man trägt dem Rechner einen DNS ein:

Mit dem Konsolenbefehl *„tracert Webadresse (URL)"* siehst du, welchen Weg die Anfrage durch das Internet nimmt und welche IP zu der URL gehört.
„ping URL" zeigt nicht den Weg, nur die IP der Webadresse.

28. Finde heraus, welche IP die Webseite deiner Schule hat.

29. Erstelle eine Liste mit 10 TLDs und ihrer Bedeutung.

30. Server können sich auch im eigenen LAN befinden. Erstelle in Filius ein eigenes kleines Schulnetz (ohne Internet!), inklusive Webserver und DNS.

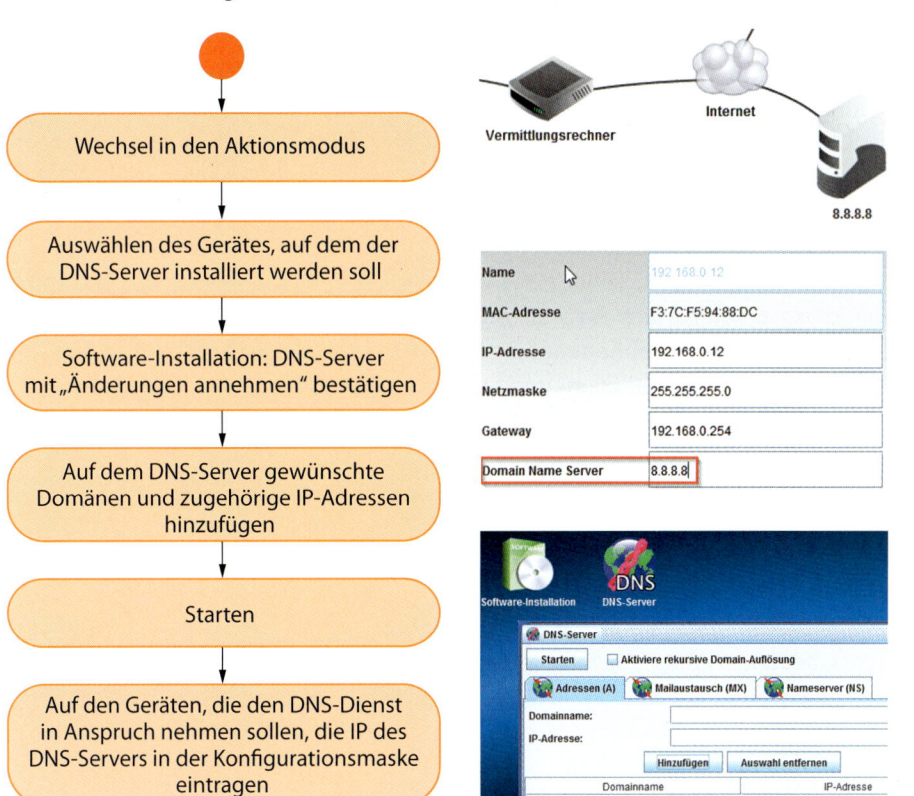

Webseitenaufruf:
Client: „Welche IP hat denn bitte die Seite www.lbv.de?"
DNS: „Die 138.201.129.232."
Client: „Ich hätte gerne die index.html vom Webserver 138.201.129.232."
Webserver: „Hier bitte sehr."

Natürlich finden in der echten Anfrage noch viele Zwischenschritte statt und die Anfrage und Antwortpakete werden über Switche und Router geleitet, aber das Prinzip ist dasselbe.

31. Die Abbildung zeigt eine DNS-Anfrage (▶ auch Netzwerkaufbau auf Seite 24). Welcher Rechner hat hier welche Information von welchem DNS Server abgefragt und was hat dieser geantwortet?

```
20839 11.718644   192.168.11.11    192.168.11.254   DNS   79 Standard query 0xfb9c A server.schule.local
20840 11.719549   192.168.11.254   192.168.11.11    DNS   95 Standard query response 0xfb9c A server.schule.local A 192.168.10.5
```

4 Protokolle

In Netzwerken und dem Internet kommunizieren Geräte miteinander. Dabei fragen Geräte Informationen von anderen Geräten ab. Das gängigste Beispiel ist ein Browser, der eine Webseite von einem Server abruft.

> Damit die Kommunikation beim Datenverkehr nicht zu absolutem Chaos führt, muss sie nach gewissen Regeln erfolgen. Diese Regeln werden als **Protokolle** bezeichnet.

Eines der gängigsten Protokolle ist das **TCP**. TCP steht dabei für **T**ransmission **C**ontrol **P**rotocol, es kontrolliert also die Übertragung. Das TCP und dessen Weg durch das Netz wollen wir im Folgenden genauer betrachten.

```
20849 11.724289   192.168.11.11   192.168.10.5    TCP    66 51072 → 80 [SYN] Seq=0 Win=65535 Len=0 MSS=1460 WS=256 SACK_PERM=1
20858 11.725058   192.168.10.5    192.168.11.11   TCP    66 80 → 51072 [SYN, ACK] Seq=0 Ack=1 Win=29200 Len=0 MSS=1460 SACK_PERM=1 WS=128
20859 11.725115   192.168.11.11   192.168.10.5    TCP    54 51072 → 80 [ACK] Seq=1 Ack=1 Win=262144 Len=0
20860 11.725300   192.168.11.11   192.168.10.5    HTTP   330 GET /favicon.ico HTTP/1.1
20861 11.725706   192.168.10.5    192.168.11.11   TCP    60 80 → 51072 [ACK] Seq=1 Ack=277 Win=30336 Len=0
20862 11.726162   192.168.10.5    192.168.11.11   HTTP   565 HTTP/1.1 404 Not Found  (text/html)
20863 11.726184   192.168.11.11   192.168.10.5    TCP    54 51072 → 80 [ACK] Seq=277 Ack=512 Win=261632 Len=0
```

32. Informiere dich im Internet, was die Reaktion HTTP 404 Not Found aus dem abgedruckten Mitschnitt bedeutet.

3-Wege-Handshake:
C: „Wollen wir uns gleich in der Eisdiele treffen?"
S: „Ja klar, bis gleich in der Eisdiele."
C: „OK, bis gleich."

Die Abbildung zeigt den Aufruf einer Internetseite über das TCP. Hierbei hat der Rechner 192.168.11.11 eine Seite vom Webserver 192.168.10.5 abgerufen. Damit das funktioniert, stellt das TCP zunächst über den sogenannten **3-Wege-Handshake** eine Verbindung zwischen den beteiligten Rechnern her. Das funktioniert in etwa wie eine Terminabsprache zwischen zwei Personen:
- Der Client teilt dem Server zunächst mit, dass er eine Verbindung mit einer bestimmten Dienstleistung wünscht (SYN-Anfrage).
- Der Server teilt anschließend dem Client mit, dass er die angeforderte Dienstleistung gerade anbietet und mit dem Verbindungsaufbau einverstanden ist (SYN – ACK).
- Zuletzt teilt der Client dem Server dann noch mit, dass er die Bestätigung erhalten hat und die eigentliche Kommunikation beginnen kann.

Im Zuge der SYN-Anfrage hat der Client dem Server eine Sequenznummer (Seq) mitgeteilt. Bei der ersten Antwort schickt auch der Server eine Sequenznummer (Ack) mit. Im Verlauf der Kommunikation werden diese Sequenznummern ständig hochgezählt. So können Client und Server jederzeit prüfen, dass keine Pakete verloren gegangen sind und sie alle Pakete in der richtigen Reihenfolge verarbeitet haben.

Das TCP sorgt also für den Verbindungsaufbau und dafür, dass alle erforderlichen Pakete in der richtigen Reihenfolge übermittelt werden.
Der große Vorteil des TCP besteht darin, dass garantiert wird, dass alle Pakete korrekt gesendet und empfangen werden. Das ist beispielsweise wichtig, wenn Onlinebestellungen über das Internet abgewickelt werden, da der Onlineshop dann genau wissen muss, welchen Artikel der Kunde eigentlich wollte und wohin er liefern soll. Wenn festgestellt wird, dass ein Paket unterwegs verloren gegangen ist, wird dieses erneut übertragen.

Etwas anders ist das beim **UDP**. Auch dieses ist für die Datenübertragung verantwortlich. Hier gibt es aber keine Übertragungskontrolle. Das kann dazu führen, dass einzelne Pakete verloren gehen. Dafür ist die Übertragung aber deutlich schneller, da weniger Kontrollinformationen ausgetauscht werden müssen. UDP wird z. B. für die Übertragung von Videostreams verwendet, da es bei einem Fußballspiel nicht wichtig ist, ob der Benutzer tatsächlich alle Einzelbilder gesehen hat. Viel wichtiger ist es, dass möglichst viele Bilder pro Sekunde übermittelt werden, so dass das Bild nicht ruckelt.

Allerdings haben TCP und UDP keinen Einfluss darauf, welchen Weg die Pakete durch das Internet nehmen. So gibt es in der Regel, wie auch in einem Straßennetz verschiedene Wege, auf denen ein Paket vom Absender zum Empfänger gelangen kann.

Darum, dass ein Paket verpackt wird und den besten Weg durch das Netz findet, kümmert sich ein anderes Protokoll. Das **Internet Protocol** (kurz **IP**) ist gewissermaßen der Postversand.

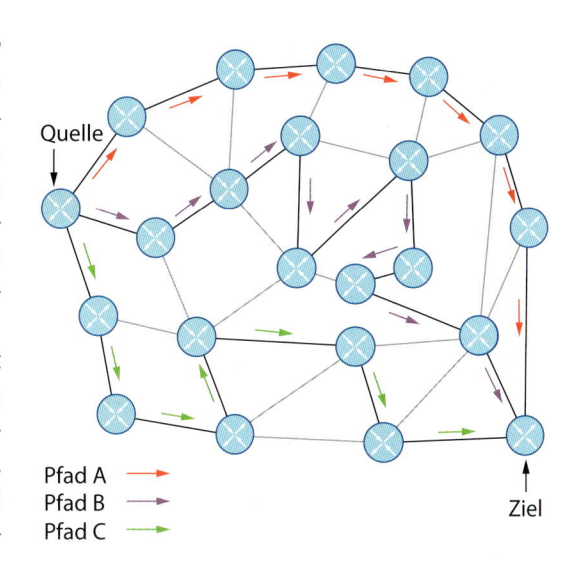

Pfad A →
Pfad B →
Pfad C →

Damit IP-Pakete tatsächlich verschickt werden können, werden sie in sogenannte **Ethernet-Frames** verpackt, die von den verschiedenen Netzwerkgeräten verarbeitet werden können.

HTTP (teilt mit, dass es eine Webseite aufrufen möchte und baut die erhaltenen Daten dann zu einer Webseite zusammen)

TCP (stellt die Verbindung zum Webserver her und überprüft ob alle angeforderten Daten vollständig erhalten wurden)

IP (sucht den Paketen den besten Weg zum Webserver)

Ethernet (verpackt die Daten in für die Leitung passende Einheiten)

Der Ethernet-Frame ist kein eigenständiges Protokoll.

In sogenannten Ethernet-Frames (engl. Rahmen) bewegen sich die Daten ähnlich einem Paket mit Adressaufkleber (MAC-Adresse) verpackt durch die Leitungen.

Damit die Übertragung durch das Netzwerk nicht von jedem Protokoll selbst geregelt werden muss, ist das System der Protokolle so aufgebaut, dass sie für diese Aufgaben gewissermaßen aneinander übergeben und ineinander geschachtelt werden.

Ein Postbote muss nicht wissen, was in einem Brief steht, um ihn ausliefern zu können. Der Absender (HTTP-Browser) weiß, ob er den Brief (HTTP-Datenpakete) per Einschreiben (TCP) oder normal (UDP) verschicken muss.
Der Absender muss nicht wissen, wie der interne Ablauf bei der Post (IP-Routing) ist. Er wirft seinen Brief einfach in einen Postkasten und richtig adressiert kommt dieser meistens an.
Der Postbote, der den Brief dem Empfänger zustellt, muss auch nicht wissen, wie der Brief zum Postamt gelangt ist, an dem er ihn abgeholt hat.
Dem Empfänger ist dabei wiederum egal, ob der Briefträger den Brief zu Fuß oder mit dem Auto bringt (Ethernet).

HTTP wird genauso mit Hilfe von TCP und IP übertragen, ohne selbst irgendwelche Entscheidungen über das Netz treffen zu müssen. Die einzelnen Protokolle wissen nichts von der Aufgabe der anderen. Sie übergeben einfach die Datenpakete aneinander, ver- und entpacken sie entsprechend ihrer eigenen Transportanforderungen und transportieren sie mit Hilfe von Routern und Switches durch das Ethernet oder Funknetz.

✏️ **33.** Informiere dich im Internet, warum eine Datenübertragung per FTP als unsicher eingestuft wird.

🪄 Es gibt Protokolle, die unterschiedlichsten Zwecken dienen. Manche davon sind bestimmten Anwendungen und Diensten zugeordnet, während andere, wie die Protokolle, die die Datenübertragung regeln, vielen Diensten zur Verfügung stehen.
Je nachdem, welche Anforderungen erfüllt, was für Daten verarbeitet und was für ein Weg gewählt werden muss, werden entsprechende weitere Protokoll ausgewählt.

Protokoll		Aufgabe
HTTP	Hypertext Transfer Protocol	Übertragung von Webseiten
FTP	File Transfer Protocol	Übertragung von Dateien
DNS	Domain Name System	Übersetzung von IP-Adresse in Namen
DHCP	Dynamic Host Configuration Protocol	automatische Konfiguration von Netzwerkeinstellungen
SMTP	Simple Mail Transfer Protocol	regelt Versand von E-Mails
IMAP	Internet Message Access Protocol	regelt synchrones Verwalten von E-Mails auf Server und Clients gleichzeitig
POP3	Post Office Protocol (Version 3)	regelt Abholung von E-Mails vom Mailserver
SSH	Secure Shell File Transfer Protocol	Aufbau von Konsolenverbindungen und Datenübertragung
RDP	Remote Desktop Protocol	Fernübertragung von Bildschirmen
TCP	Transmission Control Protocol	kontrollierte Übertragung von Daten
UDP	User Datagram Protocol	unkontrollierte Übertragung von Daten
IP	Internet Protocol	Steuerung der Datenübermittlung über das Netz
ICMP	Internet Control Message Protocol	Austausch von Informations- und Fehlermeldungen
ARP	Address Resolution Protocol	Auflösung der MAC-Adressen im lokalen Netzwerk

✏️ **34.** Du kennst bereits den Ping-Befehl, der häufig zur Diagnose von Netzwerkverbindungen eingesetzt wird. Informiere dich im Internet, welche Protokolle dieser Befehl benutzt.

🪄 Bei **HTTPS** und **FTPS** handelt es sich um verschlüsselte Formen von HTTP und FTP. Der Datenverkehr ist somit sicherer.

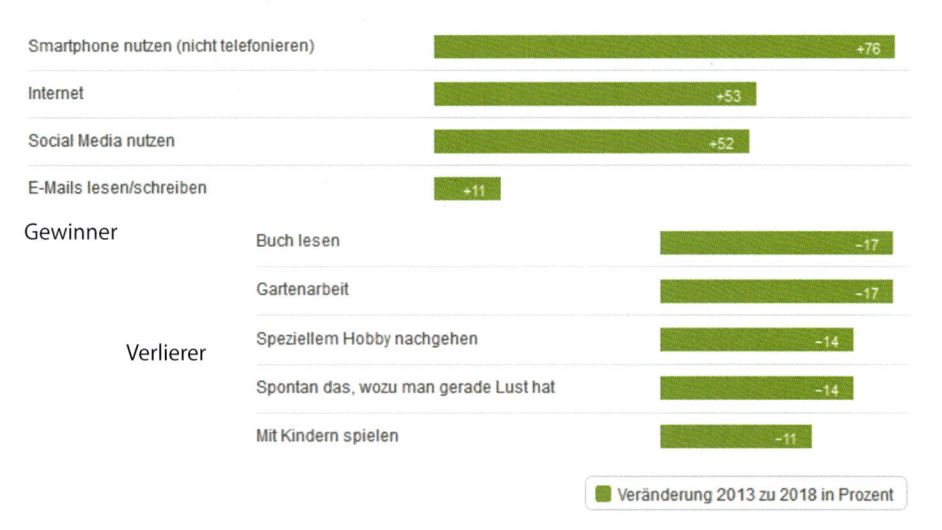

5 Datenschutz und Datensicherheit

Von je 100 Befragten nennen als wöchentliche Freizeitaktivitäten:

Gewinner:
- Smartphone nutzen (nicht telefonieren): +76
- Internet: +53
- Social Media nutzen: +52
- E-Mails lesen/schreiben: +11

Verlierer:
- Buch lesen: −17
- Gartenarbeit: −17
- Speziellem Hobby nachgehen: −14
- Spontan das, wozu man gerade Lust hat: −14
- Mit Kindern spielen: −11

■ Veränderung 2013 zu 2018 in Prozent

> Die Studie des Freizeitmonitor macht deutlich: Die Gewinner der letzten fünf Jahre bei den Freizeitaktivitäten sind ganz klar die digitalen Medien.
> http://www.freizeitmonitor.de/zahlen/daten/statistik/freizeitaktivitaeten/2018/gewinner-und-verlierer/

Meilensteine in der Entwicklung des Internets und ihre gesellschaftliche Bedeutung

Die Geschichte des Internets begann 1969. Zu dieser Zeit war unsere heutige Welt noch ein Science-Fiction-Szenario. Computer waren noch komplexe, schwer bedienbare Rechenmaschinen, die in keinem privaten Haushalt und auch in keinem Büro vorkamen. Es wurde an Möglichkeiten getüftelt, Daten zwischen diesen Rechenmonstern auszutauschen. Das WWW wurde für die Öffentlichkeit erst 1992 freigegeben.

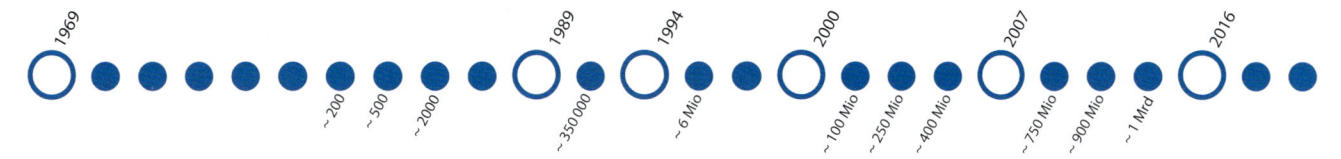

Zeitleiste: 1969 – ~200 – ~500 – ~2000 – 1989 (~350 000) – 1994 (~6 Mio) – 2000 (~100 Mio) – ~250 Mio – ~400 Mio – 2007 (~750 Mio) – ~900 Mio – ~1 Mrd – 2016

1969: Bei einem Experiment des US-Militärs werden erstmals bedeutungslose Daten zwischen zwei Computern hin und her geschickt. Das ist die Geburtsstunde des ARPANET.
Die Technik ist damals noch unzureichend für den zuverlässigen Datentransport größerer Datenmengen und den Transport über längere Strecken. An diesen technischen Feinheiten wird in den nächsten Jahren aber gearbeitet und auch die E-Mail entsteht aus einer Spielerei (RAY TOMLINSON). Was das in der Zukunft für eine Bedeutung haben wird, hat damals noch keiner erkannt. Erst 1981 bringt IBM den ersten „PC" auf den Markt. Nun kehren auch in die Haushalte die ersten Rechner ein, allerdings noch lange kein Internet! Die Masse der damals schon im ARPANET verfügbaren Informationen wird immer unüberschaubarer und es ist schwierig damit umzugehen, da jedes Computersystem andere Software benutzt. Der Bedarf nach Navigations- und Suchwerkzeugen steigt.

1989 entwickelt TIM BERNERS LEE am Schweizer CERN die technischen Grundlagen für das WWW.
Mit Hilfe der leicht erlernbaren Gliederungssprache HTML, in die sich Texte, Bilder und Verlinkungen zu anderen Dateien einfügen lassen, schuf er eine Möglichkeit den Dateiwust untereinander zu verknüpfen. Zusammen mit einem Webserver und einem Browser, in dem man die Dateien systemunabhängig aufrufen und be-

> Die Grafik (nach https://www.statista.com/statistics/264473/number-of-internet-hosts-in-the-domain-name-system/) zeigt neben der zeitlichen Einordnung der bedeutenden Meilensteine die Anzahl der Hosts im Internet.

> **35.** Erkläre, worin der Unterschied zwischen einem Internethost und einem Internetnutzer besteht.

trachten kann, wird das WWW im Netz des CERN getestet und nur drei Jahre später der Öffentlichkeit zur Verfügung gestellt. Das militärisch-wissenschaftliche ARPANET wird aus dem Betrieb genommen und vom Nachfolger Internet abgelöst. Der erste öffentliche deutsche Webserver steht an der Universität Dortmund. Insgesamt gibt es in Deutschland ca. 15 Webserver.

1994 übersteigt die Zahl privater Nutzer erstmals die der wissenschaftlichen.
Es gibt rund 3 Mio. Internetrechner. Nun wird das wirtschaftliche Potenzial des Internet allmählich deutlich. 1995 öffnen die Handelsportale Amazon und eBay ihre Pforten. Der E-Commerce ändert in Windeseile unser Einkaufsverhalten. Um das Internet zu nutzen, muss man sich meist jedoch noch mühsam einwählen. Die ersten wenigen und teuren Internetflatrates sind ständig überlastet. Mit der Entwicklung der Suchmaschine Google (1998), welche als erste auf einen Algorithmus zur Bewertung von verlinkten Seiten setzt, wird unser Suchverhalten gelenkt und mit dem Start von ICQ (1996) auch unsere Kommunikationsweise erstmals stark beeinflusst.

Um 2000 kehrt allmählich der Funkstandard WLAN in den Haushalten ein. Das Internet wird tragbar, wenn auch noch nicht weit. Und es wird auch interaktiv!
Die Menschen beginnen Internetinhalte in entscheidendem Maße interaktiv mitzugestalten. Webseiten werden nicht mehr nur von „Nerds" erzeugt und von Usern genutzt, sondern User erzeugen ihre eigenen Inhalte. Über Wikipedia als freier Enzyklopädie (2001) und YouTube als Portal für Videos (2005) werden diese auf einfachstem Weg und anwenderfreundlich verbreitet. Das „Mitmachnetz" oder Web2.0 ist da. 2004 gründet MARC ZUCKERBERG Facebook und das Wort „Freunde" bekommt eine neue Bedeutung. Mit diesen kann man sich nun auch per Videotelefonie austauschen (Skype, 2004) und Gedanken werden fortan allen mitgeteilt (Twitter, 2006) Ein oder mehrere PCs in jedem Haushalt sind längst Standard.

2007: Nach der Wandlung von GSM zu UTMS (2001) bringt das iPhone als erstes Smartphone die mobile Nutzung des Internet zu Millionen von Menschen.
Noch kaum bezahlbar, können nun auch von unterwegs die zu Hause lieb gewonnenen Dienste bequem verwendet werden. Allmählich kehrt das Smartphone in unserem Alltag ein.

Um 2010 boomt das mobile Internet mit dem schnelleren Standard LTE.
Immer mehr Apps werden heruntergeladen. Unsere Daten sind „gefundenes Fressen" für die Werbeindustrie und wir werden für Computer berechenbar. Auch die Privatsphäre ist längst nicht mehr so wichtig. WhatsApp (2009) verdrängt die SMS und unser Kommunikationsverhalten verändert sich völlig. Schnelles Schicken von Fotos und Nachrichten wird zur Gewohnheit, alles wird mit allen geteilt. Ein Mensch ohne ständigen Internetzugang? Fast undenkbar!

Um 2016: Im Internet der Dinge kommuniziert alles mit allem, ganz ohne den Menschen.
Nicht mehr nur PCs, Tablets und Smartphones, sondern alle erdenklichen Gegenstände sind miteinander vernetzt: Smartwatches, Fitnesstracker, Kühlschränke, Rasenmäher, Fotoapparate, Radios, Autos, ja sogar ganze Smarthomes und digitale Assistenten mit Spracherkennung (z. B. Alexa) sind keine Ausnahme mehr. Das Streben nach Bequemlichkeit automatisiert unseren Alltag. Das kommt der Datensammelwut der Konzerne entgegen. Jedes der Geräte sammelt und übermittelt ständig eine Unmenge von Daten. Kein Wunder ist auch, dass die Anzahl an öffentlichen IPs langsam knapp wird. Jedes Gerät im Internet braucht eigentlich eine eigene und es gibt nur rund 4 Mrd. davon.

2018: Die DSGVO versucht der unreflektierten Internetnutzung Grenzen zu setzen. Ob das gelingt, muss sich noch zeigen.

Weiterführende Informationen zum Thema: *https://www.tagesschau.de/ausland/www-30-jahre-101.html*

36. Informiere dich im Netz über den Algorithmus PageRank und diskutiere, inwiefern dieser uns nützt/schaden kann.

2013 wird der Brockhaus eingestellt. Das Lexikon, das seit 1796 unsere Quelle für fundiertes Wissen war, wird vom Internet verdrängt.

37. Erstelle eine Zeitleiste mit Bildern und Beschreibungen, auf der du die Meilensteine der Entwicklung des Internet strukturiert darstellst.

Umgang mit Internetdiensten

Der rasante technische Fortschritt in unserem digitalen Zeitalter macht uns Dinge möglich, die vor nicht allzu langer Zeit unvorstellbar waren. Die Nutzung von Internetdiensten durch uns und unsere Geräte verbindet uns aber auch mit einer Welt, in der Vorsicht geboten ist. Durch unsere Sorglosigkeit und unsere Geräte übermitteln wir auch Daten, die wir vielleicht lieber für uns behalten sollten.

Das Wort Datenschutz ist heute ein ständiger störender Begleiter. Warum sollte man seine Daten überhaupt schützen? Sie sind tatsächlich von großem Wert, auch wenn sie uns gar nicht so wichtig erscheinen.

🔊 **Da·ten·schutz**
/ˈdaːtn̩ʃʊts, Dátenschutz/

Substantiv, maskulin [der]   RECHTSSPRACHE

Schutz des Bürgers vor Beeinträchtigungen seiner Privatsphäre durch unbefugte Erhebung, Speicherung und Weitergabe von Daten (2), die seine Person betreffen

Ein Blick auf die Preise für Daten im „Dark Web" zeigt, gestohlene Online-Banking-Daten kosten dort im Schnitt 190 $, während die Daten, die unser Einkaufsverhalten aufzeigen für nur 3 bis 20 $ zu haben sind (laut Report „The Hidden Data Economy" von McAfee).

Was aber tut jemand mit diesen Daten? Er verdient Geld damit.

Das Dark Web ist der unregulierte Teil des WWW, der durch normale Suchmaschinen und Browser nicht auffindbar ist. Es gibt hier keine Organisation, die in der Lage ist, Gesetze durchzusetzen und zu überwachen.

38. Finde mehr über die Unterschiede von Surface Web, Deep Web und Dark Web heraus.

Identitätsdiebstahl

Mit Kontodaten ist es einleuchtend. Kennt jemand meinen Online-Banking-Zugang, so kann er Geld abbuchen. Kennt jemand meine Kreditkartendaten, so kann er damit einkaufen gehen – vor allem im Internet, kostenpflichtige Abos abschießen und Ähnliches.

Die Verbraucherzentrale informiert über die Formen von Identitätsdiebstahl und gibt Tipps für Maßnahmen dagegen. Ist der Identitätsklau bereits geschehen, hilft nur noch die Bank zu informieren und Strafanzeige zu stellen.

39. Informiere dich auf der Seite der Verbraucherzentrale über Identitätsdiebstahl und seine Folgen. *https://www.verbraucherzentrale.de/wissen/digitale-welt/datenschutz/welche-folgen-identitaetsdiebstahl-im-internet-haben-kann-17750*

Datenmitschnitt und Datenauswertung beim Einkauf

Was aber kann jemand mit der Information anfangen, welche Schuhe ich mir online angesehen habe? Diese Daten sind interessant für die Werbeindustrie und personenbezogene Werbung. Die angesehenen Produkte und ähnliche tauchen kurz darauf in Werbeanzeigen auf meinem Computer auf und beeinflussen mich damit zum Kauf, obwohl ich vielleicht ohne die Werbung meist schon längst wieder vergessen hätte, dass mir diese Schuhe gefallen haben. Ich werde sozusagen zum Kauf manipuliert, meine Vorlieben werden ausgenutzt und mit so manchem Artikel vielleicht sogar meine Suchtgefahr erhöht.

Aber das Überschütten mit den Anzeigen hilft mir gleichzeitig auch oft dabei, das günstigste oder beste Produkt zu finden, wenn ich sowieso etwas im Auge hatte.

Mein Einkaufs- und natürlich auch schon das Suchverhalten kann auch viel konkreter für oder gegen mich verwendet werden. Bekäme meine Krankenversicherung meine Daten hierüber in die Hand, kann sie z. B. aus dem Kauf von Zigaretten schließen, dass ich Raucher bin und mein Krankheitsrisiko höher bewerten als wenn ich z. B. nach Fitnessbekleidung Ausschau halte.

Das bedeutet, die Datensammelei aus meinem Netzwerkverkehr ist zunächst weder gut noch schlecht. Es kommt darauf an, *wer* mit *welchen* meiner Daten *was* tut.

Cookies sind kleine Dateien, die bei der Benutzung von Webseiten Informationen über den Nutzungsvorgang auf dem Rechner speichern. Werden sie beim Schließen der Webseite gelöscht, können sie keinen weiteren Schaden anrichten. Nisten sie sich allerdings auf dem Rechner ein, so kann ein beliebiger Webserver auf die Informationen zugreifen und Aufschluss über das Nutzerverhalten bekommen. Damit kann dann z. B. beim weiteren Surfen gezielte Werbung angezeigt werden. Was manche als praktisch empfinden, empfinden andere als Spyware und Verletzung der Privatsphäre. In den Browsereinstellungen sollte immer darauf geachtet werden, dass Cookies beim Schließen des Browsers gelöscht werden!

Selbstdarstellung und Schutzmaßnahmen

Bei sozialen Medien, in Blogs und bei YouTubern spielt die Selbstdarstellung eine große Rolle. Wir geben hier viel von uns preis. Weniger ist oft mehr, vor allem, wenn man bedenkt, dass das Internet nichts vergisst. Keiner möchte im Berufsleben von Kolleginnen und Kollegen und dem Arbeitgeber oder von einem neuen Partner mit Jugendsünden konfrontiert werden.

Szenario 1
Leon (15) trainiert seit einiger Zeit im Fitnessstudio und stellt regelmäßig Videos seines Trainings ins Internet auf denen er seine Fortschritte zur Schau stellt.
Sein Kanal ist schnell in der Klassengruppe bekannt, auch von Lehrerseite wurde Leon bereits auf sein Hobby angesprochen.

Szenario 2
Sarah (14) wird von ihrem Freund gefragt ihm einige Bikinifotos über Snapchat zu schicken. Da bei Snapchat die Bilder nur maximal 10 Sekunden zu sehen sind und danach automatisch gelöscht werden, denkt sich Sarah nichts weiter und schickt die Bilder.

Szenario 3
Clemens (16) teilt gern aus und macht sich unter seinem Nicknamen CrazyBitch im Netz über seine Klassenkameraden lustig. Sein Witz findet bei vielen Anklang und besonders seine Exfreundin hat unter seinen Attacken zu leiden. Wer hinter CrazyBitch steht, ist allen ein Rätsel.

Szenario 4
Eric (15) hat den Wunsch Gaming-Profi zu werden und opfert dem Ziel seine gesamte Freizeit. Insgesamt ist er bei mehreren Spielen auch ganz gut, verdient allerdings noch nicht daran. Seit einem halben Jahr fällt seinem besten Freund und Klassenkameraden Jakob und seiner Freundin Lea auf, dass sie Eric kaum noch sehen, er immer nervös und müde wirkt und sich seine Noten stark verschlechtert haben.

Szenario 5
Silvie und Theresa finden auf einer Ticketplattform überraschend günstige Karten für ein Konzert ihrer Lieblingssängerin. Schnell geben sie alle gewünschten Daten in die Maske ein und bestellen die Tickets.

Die DSGVO

Zu unserem Schutz und um der blinden Datensammelwut von Onlinediensten Einhalt zu gebieten, hat die Europäische Union 2018 eine neue Verordnung zum Datenschutz auf den Weg gebracht. Die **Datenschutzgrundverordnung (DSGVO).** Die Regelung soll personenbezogene Daten, also Daten, die eindeutig einer Person zugeordnet werden können und somit Rückschlüsse auf diese oder ihre Persönlichkeit möglich machen, vor unerwünschtem Verwenden schützen.

> Unsere personenbezogenen Daten dürfen ohne unser Einverständnis von niemandem erhoben werden und vor allem nicht für etwas verwendet werden, dem wir nicht zugestimmt haben.

Das bedeutet, unsere Daten dürfen nicht einfach von einem Onlinedienstanbieter ohne unsere Zustimmung an beliebige andere weitergegeben werden. Ob sich jeder daran hält, ist eine andere Frage.

Sich selbst darf man im Internet darstellen. Andere nicht. Bedenke, dass sogar die Weitergabe verleumderischer Aussagen oder schädigender Bilder ein Straftatbestand ist und dass du im Internet niemals wirklich anonym bist!

40. Analysiere die möglichen Hintergründe des Verhaltens der Jugendlichen.
Überlege, welche Auswirkungen ihr Verhalten jetzt und möglicherweise in der Zukunft hat.
Beschreibe deine Empfindungen, wenn du die Szenarien liest und vergleiche sie mit Situationen die dir bereits begegnet sind.

41. Diskutiert, welche Möglichkeiten
a) technisch,
b) rechtlich,
c) gesellschaftlich
im Umgang mit den Situationen bestehen. Informiert euch hierzu auch auf der Seite www.klicksafe.de.

42. Finde fünf Beispiele für personenbezogene Daten, die Onlinedienste abgreifen könnten.

Die DSGVO, die ständig und überall unsere Unterschrift und Einverständnis erfordert, wurde nicht geschaffen, um uns zu gängeln, sondern zum Schutz unserer persönlichen Daten.
https://www.datenschutz.org/personenbezogene-daten/

Maßnahmen zur Absicherung von Funknetzen

Verschlüsselung WEP versus WPA2:
Mit der ständig steigenden Anzahl an mobilen Geräten werden immer mehr Daten über Funknetzwerke übertragen.
WLAN ist mittlerweile in den meisten Haushalten eingekehrt sowie unterwegs über öffentliche Accesspoints nutzbar. Dabei werden natürlich auch sensible Daten wie Bankverbindungen und Gesundheitsdaten (z. B. bei Nutzung von Onlinearztpraxen), die nicht für die Öffentlichkeit bestimmt sind, übertragen.

Du hast bereits gelernt, dass der Netzwerkverkehr in Funknetzen aufgrund der Topologie problemlos mitgeschnitten werden kann. Damit es zu keinen unbefugten Zugriffen auf die übertragenen Daten kommt, wurden Verschlüsselungsverfahren eingeführt. Das bedeutet, dass nur der eigentliche Empfänger etwas mit den Daten anfangen kann. Die bekanntesten sind **WEP** (**W**ired **E**quivalent **P**rivacy), **WPA** (**W**i-**Fi** **P**rotected **A**ccess) und **WPA2**.

Die ursprünglich zum Schutz vor Datenmissbrauch in Funknetzen entwickelte WEP-Verschlüsselung hat den Nachteil, dass man durch den Mitschnitt ausreichend vieler Pakete relativ problemlos auf den Schlüssel zurückschließen kann. Mit modernen Prozessoren ist es in der Regel in deutlich unter einer Minute möglich, ein per WEP geschütztes WLAN zu knacken. Wegen dieses Sicherheitsproblems wurde mit einem Zwischenschritt über WPA (sicherer als WEP) die Verschlüsselung WPA2 entwickelt, die inzwischen alle aktuellen Geräte unterstützen. Solltest du schützenswerte Daten per WLAN übermitteln, so achte immer darauf, dass das Netz WPA2 verschlüsselt ist.

Achtung, auch ein Router braucht mal Updates um auf dem neuesten Stand zu sein, und die WPS-Taste am Router erspart zwar die Eingabe des Passworts, ist aber eine Sicherheitslücke, über die im Falle eines Angriffs auch der Schlüssel einer WPA2-Verschlüsselung ermittelt werden kann. Sie sollte daher deaktiviert sein und dein Passwort trotzdem nicht zu einfach und kurz.

Nicht nur dein Computer braucht Sicherheitsupdates, auch dein Router sollte auf dem neuesten Stand sein! Prüfe in deinem Heimnetzrouter, ob regelmäßig automatische Updates gemacht werden und ob du ein sicheres Passwort vergeben hast. Das Standardpasswort von vielen Routern kann jeder im Internet finden.

MAC-Filter und SSID:
Neben der Verschlüsselung gibt es noch weitere Möglichkeiten Funknetze vor unberechtigten Zugriffen zu schützen. Der strikteste Schutz ist der sogenannte **MAC-Filter**. Du hast im Verlauf des Kapitels bereits erfahren, dass jedes Netzwerkgerät eine eindeutige MAC-Adresse hat. Ein MAC-Filter sorgt dafür, dass nur Geräte am Funkverkehr teilnehmen können, deren MAC-Adresse zuvor an einem zentralen Gerät (meist am WLAN-Router) eingetragen wurden.

Die letzte gängige Schutzmaßnahme besteht darin, den Namen des WLANS, die **SSID** (**S**ervice **S**et **Id**entifier) zu „verstecken". Das bedeutet, dass das WLAN bei einer Netzwerksuche nicht gefunden und aufgelistet wird, außer dem Gerät wird explizit mitgeteilt nach welcher SSID es sucht.

Grundsätzlich sollte man sich bewusst sein, dass Funkverbindungen anfällig für Attacken und auch alle genannten Verfahren zu ihrer Absicherung angreifbar sind. Kombiniert bieten sie jedoch einen gewissen Schutz.

Ein WLAN hat eine Bus-Topologie. Es kann im Grunde jedes teilnehmende Gerät „mithören".

43. Gibt es in deiner Schule ein WLAN für Schülerinnen und Schüler? Prüfe mit deinem Handy, mit welchem Verfahren dieses verschlüsselt ist.

Verschlüsselung ist die von einem Schlüssel abhängige Umwandlung eines Textes in einen Geheimtext, die nur mit einem geheimen Schlüssel (privater Schlüssel) rückgängig gemacht werden kann.

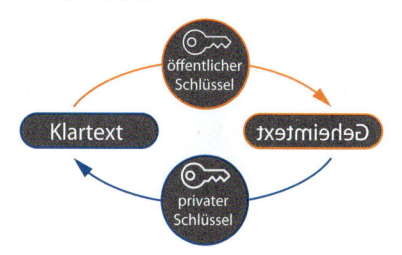

Mehr zu Verschlüsselungsverfahren kannst du im Kapitel 4 des Grundwissenbandes nachlesen. Möchtest du ein sicheres Netz nutzen, so mache dir Umstände! Besonders zu Hause, wo du mit sensiblen Daten (Bankgeschäften, Onlinebestellungen, wichtigen Passwörtern, …) zu tun hast und deine privatesten Daten im Netzwerk liegen. Nutze hier nur ein WLAN mit WPA2-Verschlüsselung, richte ggf. auch einen MAC-Filter ein und verstecke deine SSID.

Wenn du unterwegs nach Informationen suchst oder z. B. im Zug Videos streamst, ist die Sicherheitsstufe nicht so relevant. Für solche Anwendungen kannst du auf unverschlüsselte Hotspots zugreifen. Aber denke immer daran, dass sich auch potenzielle Angreifer im gleichen Netz bewegen könnten.

Grundwissen

- Je nachdem, ob sich Netzwerkgeräte im gleichen oder in unterschiedlichen Netzen befinden, muss geroutet werden, oder nicht. Die Kombination aus IP und Subnetzmaske ist hierfür entscheidend.

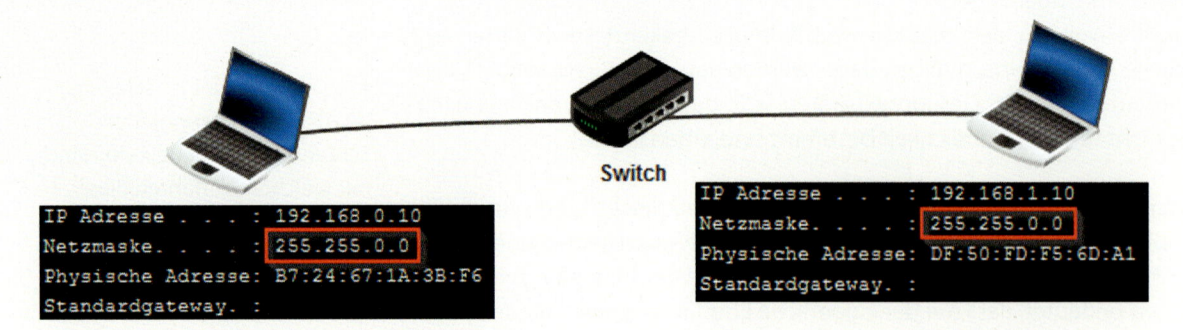

```
IP Adresse . . . : 192.168.0.10
Netzmaske. . . . : 255.255.0.0
Physische Adresse: B7:24:67:1A:3B:F6
Standardgateway. :
```

```
IP Adresse . . . : 192.168.1.10
Netzmaske. . . . : 255.255.0.0
Physische Adresse: DF:50:FD:F5:6D:A1
Standardgateway. :
```

Das Tor in andere Netze ist die jeweilige Schnittstelle des Routers: das Standardgateway.

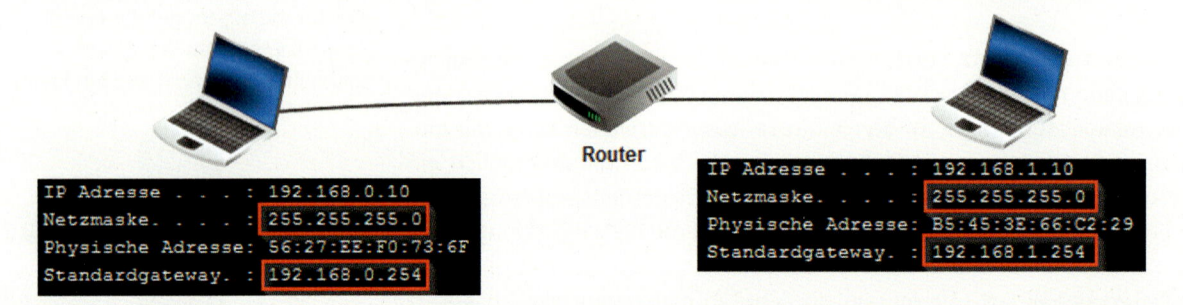

```
IP Adresse . . . : 192.168.0.10
Netzmaske. . . . : 255.255.255.0
Physische Adresse: 56:27:EE:F0:73:6F
Standardgateway. : 192.168.0.254
```

```
IP Adresse . . . : 192.168.1.10
Netzmaske. . . . : 255.255.255.0
Physische Adresse: B5:45:3E:66:C2:29
Standardgateway. : 192.168.1.254
```

- Ein Datenpaket durchläuft bei der Übertragung verschiedene technische Systeme. Um den Weg der Daten und den Zusammenhang verwendeter Protokolle modellhaft nachvollziehen zu können, dient das TCP/IP-Referenzmodell. Hier wird deutlich, welche Protokolle zu welchen Schichten (engl. Layer) gehören, die das Paket auf seinem Weg zum Ziel durchlaufen muss.

Schicht		Beschreibung	Protokolle	Typische Komponenten
4	Anwendung	Anwendungsprogramme zur Dateneingabe und -ausgabe (z. B. Browser, E-Mail-Client)	HTTP FTP HTTPS SMTP DNS LDAP DHCP IMAP POP3 RDP	
3	Transport	Tatsächlicher Datentransport mit Weiterleitung der Pakete über Routing durch verschiedene Teilnetze	TCP UDP	
2	Internet	Aufteilen des Datenstroms in Pakete mit Prüfziffern zur zuverlässigen Datenübermittlung im Internet	ICMP IP	Router
1	Netzzugriff	Netzzugang durch Hardwarebestandteile zur Verbindung zwischen den Geräten (Verkabelung oder sonstige Übertragungsmedien)	ARP, Ethernet-Frame	Switch, Hub, Ethernet-Kabel, WLAN

Zeig, was du kannst!

1. Baue in Filius einen kleinen Computerraum mit 3 Rechnern auf.
   a) Überlege dir, wie du die Rechner geschickt verbinden kannst, so dass alle Rechner miteinander kommunizieren können.
   b) Sorge in Filius dafür, dass alle Geräte aus Aufgabe 1 a) eine eindeutige IP-Adresse aus dem Netzwerk 192.168.0.0 /24 haben.
   c) Installiere auf allen Rechnern aus Aufgabe 1a) eine Befehlszeile und prüfe anschließend, ob die Rechner miteinander kommunizieren können.
   d) Schließe einen weiteren Rechner mit der IP 192.168.1.20 /24 an dein Netzwerk an und teste erneut, ob die Kommunikation zwischen dem neuen Rechner und deinen restlichen Rechnern funktioniert. Begründe das Ergebnis des Tests.
   e) Baue einen Router in dein Netzwerk ein und konfiguriere die Schnittstellen so, dass diese die IP-Adressen 192.168.0.254 /24 und 192.168.1.254 /24 haben.
   f) Teste ob die Verbindung zwischen den alten Rechnern und dem Rechner aus Aufgabe 1 d) funktioniert. Besprich das Ergebnis mit deiner Nachbarin bzw. deinem Nachbarn.
   g) Ändere die Konfiguration der am Test beteiligten Rechner so ab, dass die Kommunikation wieder funktioniert und teste deine Anpassungen.
   h) Baue neben dem Rechner aus Aufgabe 1 d) zwei weitere Rechner auf und verbinde diese über ein Switch mit dem Rechner aus Aufgabe 1 d) und mit dem Router.
   i) Das Netz 192.168.1.0 /24 soll künftig als Gastnetz genutzt werden, in welches jederzeit neue Computer eingebunden werden können. Installiere daher auf dem Rechner aus Aufgabe 1 d) einen DHCP-Server, welcher automatisch IPs für diesen Netzbereich verwaltet.
   j) Baue einen weiteren Rechner in dein Netzwerk ein, welcher künftig als Webserver fungieren soll. Stelle dem Server die IP-Adresse 192.168.2.100/24 ein und passe die Konfiguration des Routers so an, dass der Server aus beiden bisherigen Netzen erreicht werden kann.
   k) Installiere auf dem neuen Rechner einen Webserver.
   l) Damit der Webserver künftig aus dem Internet über den Namen „unsere-neue-webseite.com" angesprochen werden kann, soll auf dem Server auch ein DNS-Server eingerichtet werden.
   m) Passe den DHCP-Server im Netz 192.168.1.0 /24 so an, dass automatisch der korrekte DNS Server verteilt wird.
   n) Versuche die Webseite aus dem Netzen 192.168.0.0 /24 und 192.168.1.0 /24 aufzurufen. Passe die Konfigurationen der Rechner an, soweit das erforderlich ist.
   o) Richte auf dem Router eine Firewall ein. Diese soll so konfiguriert werden, dass die Webseite aus den Netzen 192.168.0.0 /24 und 192.168.1.0 /24 erreichbar ist und ansonsten keine Kommunikation möglich ist (dabei soll auch die Namensauflösung weiterhin funktionieren).

2. In manchen Computerräumen werden anstelle von Switches Hubs eingesetzt. Besprich mit deiner Nachbarin bzw. deinem Nachbarn, ob ihr für einen neuen Computerraum einen Switch oder einen Hub bestellen würdet.

3. Manchmal wird auch anstelle von 192.168.0.0 /24 auch 192.168.0.0 mit Subnetzmaske 255.255.255.0 angegeben.
   Nenne die Subnetzmaske, die zum Netz 192.168.0.0 /16 gehört.

4. Die Abbildung zeigt den Mitschnitt der Kommunikation von zwei Rechnern. Besprich mit deiner Nachbarin bzw. deinem Nachbarn, welche Kommunikationsschritte hier der Reihe nach abgelaufen sind.

```
No.  Time          Source              Destination         Protocol  Length  Info
  1  0.000000000   PcsCompu_95:61:cd   Broadcast           ARP       42      Who has 192.168.0.11? Tell 192.168.0.10
  2  0.000279221   PcsCompu_97:63:82   PcsCompu_95:61:cd   ARP       60      192.168.0.11 is at 08:00:27:97:63:82
  3  0.000285385   192.168.0.10        192.168.0.11        ICMP      98      Echo (ping) request  id=0x0b4f, seq=1/256, ttl=64 (reply in 4)
  4  0.000513844   192.168.0.11        192.168.0.10        ICMP      98      Echo (ping) reply    id=0x0b4f, seq=1/256, ttl=64 (request in 3)
  5  1.028384533   192.168.0.10        192.168.0.11        ICMP      98      Echo (ping) request  id=0x0b4f, seq=2/512, ttl=64 (reply in 6)
  6  1.028887166   192.168.0.11        192.168.0.10        ICMP      98      Echo (ping) reply    id=0x0b4f, seq=2/512, ttl=64 (request in 5)
  7  2.052046974   192.168.0.10        192.168.0.11        ICMP      98      Echo (ping) request  id=0x0b4f, seq=3/768, ttl=64 (reply in 8)
  8  2.052364798   192.168.0.11        192.168.0.10        ICMP      98      Echo (ping) reply    id=0x0b4f, seq=3/768, ttl=64 (request in 7)
```

```
▶ Frame 1: 42 bytes on wire (336 bits), 42 bytes captured (336 bits) on interface 0
▶ Ethernet II, Src: PcsCompu_95:61:cd (08:00:27:95:61:cd), Dst: Broadcast (ff:ff:ff:ff:ff:ff)
▼ Address Resolution Protocol (request)
    Hardware type: Ethernet (1)
    Protocol type: IPv4 (0x0800)
    Hardware size: 6
    Protocol size: 4
    Opcode: request (1)
    Sender MAC address: PcsCompu_95:61:cd (08:00:27:95:61:cd)
    Sender IP address: 192.168.0.10
    Target MAC address: 00:00:00_00:00:00 (00:00:00:00:00:00)
    Target IP address: 192.168.0.11
```

```
0000  ff ff ff ff ff ff 08 00  27 95 61 cd 08 06 00 01   ........'.a.....
0010  08 00 06 04 00 01 08 00  27 95 61 cd c0 a8 00 0a   ........'.a.....
0020  00 00 00 00 00 00 c0 a8  00 0b                     ..........
```

5. Beschreibe, wie ein frisch gestarteter Switch auf eine ARP-Anfrage reagieren muss.

6. Zwei Rechner mit den IP-Adressen 192.168.0.24 / 26 und 192.168.0.91 /26 sollen so miteinander verbunden werden, dass Kommunikation möglich ist. Entscheide begründet, ob ein Switch oder ein Router eingesetzt werden muss.

7. Die Abbildung zeigt den Mitschnitt eines Netzwerkverkehrs. Notiere Informationen, die du dem Auszug entnehmen kannst.

```
No.  Time           Source          Destination       Protocol  Length  Info
 36  11.171639548   0.0.0.0         255.255.255.255   DHCP      343     DHCP Discover  - Transaction ID 0xb4045755
 38  12.173543232   192.168.0.10    192.168.0.11      DHCP      342     DHCP Offer     - Transaction ID 0xb4045755
 39  12.174900403   0.0.0.0         255.255.255.255   DHCP      369     DHCP Request   - Transaction ID 0xb4045755
 40  12.181754779   192.168.0.10    192.168.0.11      DHCP      342     DHCP ACK       - Transaction ID 0xb4045755
```

8. Die Abbildung zeigt die grundlegende Konfiguration eines DHCP-Servers. Überlege dir, was die einzelnen Befehle bedeuten können. Prüfe deine Überlegungen mit Hilfe des Internets nach.

```
subnet 192.168.0.0 netmask 255.255.255.0 {
    range 192.168.0.10 192.168.0.200;
    option routers 192.168.0.254;
    option domain-name-servers 192.168.0.254;
}
```

9. Besprich mit deiner Nachbarin bzw. deinem Nachbarn, was aus eurer Sicht die wesentlichen Entwicklungen in der jüngeren Geschichte des Internets sind.

10. Erkläre deiner Klasse, was du unternehmen kannst, um dein WLAN vor unbefugten Zugriffen zu schützen.

11. Bereite ein 10-minütiges Referat mit Präsentation zum Thema „Personenbezogene Daten und DSGVO" vor.

Kapitel 2

Programmierung – Algorithmen und Objekte

1 Modellierung und Codierung von Algorithmen
2 Objektorientierte Softwareentwicklung

1 Modellierung und Codierung von Algorithmen

Algorithmen als Lösungsstrategie

Im Alltag werden wir häufig mit Aufgaben konfrontiert, welche sich nur lösen lassen, wenn wir bestimmte Schritte in der korrekten Reihenfolge ausführen.
So hast du sicherlich bereits versucht, dich mit einem Smartphone in das WLAN einer Freundin oder eines Freundes einzuwählen.

Sicherlich bist du folgendermaßen vorgegangen:
1. Fragen, ob du das WLAN nutzen darfst.
2. Handy entsperren.
3. WLAN aktivieren.
4. Nach verfügbaren Netzwerken suchen.
5. Das richtige Netzwerk wählen.
6. Gegebenenfalls Zugangsdaten zum Netzwerk eingeben.
7. Auf die Herstellung der Verbindung warten.

1. Formuliere einen Algorithmus, um an einem Ticketautomaten eine Fahrkarte zu kaufen.

Solche Lösungsstrategien werden in der Informatik als Algorithmen bezeichnet.

> Ein **Algorithmus** ist eine präzise und eindeutige Handlungsanweisung zur Lösung eines Problems in endlich vielen Schritten.

Damit Informatiker bei einer Lösungsstrategie von einem Algorithmus sprechen, müssen bestimmte Anforderungen (Eigenschaften) erfüllt sein:

Anforderung	Bedeutung
Ausführbarkeit	Jeder beschriebene Schritt muss einzeln ausführbar sein.
Endlichkeit	Der Algorithmus muss nach einer endlichen Anzahl von Schritten zu einem Ergebnis kommen.
Allgemeingültigkeit (Determiniertheit)	Der Algorithmus muss bei wiederholter Anwendung mit identischen Startwerten immer zum gleichen Ergebnis kommen.
Eindeutigkeit (Determinismus)	Nach jedem Schritt muss eindeutig feststehen, welches der nächste Schritt ist.

Modellierung als grafische Darstellung von Algorithmen

Vielleicht hast auch du schon beobachtet, dass manche Menschen Probleme haben, mit den vielen Funktionen und Einstellungsmöglichkeiten der Geräte umzugehen, und sich dann schnell überfordert fühlen. Eine grafische Darstellung kann Abhilfe schaffen.
Oft reicht es, sich modellhaft auf die wesentlichen Schritte zu beschränken.

> Ein **Modell** ist eine vereinfachte Beschreibung, welche häufig unwesentliche Eigenschaften des Originals vernachlässigt.

Im Folgenden sind die Schritte beim Einwählen in das WLAN einer Freundin oder eines Freundes mit einem Smartphone als Aktivitätsdiagramm dargestellt.

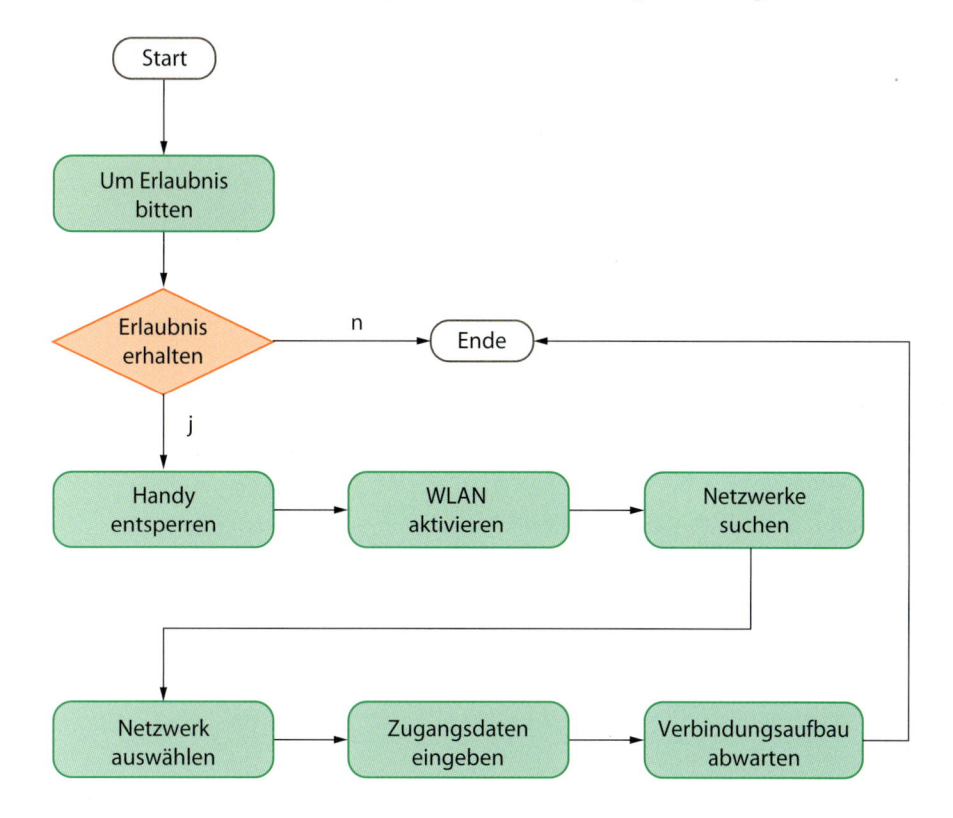

Eine andere Möglichkeit, Abläufe modellhaft darzustellen, ist das Struktogramm (► Aufbauwissen 1, S. 149).

2. Erstelle ein Struktogramm, welches zum abgedruckten Aktivitätsdiagramm passt.

Auch Computerprogramme werden vor der Umsetzung in der Regel zunächst modelliert.

Besonders bei umfangreichen Programmen, die von mehr als einer Person erstellt werden, ist es wichtig, dass die Modelle so aufbereitet werden, dass sie von allen Beteiligten gelesen werden können.

3. Erstelle ein Aktivitätsdiagramm, welches die Schritte zeigt, die erforderlich sind, um mit deinem ausgeschalteten Handy jemanden anzurufen.

Deshalb wurde die **Unified Modelling Language (kurz UML)** eingeführt. Diese Sprache gibt verschiedene Diagrammarten vor, welche zur Softwareplanung und Dokumentation eingesetzt werden. Eine der am häufigsten verwendeten Formen ist das oben abgebildete **Aktivitätsdiagramm**.

Bestandteile eines Algorithmus

Anweisungen und Sequenzen:
Wie du bereits erfahren hast, setzt sich ein Algorithmus aus kleinschrittigen, eindeutigen Anweisungen zusammen. Eine **Anweisung** ist dabei ein eindeutiger Befehl (z. B. „färbe die Lampe gelb").
In der Regel kann man komplexe Probleme in kleinere Teilprobleme zerlegen, die zunächst unabhängig voneinander gelöst werden können. Sofern zur Lösung eines solchen Teilproblems mehrere Anweisungen nacheinander abgearbeitet werden (so muss beispielsweise die Stange der Laterne an die richtige Position verschoben und passend eingefärbt werden), spricht man von einer **Sequenz**.

Im Grundlagenunterricht hast du vermutlich bereits erste kleine Programme mit EOS erstellt.

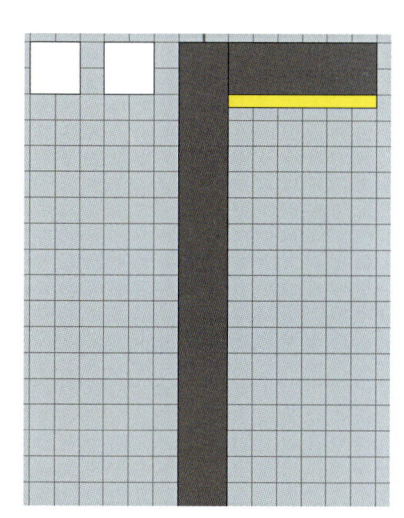

Laterne, mit EOS gezeichnet

Falls du EOS noch nicht kennst, kannst du dies beispielsweise unter https://www.lathanda.de/ kostenlos herunterladen.

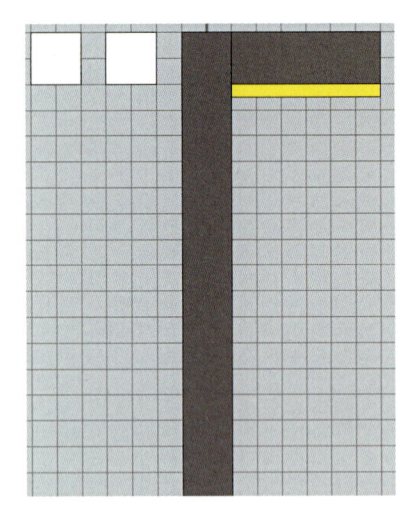

Die abgebildeten Objektkarten zeigen drei der für die abgebildete Laterne erforderlichen Objekte. Die Textfelder „stunden" und „minuten" links oben haben die Positionen (x, y) = (–60, 170) bzw. (–30, 170)."

stange: RECHTECK	lampe: RECHTECK	schirm: RECHTECK
sichtbar = WAHR	sichtbar = WAHR	sichtbar = WAHR
x = 0	x = 40	x = 40
y = 90	y = 160	y = 170
winkel = 0	winkel = 0	winkel = 0
gespiegelt = FALSCH	gespiegelt = FALSCH	gespiegelt = FALSCH
randfarbe = schwarz	randfarbe = schwarz	randfarbe = schwarz
randart = ——	randart = ——	randart = ——
randstärke = 0,25	randstärke = 0,25	randstärke = 0,25
füllfarbe = grau	füllfarbe = gelb	füllfarbe = grau
füllart = ■	füllart = ■	füllart = ■
breite = 20	breite = 60	breite = 60
höhe = 180	höhe = 10	höhe = 20
links = –10	links = 10	links = 10
oben = 180	oben = 165	oben = 180
rechts = 10	rechts = 70	rechts = 70
unten = 0	unten = 155	unten = 160

4. Erstelle die abgebildete Laterne in EOS. Die notwendigen Informationen kannst du den Objektkarten entnehmen.

5. Implementiere das Programm so um, dass die Lampe zunächst ausgeschaltet (hellgrau) dargestellt wird.

Methoden zur Untergliederung von Codefragmenten:
Aktuell ist unsere Simulation für die Laterne noch wenig realistisch, da bisher nur der Aufbau der Laterne programmiert ist.
Um die Simulation etwas realistischer zu gestalten, soll das Programm in diesem Abschnitt so erweitert werden, dass ein Tagesablauf simuliert wird, wobei die Laterne um 06:00 Uhr aus- und um 18:00 Uhr wieder eingeschaltet werden soll.
Wenn wir versuchen, dies aus Anweisungen und Sequenzen zusammenzustellen, wird sehr schnell klar, dass hier viel Programmieraufwand zu betreiben ist.

```
//Zeit simulieren
stunden.zeileHinzufügen(0)
minuten.zeileHinzufügen(0)
minuten.zeileLöschen()
minuten.zeileHinzufügen(1)
minuten.zeileLöschen()
minuten.zeileHinzufügen(2)
minuten.zeileLöschen()
//..
minuten.zeileHinzufügen(59)
stunden.zeileLöschen()
stunden.zeileHinzufügen(1)
```

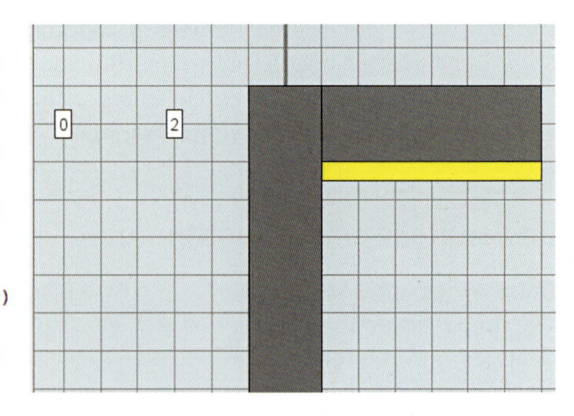

Der Ablauf einer Stunde müsste bei diesem Vorgehen für den Tagesablauf mehrfach programmiert werden. Damit bereits programmierte Sequenzen innerhalb eines Programms mehrfach verwendet werden können, lagert man diese in eigene **Methoden** aus. Diese Methoden können dann von einer beliebigen Stelle des Programms aufgerufen werden.

Tipp: Mit dem Button „Hilfe anzeigen" kannst du dir die in EOS verfügbaren Befehle und Kontrollstrukturen anzeigen lassen.

```
//Tagesablauf simulieren
stunden.zeileHinzufügen(0)
minutenSimulieren()
stunden.zeileLöschen()
stunden.zeileHinzufügen(1)
minutenSimulieren()
//..

//Ablauf einer Stunde simulieren
methode minutenSimulieren
    minuten.zeileHinzufügen(0)
    minuten.zeileLöschen()
    minuten.zeileHinzufügen(1)
    minuten.zeileLöschen()
    minuten.zeileHinzufügen(2)
    minuten.zeileLöschen()
    //..
    minuten.zeileHinzufügen(59)
*methode
```

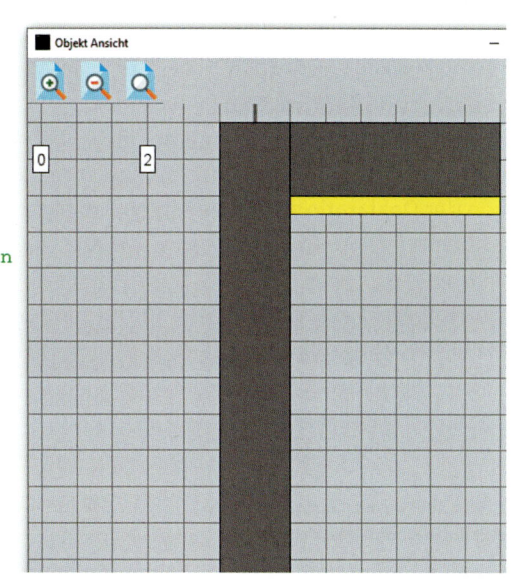

6. Verändere die Implementierung so, dass folgende Elemente von eigenen Methoden erstellt werden, welche beim Programmstart aufgerufen werden sollen:
- der Lampenschirm,
- die Lampe selbst,
- die Textfelder für die Zeitanzeige,
- die Stange.

Sobald EOS beginnt, den Tagesablauf zu simulieren, wird hierbei zunächst die Stunde gesetzt, bevor die Methode „minutenSimulieren" aufgerufen und abgearbeitet wird. Nachdem die Methode erfolgreich abgearbeitet worden ist, wird mit der Zeile nach dem Methodenaufruf fortgesetzt.

Variablen zur Verwaltung von dynamischen Werten

Durch die Verwendung der Methode „minutenSimulieren" konnten wir uns schon deutlich Programmzeilen sparen. Dennoch ist es sehr unbefriedigend, dass einfache Vorgänge, wie das Durchzählen der Minuten einer Stunde, derart umfangreich aufgeschrieben werden müssen.

Um dies zu vereinfachen, können Programmierer auf Variablen zurückgreifen.

```
//Ablauf einer Stunde simulieren
methode minutenSimulieren
    minuten.zeileHinzufügen(0)
    minuten.zeileLöschen()
    minuten.zeileHinzufügen(1)
    minuten.zeileLöschen()
    minuten.zeileHinzufügen(2)
    minuten.zeileLöschen()
    //..
    minuten.zeileHinzufügen(59)
*methode
```

> **Variablen** sind Platzhalter für Werte, welche sich während des Ablaufs eines Programms verändern können.

Durch die Verwendung von Variablen müssen Programmierer bei der Erstellung des Programms nicht festlegen, welchen Wert die Variable später haben soll.
In vielen modernen Programmiersprachen muss der Typ der Variablen angegeben werden. Durch den **Variablentyp** wird festgelegt, welche Art von Werten in der Variablen gespeichert werden können:

7. Erzeuge eine weitere Variable, mit welcher Sekunden simuliert werden können. Ergänze die Methode zum Anlegen der Textfelder so, dass auch für die Sekunden ein entsprechendes Textfeld angelegt wird.

Typ	Inhalt
Integer	ganze Zahlen
Double	Kommazahlen
String	Texte
Boolean	Wahrheitswerte
Date	Datumsangaben

Die Zuordnung von Variablenname und Datentyp wird als **Deklaration** bezeichnet.
Die Zuordnung eines Wertes zu einer Variablen wird als **Initialisierung** bezeichnet.

Wertzuweisungen zu einer Variablen:
Um Variablen verwenden zu können, müssen diese zunächst angelegt werden.
Dabei werden ein Variablenname und gegebenenfalls ein Datentyp festgelegt. Informatiker sprechen dabei von der **Deklaration** einer Variablen. Über den Variablennamen kann später auf die Variable zugegriffen werden.
Sinnvoll ist es dabei, die Variable mit einem Startwert zu belegen. Dies wird als **Initialisierung** bezeichnet.

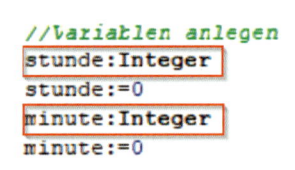

```
//Variablen anlegen
stunde:Integer
stunde:=0
minute:Integer
minute:=0
```

Wenn der Wert einer Variablen verändert werden soll, wird immer zunächst der Variablenname angegeben, bevor der neue Wert gesetzt wird:

```
//Ablauf einer Stunde simulieren
methode minutenSimulieren
    minute:=0
    minuten.zeileHinzufügen(minute)
    minuten.zeileLöschen()
    minute:=minute+1
    minuten.zeileHinzufügen(minute)
    minuten.zeileLöschen()
    //..
*methode
```

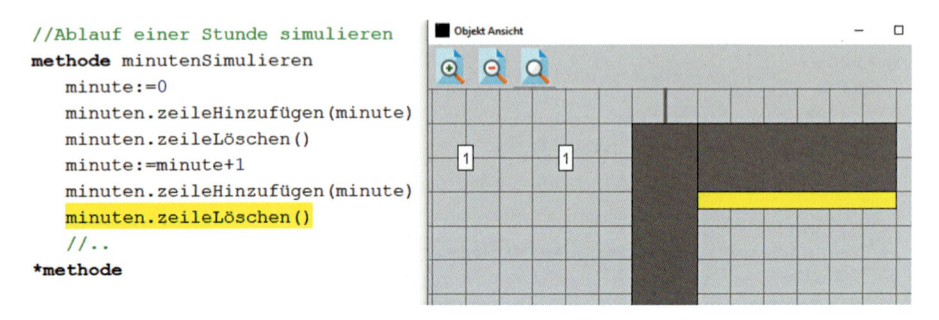

Das abgebildete Aktivitätsdiagramm veranschaulicht die Methode „MinutenSimulieren". In Aktivitätsdiagrammen werden Schleifen durch Pfeile markiert, welche an Stellen enden, die bereits abgearbeitet wurden.

Schleifen zur mehrfachen Abarbeitung von Codeteilen

Wenn man sich die Methode „minutenSimulieren" genauer ansieht, wird sofort klar, dass die Sequenz eigentlich nur aus drei Anweisungen besteht, welche mehrfach in identischer Reihenfolge ausgeführt werden. Dies würde für den Programmierer viel Tipparbeit bedeuten. Entsprechend gibt es Möglichkeiten anzugeben, dass bestimmte Codeteile mehrfach ausgeführt werden sollen.

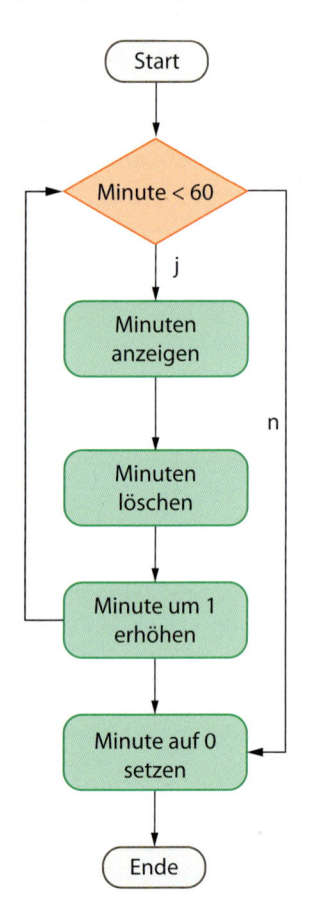

Die Methode „minutenSimulieren" sorgt dabei dafür, dass die Variable Minute bis 59 hochgezählt und angezeigt wird, bevor die Variable wieder auf 0 zurückgesetzt wird und die Methode endet:

```
//Ablauf einer Stunde simulieren
methode minuteSimulieren
    wiederhole solange minute <60
        minuten.zeileHinzufügen(minute)
        minute.zeileLöschen()
        minute:=minute+1
    *wiederhole
    minute:=0
ende
```

Bei der Methode „minutenSimulieren" wird zu Beginn geprüft, ob die Variable „minute" einen bestimmten Wert (60) erreicht hat. Sofern das nicht der Fall ist, wird der Programmteil ab „minuten.zeileHinzufügen (minute)" erneut ausgeführt.

Andernfalls wird der Wert der Variable „Minute" wieder auf 0 gesetzt (minute:=0) und der Programmteil beendet.
Diese Wiederholung wird als Schleife bezeichnet.

> Unter einer **Schleife** versteht man die mehrfache Ausführung eines bestimmten Programmteils.

8. Implementiere eine Methode „sekundenSimulieren".

9. Passe die Methode „MinutenSimulieren" so an, dass die neue Methode „SekundenSimulieren" im passenden Moment aufgerufen wird.

Arten von Schleifen:
Im abgedruckten Beispiel hast du eine Schleife kennengelernt, bei welcher zunächst geprüft wird, ob eine bestimmte Bedingung zutrifft, bevor entschieden wird, ob die Schleife abgearbeitet wird. Informatiker sprechen dabei von einer **while-Schleife**.
Insgesamt gibt es folgende Arten von Schleifen:

Bezeichnung	Bedeutung	Umsetzung in EOS
Endlosschleife	Eine Schleife wird unendlich oft wiederholt.	wiederhole immer … *wiederhole
Zählschleife (for-Schleife)	Es wird genau festgelegt, wie oft die Schleife durchlaufen werden soll.	wiederhole n mal … *wiederhole
kopfgesteuerte Schleife (while-Schleife, bedingte Schleife)	Vor Betreten der Schleife wird eine Abbruchbedingung geprüft. Sofern diese nicht erfüllt ist, wird die Schleife abgearbeitet.	wiederhole solange Bedingung … *wiederhole
fußgesteuerte Schleife (do-while-Schleife, Repeatschleife)	Die Schleife wird mindestens einmal durchlaufen, bevor die Abbruchbedingung am Ende geprüft wird.	wiederhole … *wiederhole solange Bedingung

Beispiele für diese Schleifen findest du in Kapitel 3 ab Seite 92.

Fallunterscheidungen zur Reaktion auf Bedingungen:
Im vorangegangenen Abschnitt hast du verschiedene Schleifentypen kennengelernt, mit denen Programmteile ohne großen Programmieraufwand wiederholt werden können. Abgesehen von der Endlosschleife werden alle Schleifen beendet, sobald bestimmte Bedingungen eintreten.

Sobald ein Programm auf Bedingungen unterschiedlich reagieren muss, spricht man von Fallunterscheidungen.
Auch außerhalb von Schleifen werden Fallunterscheidungen verwendet, **wenn** (if) der weitere Programmablauf von bestimmten Bedingungen abhängt.

```
//Tagesablauf simulieren
wiederhole solange stunde <24
    stunden.zeileHinzufügen(stunde)
    wenn stunde =6 dann
        lampe.füllfarbeSetzen(weiß)
    *wenn
    wenn stunde =18 dann
        lampe.füllfarbeSetzen(gelb)
    *wenn
    minutensimulieren()
    stunde:=stunde+1
    stunden.zeileLöschen()
*wiederhole
stunde:=0
```

In EOS werden Fallunterscheidungen in der Form „wenn BEDINGUNG dann ANWEISUNG *wenn" geschrieben.
Dabei wird die Anweisung nur ausgeführt, wenn die Bedingung erfüllt ist.

10. Erstelle ein Aktivitätsdiagramm, welches dafür sorgt, dass die Laterne bereits um 17:30 Uhr eingeschaltet wird.

11. Setze dein Aktivitätsdiagramm aus Aufgabe 10 in EOS um.

> Bei einer Auswahl wird geprüft, ob eine Bedingung erfüllt ist. Abhängig vom Ergebnis der Prüfung reagiert das Programm unterschiedlich.

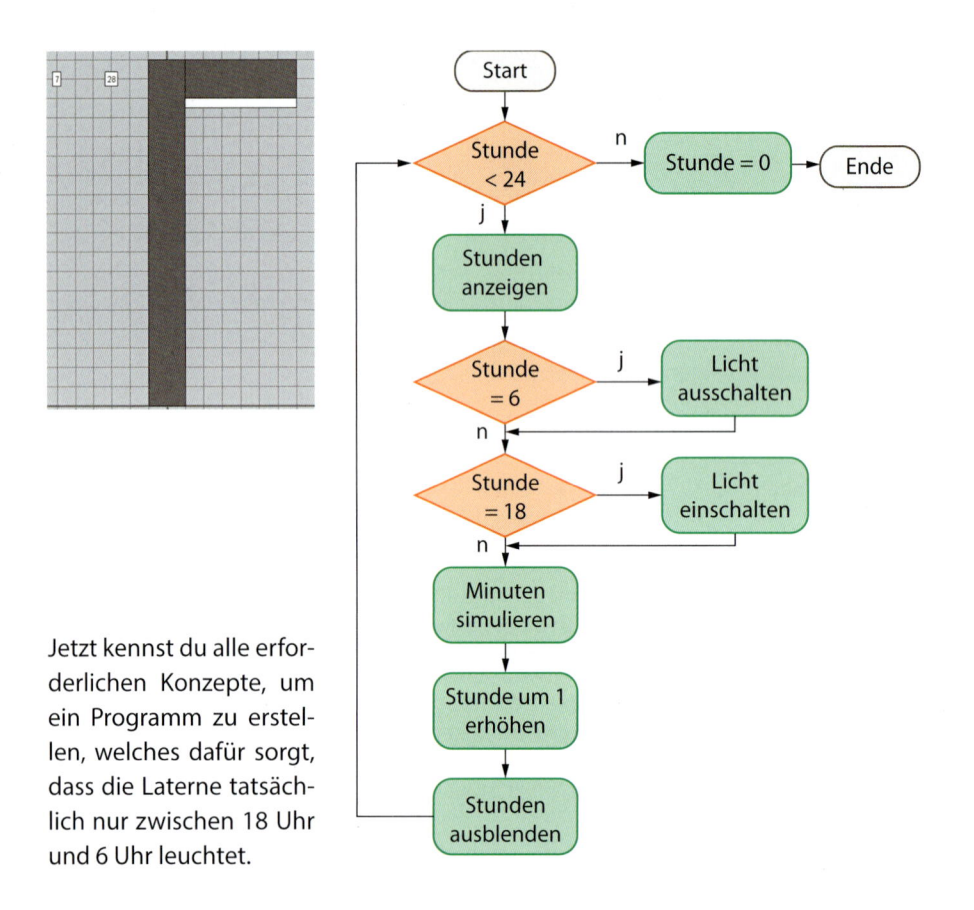

Jetzt kennst du alle erforderlichen Konzepte, um ein Programm zu erstellen, welches dafür sorgt, dass die Laterne tatsächlich nur zwischen 18 Uhr und 6 Uhr leuchtet.

Tipp: Scratch kannst du im Internet kostenlos herunterladen. Derzeit (Stand 2019) empfiehlt es sich, Version 1.4 zu verwenden, da diese im Gegensatz zu Version 2.0 die Ausführung in Einzelschritten unterstützt, womit man Fehler leichter finden kann.

Programmieren in Scratch

Bisher hast du die wichtigsten Kontrollstrukturen von Computerprogrammen kennengelernt. In der Programmierumgebung EOS lassen sich kleine Programme in einer Sprache erstellen, welche sehr nahe an die menschliche Sprache angelehnt ist.

Um die Sprache möglichst einfach zu halten, hat der Entwickler von EOS einige Funktionen weggelassen, welche für tatsächlich eingesetzte Computerprogramme von entscheidender Bedeutung sind. So kann EOS beispielsweise nur die vom Programmierer erstellten erstellten Folgen von Anweisungen und Kontrollstrukturen (kurz: Befehle) abarbeiten, nicht jedoch auf Eingaben des Benutzers reagieren.

Um kleine Programme erstellen zu können, welche auf Benutzereingaben reagieren können, werden wir nun das Programm Scratch verwenden.
Die **Oberfläche von Scratch** ist in folgende Bereiche unterteilt:

Bereich	Bedeutung
1 Bühne	Hier läuft das fertige Programm ab.
2 Figuren	Hier werden alle am Programm beteiligten Objekte angezeigt.
3 Skripte	Hier sieht man die verschiedenen Befehle. Diese sind in unterschiedlichen Gruppen angeordnet.
4 Programmbereich	Hier sieht man das Programm, welches für das unter Figuren (2) gewählte Objekt hinterlegt ist.

In Scratch können Programme erstellet werden, indem Befehle aus verschiedenen Gruppen zusammengefügt werden. Ein Skript kann dabei wie ein Puzzle aus den unterschiedlichen Befehlen aufgebaut werden. Wichtig ist dabei, dass ein Skript immer für das Objekt ausgeführt wird, welches bei der Erstellung des Skripts ausgewählt ist. Das im Beispiel abgebildete Skript wird also für die gewählte Katze ausgeführt.

Scratch bringt eine Bibliothek von Objekten mit. Diese kannst du einfügen, indem du ein neues Objekt aus der Bibliothek lädst.

12. Lade ein Auto deiner Wahl aus der Objektbibliothek.

Im Abschnitt „Arten von Schleifen" (▶ Seite 43) hast du verschiedene Schleifen kennengelernt. In Scratch findest du diese in der Rubrik „Steuerung". In der Rubrik „Fühlen" findest du mögliche Abbruchkriterien.

In einem ersten Beispiel soll ein Auto über den Bildschirm fahren. Das Programm soll automatisch beendet werden, wenn das Auto den Rand der Bühne erreicht.

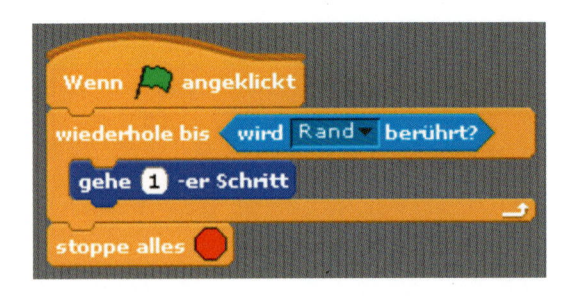

Häufig sind Skripte in Scratch so gestaltet, dass sie durch einen Klick auf die grüne Flagge gestartet werden können.

In unserem kleinen Beispielprogramm fährt das Auto sehr langsam über die Bühne. Das liegt daran, dass es bei jedem Schleifendurchlauf nur um einen Schritt verschoben wird. Das kannst du verändern, indem du die Schrittgröße anpasst, um die das Auto pro Schleifendurchlauf verschoben werden soll.

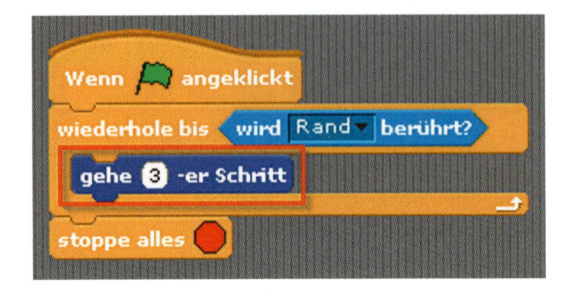

In Scratch können Objekte ihr Aussehen verändern. Dazu gibt es verschiedene Kostüme. Diese können auf dem Reiter „Kostüme" oberhalb des Skriptbereichs verwaltet werden.

Im weiteren Verlauf soll eine Waschstraße simuliert werden. Dazu benötigen wir ein schmutziges und ein sauberes Auto.

13. Lege ein neues Objekt „Waschstraße" an.

Kostüme können mit den Befehlen aus der Kategorie „Aussehen" gewechselt werden.

Das Programm soll simulieren, dass das Auto durch die Waschstraße fährt und dabei gereinigt wird.

Für die Erstellung des Programms ist wichtig zu wissen, wo sich das Auto beim Programmstart befindet. Das wird dir in Scratch automatisch angezeigt.

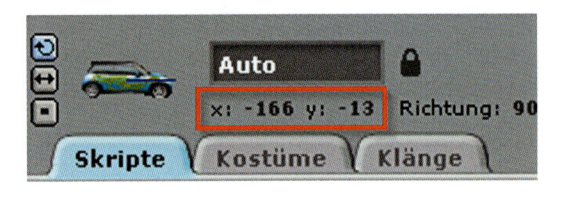

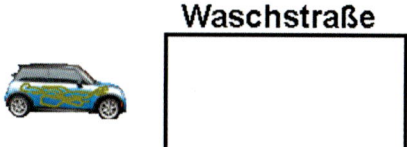

14. Erstelle ein Struktogramm zum abgebildeten Programm.

15. Bei der abgebildeten Implementierung wird das Kostüm „sauber" unnötig oft angezogen. Überlege dir, wie du sicherstellen könntest, dass das Kostüm nur einmal angezogen wird und passe dein Programm entsprechend an.

Größere Programme in Scratch

Zielsetzung:
Nachdem du dich jetzt gut mit den Grundlagen von Scratch auskennst, soll ein kleines Spiel implementiert werden.
Dabei soll der Spieler einen Tennisball in ein vorbeifahrendes Modellauto fallen lassen. Nach einer beim Programmstart wählbaren Anzahl an Versuchen soll das Programm beendet und angezeigt werden, welche Versuche erfolgreich waren.

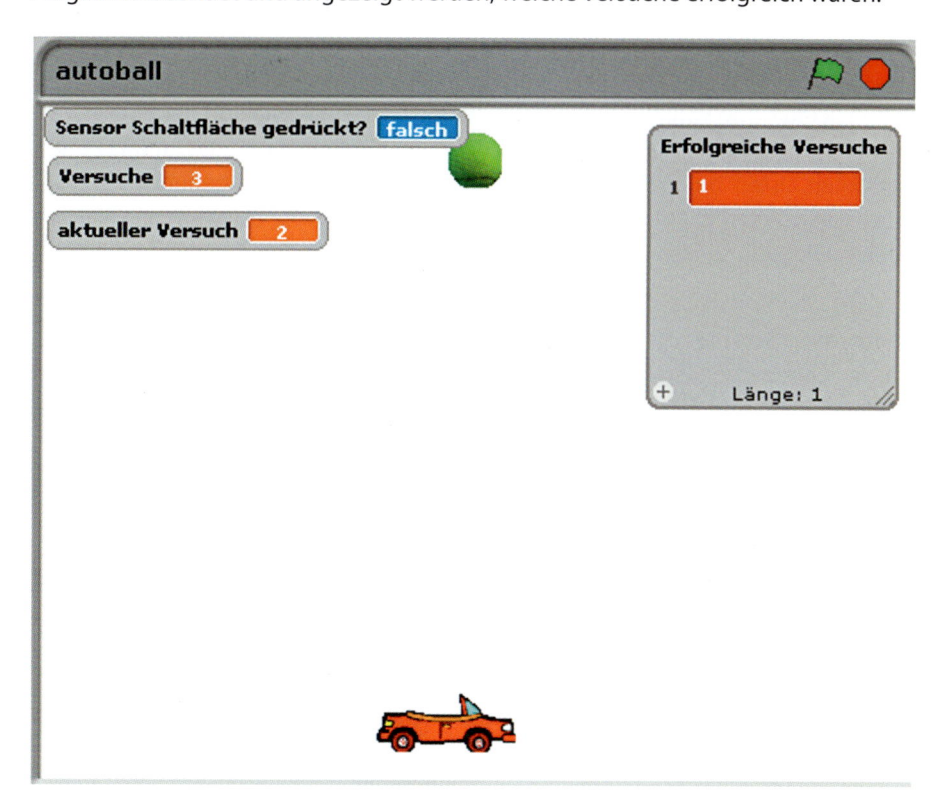

Für die Bewegung des Autos muss ein Skript für das Objekt „auto" erstellt werden, wohingegen die Bewegung des Balls und die restliche Programmlogik im Skript für das Objekt „ball" hinterlegt werden sollen.

Variablen und Listen in Scratch:
Gemäß Beschreibung soll das Spiel beendet werden, wenn der Spieler eine gewisse Anzahl an Versuchen absolviert hat.
Mit Variablen hast du bereits eine sehr mächtige Möglichkeit kennengelernt, wie Computerproramme mit Werten umgehen, die sich während des Programmablaufs verändern. In Scratch gibt es eine entsprechende Rubrik „Variablen", in der solche Platzhalter angelegt werden können.

Grundsätzlich sollte man nur den Objekten Zugriff auf Variablen geben, die diese zur Erfüllung ihrer Aufgaben unbedingt benötigen.

16. Überlege dir, welche Variablen du für dein Programm benötigst und lege diese an.

Dabei fragt Scratch ab, welche Objekte später auf den Wert der Variablen zugreifen dürfen. Da die komplette Programmlogik in unserem Beispiel beim Ball hinterlegt sein soll, ist es vollkommen ausreichend, wenn nur der Ball Zugriff auf die Variable hat.

Wie du bereits gelernt hast, sollten Variablen immer initialisiert werden. Für unser Programm muss die Anzahl der gewünschten Versuche zunächst vom Benutzer abgefragt werden. Dies ist in Scratch mit dem Befehl „Frage ... und warte" aus der Kategorie „Fühlen" möglich.

Auf die Antwort des Benutzers kann mit dem Feld „Antwort" aus der Kategorie „Fühlen" zugegriffen werden.

Laut Beschreibung soll das Programm ausgeben, welche Versuche erfolgreich waren. Da Variablen jedoch immer nur genau einen Wert speichern können, sind Variablen für diese Anforderung nicht geeignet. Hierzu gibt es Listen. Listen werden in Scratch wie Variablen verwaltet und sind daher ebenfalls in der Rubrik „Variablen" platziert. Eine Besonderheit von Scratch besteht darin, dass man die verwendeten Listen bei Programmstart leeren muss, da sonst gegebenenfalls noch Inhalte vom letzten Ablauf auf der Liste liegen.

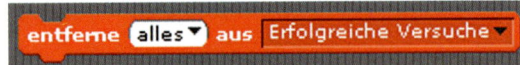

Sensoren in Scratch:
Damit der Benutzer den Ball im gewünschten Moment fallen lassen kann, muss das Programm auf eine entsprechende Eingabe reagieren. Das kann man in Scratch mit einer Fallunterscheidung erledigen, in welcher ein Gleichheitsoperator (aus der Rubrik „Operatoren" prüft, ob eine bestimmte Taste gedrückt wurde.

Bewegungsgrade in Scratch:
In Scratch kann für jedes Objekt eingestellt werden, in welche Richtungen sich das Objekt bewegt, sobald es einen „Schritt" macht.

Die blaue Linie im Ball zeigt an, dass dieser nach unten (Richtung 180) ausgerichtet ist. Der links gewählte Pfeil gibt an, wie sich das Objekt dreht, wenn es vom Rand abprallt.

Hier unterscheidet Scratch die Optionen „frei drehbar", „nur nach links oder rechts richten" und „nicht drehbar".

Modellierung und Codierung von Algorithmen — Kapitel 2

Programmablauf:
Dargestellt ist hier ein Aktivitätsdiagramm.
Setze das abgebildete Aktivitätsdiagramm in Scratch um.

17. Setze das abgebildete Aktivitätsdiagramm in Scratch um.

Start
→ leere Liste
→ erfrage Versuche
→ initialisiere Versuche
→ initialisiere aktueller Versuch
→ positioniere Ball
→ aktueller Versuch > Versuche?
  - j → Ende
  - n → Leertaste gedrückt?
    - n → (zurück zu Leertaste gedrückt)
    - j → Rand berührt?
      - j → (zurück zu Leertaste gedrückt)
      - n → Auto berührt?
        - n → gehe 2er-Schritt → (zurück zu Rand berührt)
        - j → Auto berührt?
          - j → sage getroffen für 2 Sek. → ergänze erfolgreiche Versuche → setze Ball zurück → erhöhe aktueller Versuch → (zurück zu aktueller Versuch > Versuche)
          - n → erhöhe aktueller Versuch → setze Ball zurück → (zu erhöhe aktueller Versuch)

Grundwissen

- In diesem Kapitel hast du Grundbegriffe der Programmierung kennengelernt. Computerprogramme sind Algorithmen, die als Lösungsstrategie für gegebene Problemstellungen verwendet werden.

- Ein **Algorithmus** ist eine präzise und eindeutige Handlungsanweisung zur Lösung eines Problems. Die wesentlichen Merkmale eines Algorithmus sind:

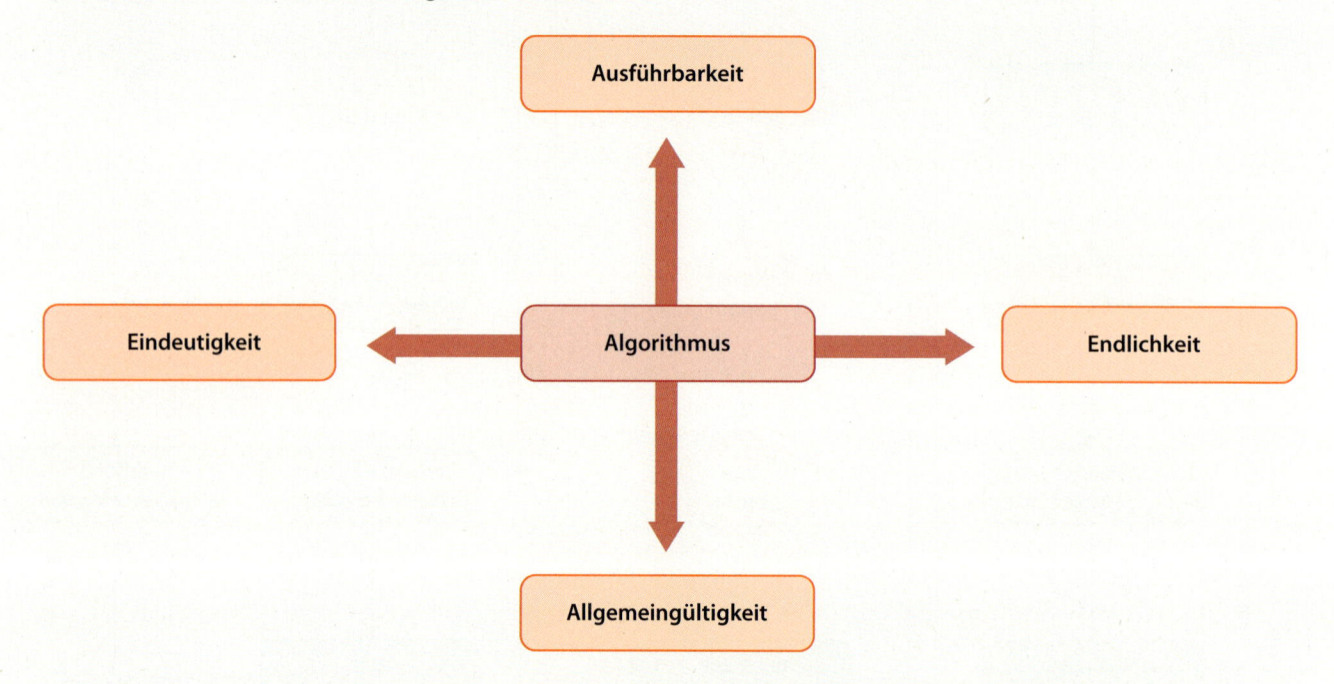

```
                    Ausführbarkeit
                         ↑
                         |
    Eindeutigkeit ←— Algorithmus —→ Endlichkeit
                         |
                         ↓
                  Allgemeingültigkeit
```

- Zusätzlich hast du die wichtigsten Programmelemente kennengelernt, welche du zur Umsetzung deiner Algorithmen verwenden kannst. Diese sind:

Bezeichnung	Zweck
Fallunterscheidungen	Ermöglichen unterschiedliche Reaktionen auf bestimmte Bedingungen.
Listen	Dienen als Platzhalter für eine Vielzahl von Werten.
Methoden	Stellen Funktionalitäten bereit, welche durch Aufruf der Methode ausgeführt werden können.
Schleifen	Dienen zur mehrfachen Abarbeitung von Codeteilen.
Variablen	Dienen zur Speicherung von veränderlichen Werten, welche zum Zeitpunkt der Programmerstellung noch nicht bekannt sind.

Zeig, was du kannst!

1. **Ampel**
   Die Steuerung einer Verkehrsampel soll in EOS simuliert werden. Gehe dazu in folgenden Schritten vor:
   a) Erstelle eine Ampel mit 3 verschiedenen Farbsignalen.
   b) Lege 3 Textfelder an, um Stunden, Minuten und Sekunden simulieren zu können.
   c) Sorge dafür, dass der Zeitablauf korrekt simuliert wird.
   d) Nach dem Einschalten soll die Ampel zunächst rot sein. Dann soll folgendes Programm ständig wiederholt werden:
      ① Nach 30 Sekunden Rotlicht soll die Ampel auf Gelb umschalten.
      ② Nach 10 Sekunden Gelbphase soll die Ampel auf Grün springen.
      ③ Nach 30 Sekunden Grün soll die Ampel erneut auf Rot umschalten.
   e) Um Energie zu sparen, soll die Ampel nur zwischen 6 und 22 Uhr in Betrieb sein. Außerhalb der Betriebszeit sollen alle Lichter abgeschaltet sein.

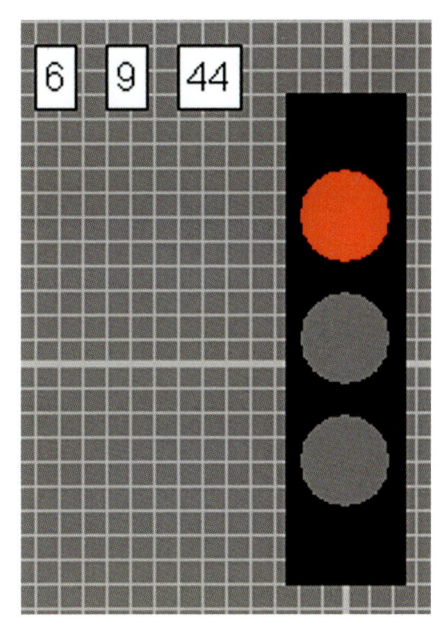

2. **Pacman**
   Vermutlich kennst du das alte Computerspiel Pacman. Erstelle einen Pacman mit EOS.
   a) Erstelle ein Aktivitätsdiagramm, welches dafür sorgt, dass sich der Mund von Pacman unendlich oft öffnet und schließt.
   b) Setze dein Aktivitätsdiagramm in EOS um.
      ① Verwende Schleifen und Variablen für die Bewegung des Mundes.
      ② Stelle dein Programm aus Aufgabe c) (1) so um, dass für das Öffnen und das Schließen des Mundes jeweils eine gesonderte Methode verwendet wird.

   Tipp: Der Mund von Pacman kann als Dreieck dargestellt werden. Die Eckpunkte des Dreiecks können mit der Methode „name.eckenSetzen(x1, y1, x2, y2, x3, y3)" positioniert werden.

3. **Scratch Grundlagen**
   a) Erstelle ein Programm in Scratch, welches aus einer Katze und einem Basketball besteht. Die Katze soll dabei horizontal über die Bühne laufen und wenden, sobald sie den Rand berührt, wohingegen sich der Ball vertikal bewegt und jeweils vom Rand abprallt.
   b) Erweitere dein Programm aus a) so, dass die Katze 7 Leben hat.
   c) Sorge dafür, dass die Katze jeweils ein Leben verliert, wenn sie vom Ball getroffen wird.
   d) Das Programm soll beendet werden, sobald die Katze keine Leben mehr hat.

   Tipp: Auf einem Objekt können in Scratch mehrere Programme gleichzeitig ausgeführt werden. Es empfiehlt sich, ein Programm für die Bewegung der Katze zu erstellen und ein zweites Programm, welches die Anzahl der Leben verwaltet.

4. Mathetrainer in Scratch

Erstelle einen Mathetrainer für Grundschüler in Scratch. Dieser soll folgende Anforderungen erfüllen:

① Es soll ein Gegenstand vom Himmel fallen, der eine zufällige Multiplikationsaufgabe aus dem kleinen Einmaleins stellt.

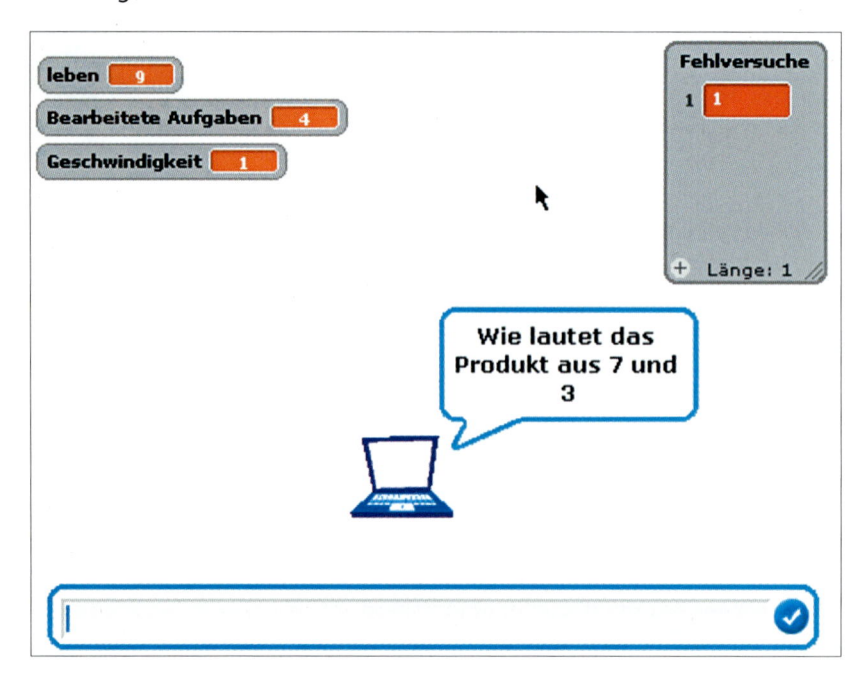

② Der Spieler soll mit einer festen Anzahl an Leben starten.

③ Sobald der Spieler eine Lösung eingibt, soll für zwei Sekunden angezeigt werden, ob diese korrekt ist.

Tipp: Damit sich der Gegenstand noch bewegt, während auf eine Eingabe gewartet wird, ist ein zweites Programm erforderlich. Dieses kann in Scratch auf eine Nachricht hin gestartet werden. Nachrichten kannst du mit „sende ... an alle" versenden. Das zweite Programm kannst du mit „Wenn ich ... empfange" starten.

④ Sobald der Gegenstand den Boden berührt, soll ein Leben abgezogen werden, falls die eingegebene Lösung nicht korrekt war.

⑤ Das Spiel soll beendet werden, wenn der Spieler keine Leben mehr hat.

⑥ Es soll in einer Liste angezeigt werden, in welchen Versuchen Fehlversuche erfolgt sind.

⑦ Die Fallgeschwindigkeit des Gegenstands soll sich nach jeweils zehn erfolgreichen Versuchen verdoppeln.

Erstelle zunächst die Aktivitätsdiagramme, welche die obigen Anforderungen beschreiben.

Setze deine Diagramme anschließend in Scratch um und teste dein Ergebnis.

2 Objektorientierte Softwareentwicklung

Java als objektorientierte Sprache

Nachdem du im letzten Kapitel bereits die wichtigsten Kontrollstrukturen kennengelernt hast, werden wir in diesem Kapitel ein kleines Programm zur Abrechnung einer Onlinevideothek in Java erstellen.

Objektorientierung:
Ein derzeit moderner Ansatz zur Erstellung von Computerprogrammen ist die Objektorientierung. Dabei wird vor der Erstellung des Programms festgelegt, welche realen Gegenstände abgebildet werden müssen. Dann werden entsprechende Klassen erstellt. In einer objektorientierten Sprache gibt es kein Objekt, welches zu keiner Klasse gehört.
Neben den Eigenschaften (Attributen) ihrer Objekte legen die Klassen auch die Fähigkeiten (Methoden) der Objekte fest. Du kennst diesen Ansatz bereits aus Object Draw und EOS. In diesem Kapitel lernst du eine Möglichkeit kennen, wie mehrere Objekte in einer professionell genutzten Programmiersprache miteinander interagieren können.

Java:
Es gibt viele verschiedene Programmiersprachen, welche unterschiedliche Vor- und Nachteile haben. Professionelle Entwickler überlegen sich daher vor jedem Softwareprojekt, welche Sprache dafür eingesetzt werden soll. Eine der derzeit (Stand Dez. 2018) bedeutendsten Programmiersprachen ist Java. Daher werden wir im weiteren Verlauf dieses Kapitels Java verwenden. Viele der Konzepte, die wir dabei sehen, können auf andere Sprachen übertragen werden.

JRE und JDK:
Ein in Java geschriebener Programmcode ist für Menschen lesbar und muss vor seiner Ausführung in den Maschinencode übersetzt werden. Diese Übersetzung wird vom Java-Compiler vorgenommen.
Zur Ausführung eines Java-Programms ist dieser Compiler nicht erforderlich, da hier nur der bereits übersetzte Maschinencode ausgeführt werden muss.
Entsprechend wird zwischen dem Java Runtime Environment (JRE) und dem Java Development Kit (JDK) unterschieden. Das JDK kann dabei alles, was das JRE kann, beinhaltet jedoch zusätzliche Funktionalitäten, wie beispielsweise den Compiler, der nur zur Entwicklung von Java-Programmen erforderlich ist. Computerbenutzer, die lediglich bereits bestehende Java-Programme ausführen wollen, benötigen daher lediglich ein JRE, wohingegen Programmierer, die selbst Java Programme erstellen wollen, ein JDK benötigen.

BlueJ als Entwicklungsumgebung

Theoretisch könnte man den Java-Code direkt in einem beliebigen **Editor** schreiben und diesen anschließend vom Java-**Compiler** übersetzen lassen.

Die in einem beliebigen Editor bearbeitete Datei muss dabei als Java-Klasse (also mit der Endung „.java" gespeichert werden. Der Dateiname sollte dabei zum Klassennamen aus der ersten Zeile passen. Anschließend kann man diese Datei mit dem Java-Compiler übersetzen.

ELLIPSE

Linienfarbe
Linienart
Linienstärke
Füllfarbe
Winkel
RadiusX
MittelpunktX
MittelpunktY

zeichnen()
verschieben(x-Verschiebung,y-Verschiebung)
strecken(Faktor)
streckenMitZentrum(ZentrumX,ZentrumY,Faktor)
drehen(Drehwinkel)
drehenUm(DrehpunktX,DrehpunktY,Drehwinkel)
LinienfarbeSetzen(Linienfarbe)
LinienartSetzen(Linienart)
…

Klassenkarte zum Zeichnen von Ellipsen

Der TIOBE-Index zeigt die Verwendung der größten Programmiersprachen an und kann unter https://www.tiobe.com/tiobe-index/ eingesehen werden.

Eine bekannte Java-Anwendung ist zum Beispiel das Computerspiel Minecraft.

JDK und JRE können kostenfrei bei Oracle heruntergeladen werden: https://www.oracle.com/technetwork/Java/Javase/downloads/index.html

Ein Editor ist ein Programm, mit dem Textdokumente erstellt werden können. Diese Textdokumente können z. B. auch in einer Programmiersprache, wie Java, geschrieben sein.

Ein Compiler übersetzt menschenlesbaren Code in von einer Maschine ausführbaren Code.

1. Übertrage das abgebildete Programm in einen beliebigen Editor.

2. Sorge dafür, dass das Programm eine weitere Zeile „schön, dass du Java lernst" ausgibt.

```java
public class Demo
{
    public static void main(String[] args)
    {
        System.out.println("hallo");
    }
}
```

Der auszugebene Text wird in Anführungszeichen angegeben. Diese werden nicht mit ausgegeben.

Bei der Übersetzung erzeugt der Compiler eine neue Datei mit der Endung „.class". Diese Datei liegt im Maschinencode vor und kann dann mit Java ausgeführt werden.

Wenn ein Java-Programm ausgeführt wird, wird automatisch immer zuerst die Main-Methode aufgerufen. Diese muss als statische Methode definiert sein.

```
Y:\privates\schulbuch\2_6_Algorithmen\2.6.2\programme>javac Demo.java
Y:\privates\schulbuch\2_6_Algorithmen\2.6.2\programme>java -cp . Demo
hallo
Y:\privates\schulbuch\2_6_Algorithmen\2.6.2\programme>
```

Der Screenshot wurde unter Windows erstellt. Das grundsätzliche Vorgehen hängt dabei nicht vom Betriebssystem ab.

Dieses Vorgehen hat jedoch mehrere entscheidende Nachteile:

Code erstellen im Editor	Viele Editoren bieten keine spezielle Unterstützung für Java. Man wird bei der Programmierung nicht auf Fehler hingewiesen.
Übersetzen in der Kommandozeile	Die Übersetzung in der Kommandozeile ist aufwendig. Befehle müssen manuell eingegeben werden.

3. Übersetze das Programm aus Aufgabe 2 und führe es aus.

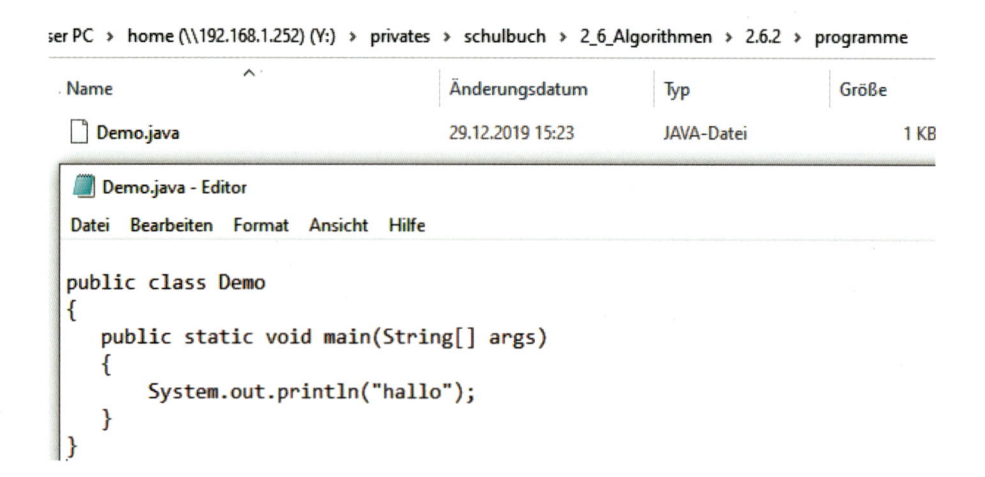

Deutlich komfortabler ist es, eine fertige Java-Entwicklungsumgebung, wie beispielsweise BlueJ, zu verwenden.
Bevor in BlueJ erste Klassen angelegt werden können, muss zunächst ein neues Projekt erzeugt werden (Projekt → neues Projekt). Dabei wird auf der Festplatte ein Ordner erzeugt, in welchem alle Dateien abgelegt werden, die zum Projekt gehören.

BlueJ unterstützt den Entwickler bei der Erstellung der Programme erheblich.
So kann man nach einem Punkt mit der Tastenkombination <Strg + Leertaste> anzeigen lassen, welche Methoden auf das entsprechende Objekt angewendet werden können.
Zusätzlich werden Zeilen rot markiert, die noch Fehler beinhalten, welche eine Übersetzung verhindern.

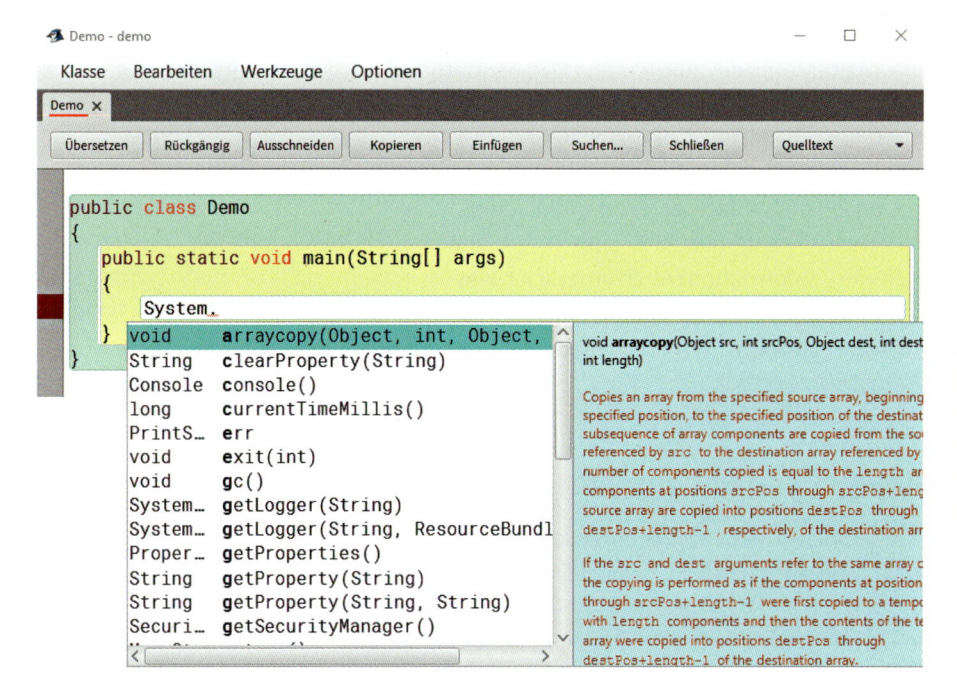

Sobald alle Fehler beseitigt sind, kann man die fertigen Klassen durch einen Klick auf „Übersetzen" kompilieren lassen.

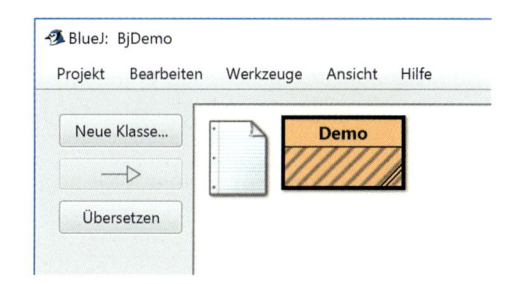

Sobald eine Klasse übersetzt ist, kann man durch Rechtsklick neue Objekte zu dieser Klasse anlegen.

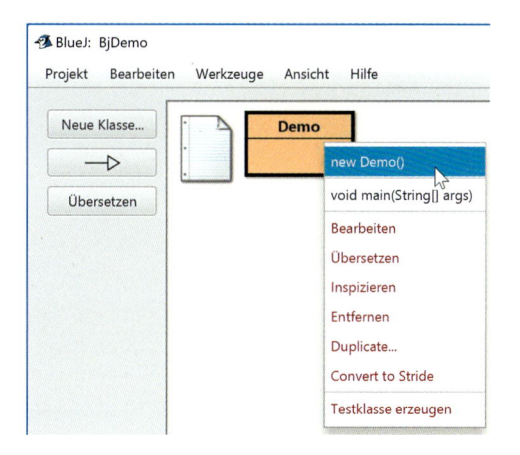

Falls die Klasse Methoden hat, die als „static" markiert sind, kann man diese durch Rechtsklick direkt auf der Klasse aufrufen. Das ist nur möglich, weil statische Methoden für alle Objekte der Klasse gelten.

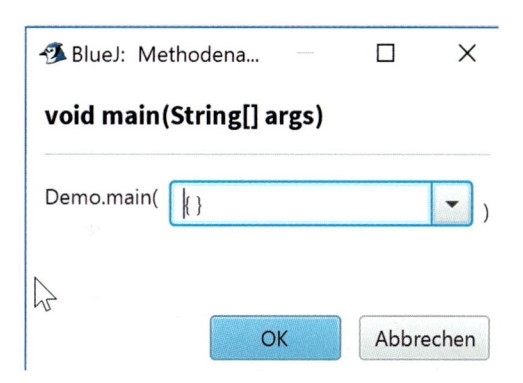

Neben BlueJ gibt es noch weitere leistungsfähige Entwicklungsumgebungen, die deutlich mehr Funktionen haben, im ersten Moment jedoch auch komplizierter zu bedienen sind.

Parameter sind zusätzliche Daten, die einer Methode übergeben werden können. So wäre beispielsweise denkbar, dass der Methode der Name einer Person übergeben wird, die begrüßt werden soll.

Wenn ein Java-Programm außerhalb von BlueJ aufgerufen wird, wird automatisch die Main-Methode aufgerufen. Dieser Methode können zusätzliche Parameter übergeben werden. Entsprechend fragt BlueJ diese Informationen beim Aufruf der Methode ab.

Da unser erstes kleines Programm jedoch nur „Hallo" ausgeben soll, sind hier keine weiteren Informationen erforderlich, weshalb wir diese Abfrage einfach mit „OK" bestätigen können. Anschließend wird die Ausgabe angezeigt.

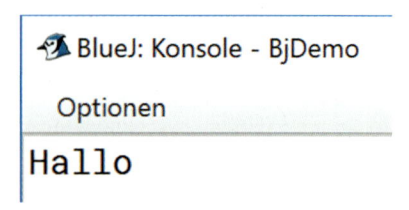

4. Stimme dich mit deinem Banknachbarn ab, welche Funktionen ein Abrechnungsprogramm für eine Onlinevideothek mindestens haben muss.

Analyse und Entwurf eines Softwareprojekts

Bevor ein Softwareprojekt umgesetzt wird, muss genau analysiert werden, was die zu implementierende Software leisten soll.

In diesem Kapitel soll ein einfaches Abrechnungssystem für eine Onlinevideothek implementiert werden. Das Programm muss in der Lage sein, Kunden und Filme zu verwalten. Bei den Filmen soll hinterlegt werden, was der jeweilige Film kostet. Das Programm muss in der Lage sein, eine Rechnung für den jeweiligen Kunden auszugeben, die auflistet, welche Filme der Kunde entliehen hat und was er bezahlen muss. Das zu erstellende Programm soll in Java umgesetzt werden.

Nach Abschluss dieser **Analyse** erfolgt als nächste Phase in der Softwareentwicklung in der Regel der **Entwurf**.

Hier gibt es mit dem Klassendiagramm eine einfache Möglichkeit, die beteiligten Klassen und ihre Funktionalitäten optisch übersichtlich darzustellen.

Es gibt Programme, die aus Klassendiagrammen Java-Codes erstellen können und umgekehrt. Ein solches kostenfreies Programm ist BOUML, mit dem auch das abgebildete Klassendiagramm erstellt wurde.

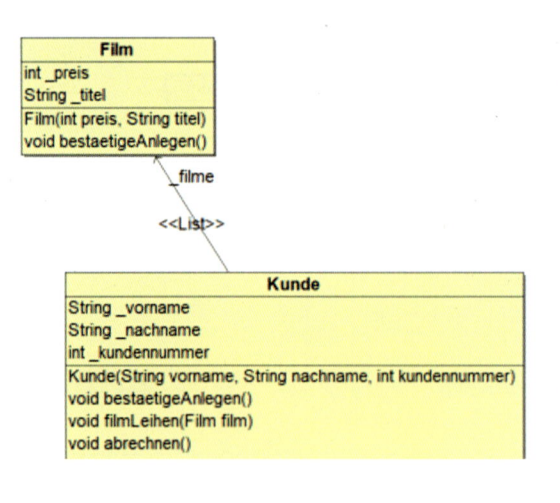

Aus der Analyse geht hervor, dass das Programm Kunden und Filme verwalten muss. Immer wenn ein neuer Kunde bzw. ein neuer Film angelegt wurde, soll das Programm eine entsprechende Bestätigung ausgeben.
Pro Kunde soll gespeichert werden, welche Filme der Kunde entliehen hat. Es muss eine Möglichkeit geben, die Preise aller von einem Kunden entliehenen Filme zu addieren und dem Kunden eine entsprechende Rechnung zu erstellen.

5. Erstelle ein Klassendiagramm für ein Taxiunternehmen. Es sollen Fahrer, Fahrten und Kunden verwaltet werden können. Pro Fahrt sollen die Fahrkosten hinterlegt werden.
Das Programm soll ausgeben können, welcher Kunde welche Fahrt mit welchem Fahrer unternommen hat und was ein Kunde insgesamt zahlen muss.

Um Kunden eindeutig verwalten zu können, sollen für jeden Kunden Vor-, Nachname und Kundennummer gespeichert werden.

Im Klassendiagramm sind alle wichtigen Klassen mit Informationen über ihre Attribute und Methoden enthalten. Zusätzlich gibt das Klassendiagramm den Zusammenhang zwischen den Klassen an. Für unsere Onlinevideothek müssen Objekte der Klasse „Kunde" eine Liste von Filmen kennen, die der Kunde entliehen hatte, damit wir dem Kunden eine entsprechende Abrechnung erstellen können.

Implementierung in Java

Erstellen eines neuen Projekts:
In diesem Abschnitt sollen die Anforderungen aus der vorausgegangenen Analyse in Java umgesetzt werden. Dazu wird die Programmierumgebung BlueJ verwendet.
Um in BlueJ ein neues Programm erstellen zu können, muss zunächst ein neues Projekt angelegt werden. Das Projekt ist zunächst ein Ordner, in welchem alle Dateien des Projekts abgelegt werden.

In BlueJ kann man ein neues Projekt anlegen, indem man im Menü „Projekt" auf „Neues Projekt" klickt. Anschließend müssen ein Speicherort auf der Festplatte und ein Projektname festgelegt werden.

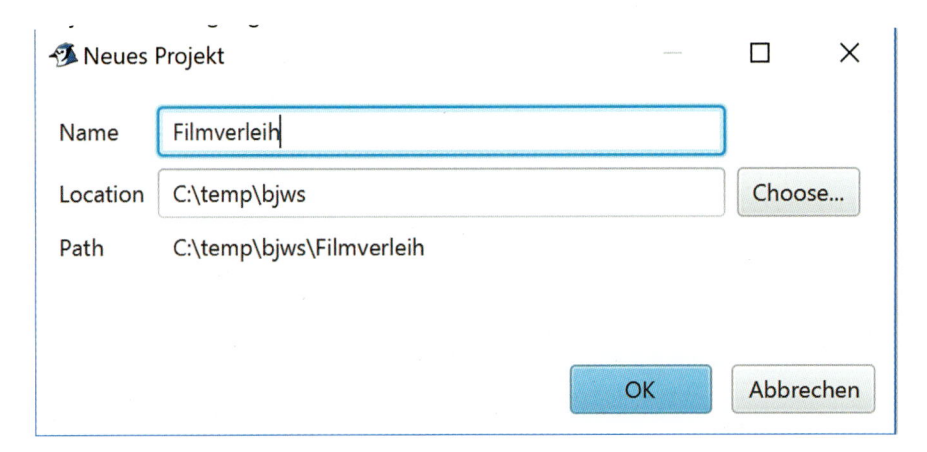

Unter **Implementierung** versteht man die Übertragung eines Modells in ein Anwendungssystem oder ein Programm.

6. Lege die erforderlichen Klassen zu deinem Klassendiagramm aus Aufgabe 5 an.

Eine erste eigene Klasse:
In objektorientierten Sprachen müssen immer zunächst die am Projekt beteiligten Klassen festgelegt werden.

Für unser Abrechnungssystem sind zunächst die Klassen „Film" und „Kunde" erforderlich. In BlueJ kann man eine neue Klasse durch Klick auf „Neue Klasse" anlegen. Hierbei muss der Name der zu erstellenden Klasse angegeben werden. Die restlichen Einstellungen können unverändert bleiben.

BlueJ legt bei der Erstellung der Klasse automatisch bereits einen ersten Inhalt an. Zum guten Stil gehört es, dass man jeweils den Namen des Programmierers und eine Versionsnummer angibt, falls das Programm später noch verändert werden soll.

Damit Programme besser zu warten sind, empfiehlt es sich, kurze Kommentare einzufügen. Zwischen /* und */ kann daher Text eingefügt werden, der keine Auswirkungen auf das eigentliche Programm hat. Wenn nur ein kurzer Kommentar eingefügt werden soll, können einzelne Zeilen auch mit // auskommentiert werden.

```java
/**
 * Beschreiben Sie hier die Klasse Kunde.
 *
 * @author (Tom Bauer)
 * @version (27.11.2018)
 */
public class Kunde
{
    // Instanzvariablen - ersetzen Sie das folgende Beispiel mit Ihren Variablen
    private int x;

    /**
     * Konstruktor für Objekte der Klasse Kunde
     */
    public Kunde()
    {
        // Instanzvariable initialisieren
        x = 0;
    }

    /**
     * Ein Beispiel einer Methode - ersetzen Sie diesen Kommentar mit Ihrem eigenen
     *
     * @param  y    ein Beispielparameter für eine Methode
     * @return      die Summe aus x und y
     */
    public int beispielMethode(int y)
    {
        // tragen Sie hier den Code ein
        return x + y;
    }
}
```

Definition eigener Variablen in Java:
BlueJ legt als Beispiel eine erste Variable an. Diese muss durch die Variablen ersetzt werden, welche tatsächlich benötigt werden.

7. Lege in den Klassen aus Aufgabe 6 die erforderlichen Variablen an.

Dabei ist es wichtig zu wissen, dass Variablen, welche innerhalb einer Methode deklariert werden, auch nur in dieser Methode verwendet werden können, wohingegen Variablen, welche außerhalb einer konkreten Methode angelegt werden, für alle Methoden der Klasse zur Verfügung stehen. Um Verwechslungen zu vermeiden, ge-

```java
public class Kunde
{
    String _vorname;
    String _nachname;
    int _kundennummer;
```

hört es zum guten Stil, dass man bei Variablen, welche für mehrere Methoden bereitstehen, einen Unterstrich vor den Variablennamen setzt.

Der Konstruktor:
Für jeden Kunden der Videothek wird zur Laufzeit des Programms ein eigenes Objekt „Kunde" angelegt. Dabei hat jeder Kunde seinen eigenen Namen und seine eigene Kundennummer.

Ein Konstruktor wird bei der Erstellung eines Objekts aufgerufen und kann diesem bereits bestimmte Attribute übergeben.
In Java kann kein Objekt ohne den Aufruf eines entsprechenden Konstruktors entstehen.

Damit diese Informationen gleich bei der Erstellung des Objekts „Kunde" erfasst werden können, ist ein **Konstruktor** erforderlich. Dieser Konstruktor wird immer dann aufgerufen, wenn ein neuer Kunde erfasst werden soll. BlueJ hat bereits einen leeren Konstruktor für die Klasse „Kunde" erstellt. Diesem müssen wir nun noch mitteilen, dass ihm zwei Textinformationen und eine Zahl übergeben werden müssen.

```java
/**
 * Konstruktor für Objekte der Klasse Kunde
 */
public Kunde(String vorname, String nachname, int kundennummer)
{
    // Instanzvariable initialisieren

}
```

Wenn wir die Klasse „Kunde" nun übersetzen und mit Rechtsklick auf „new Kunde" ein neues Objekt „Kunde" erzeugen, fragt der Konstruktor nach einem Vornamen, einem Nachnamen und einer Kundennummer.

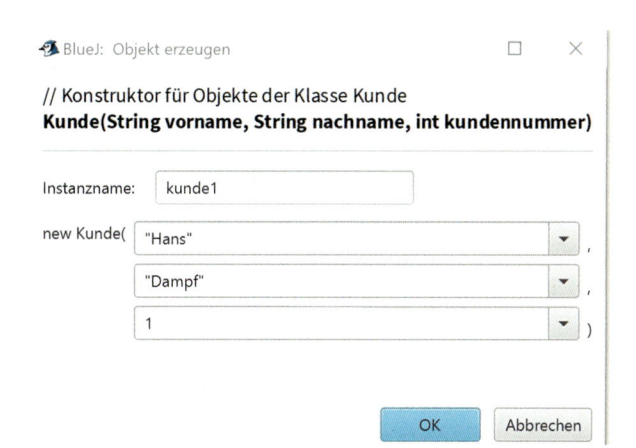

Damit neue Objekte angelegt werden können, bevor ein eigener Konstruktor definiert wurde, legt BlueJ direkt beim Anlegen einer Klasse einen parameterlosen Konstruktor an. Dieser wird häufig als **Default Konstruktor** bezeichnet.

Durch diesen Aufruf legt der Konstruktor ein neues Objekt „Kunde" an. In BlueJ wird dieses grafisch dargestellt. Mit einem Rechtsklick auf das Objekt kann das Objekt näher inspiziert werden.

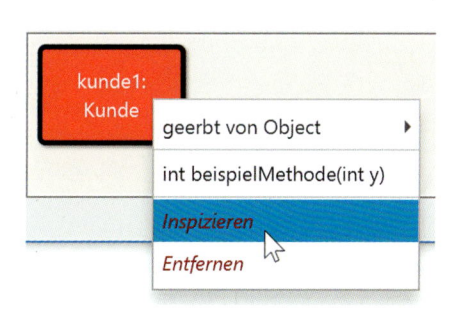

8. Ergänze deine Klassen aus Aufgabe 6 um die notwendigen Konstruktoren.

Beim Inspizieren des Objektes fällt auf, dass der Konstruktor die übergebenen Attributwerte nicht übernommen hat.
Das liegt daran, dass wir noch nicht programmiert haben, welcher Wert in welche Variable übernommen werden soll.

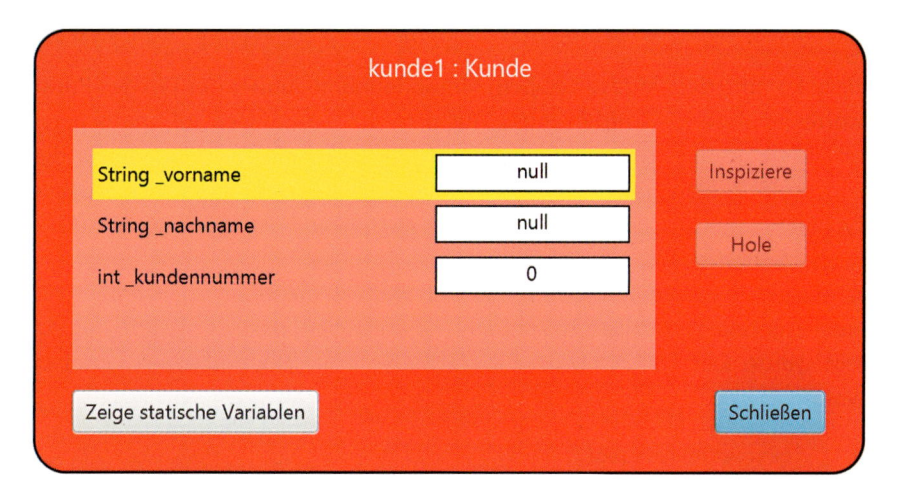

Entsprechend muss der Konstruktor so angepasst werden, dass die übergebenen Werte in die korrekten Variablen übernommen werden. Die Wertzuordnung passiert dabei so, wie du dies bereits aus EOS kennst. Zunächst wird der Variablenname genannt und dann angegeben, auf welchen Wert diese Variable gesetzt werden soll.

Beim erneuten Übersetzen werden alle bereits angelegten Objekte gelöscht. Das liegt daran, dass die alten Objekte gegebenenfalls nicht mehr zur veränderten Klasse passen.

```java
/**
 * Konstruktor für Objekte der Klasse Kunde
 */
public Kunde(String vorname, String nachname, int kundennummer)
{
    _vorname = vorname;
    _nachname = nachname;
    _kundennummer = kundennummer;
}
```

In produktiv eingesetzten Systemen werden die eingegebenen Daten in der Regel in Datenbanken gespeichert. Beim Anlegen eines neuen Kunden würde man dann zunächst die nächste freie Kundennummer ermitteln und diese für den neuen Kunde verwenden.

Wenn wir die Klasse nun erneut übersetzen und den Konstruktor aufrufen, sehen wir im **Objektinspektor**, dass die übergebenen Werte nun korrekt in die entsprechenden Variablen übernommen werden.

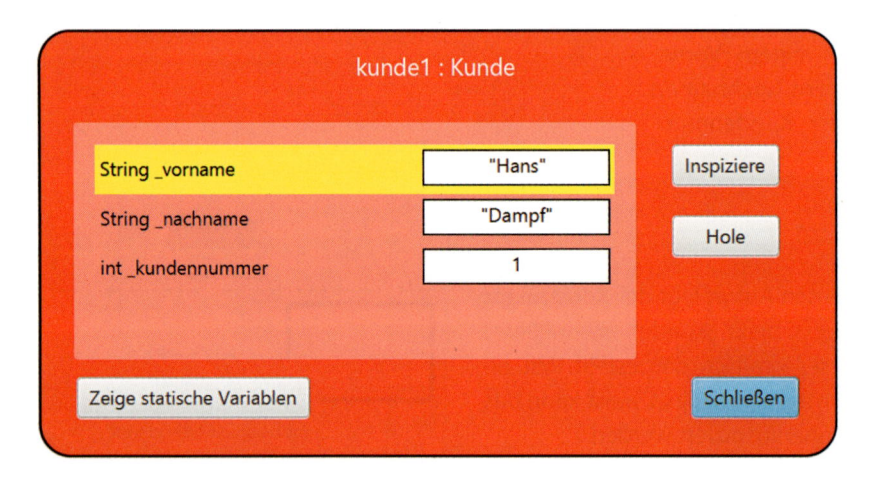

In einer Klasse dürfen mehrere Konstruktoren vorhanden sein. Jedoch darf es nur einen Konstruktor pro Parameterfolge geben. Wenn mehrere Konstruktoren vorhanden sind, entscheidet Java anhand der übergebenen Parameter, welcher Konstruktor aufgerufen wird.

kunde1 : Kunde	
String _vorname	"Hans"
String _nachname	"Dampf"
int _kundennummer	1

```
//Ablauf einer Stunde simulieren
methode minutenSimulieren
    minuten.zeileHinzufügen(0)
    minuten.zeilenLöschen()
    minuten.zeileHinzufügen(1)
    minuten.zeilenLöschen()
    minuten.zeileHinzufügen(2)
    minuten.zeilenLöschen()
    //..
    minuten.zeileHinzufügen(59)
ende
```

Methode in EOS

9. Erweitere die Konstruktoren der Klassen „Kunde" und „Fahrer" aus Aufgabe 8 so, dass das Anlegen jeweils entsprechend bestätigt wird.

Eine erste eigene Methode:
Natürlich kann ein Programm nicht so funktionieren, dass der Benutzer mit dem Objektinspektor prüfen muss, ob die Daten korrekt übernommen werden. Entsprechend soll unser Programm so erweitert werden, dass beim Anlegen eines Kunden automatisch ausgegeben wird, dass der Kunde korrekt angelegt wurde.

Wie du in EOS bereits gelernt hast, können dazu auch in Java eigene Methoden geschrieben werden.

Neu hinzu kommt, dass in Java vor dem Methodenname immer der Typ des Rückgabewertes angegeben werden muss. Auf dem Screenshot der automatisch erzeugten Klasse „Kunde" siehst du eine Beispielmethode, die BlueJ bereits für die Addition zweier Zahlen erstellt hat. Diese gibt eine ganze Zahl zurück und ist daher vom Typ „int".

Unsere neu anzulegende Methode soll jedoch keine Berechnung vornehmen und auch kein Ergebnis zurückliefern, sondern nur ausgeben, dass der Kunde korrekt angelegt wurde. Das Schlüsselwort für Methoden ohne Rückgabewert lautet in Java „**void**".

```java
final void bestaetigeAnlegen()
{
    System.out.println("Der Kunde "+_vorname +" "+_nachname +
    " mit der Kundennummer "+ _kundennummer+" wurde erfolgreich angelegt");
}
```

Da die Methode direkt auf die klassenweit bekannten Variablen zugreifen kann, müssen ihr keine eigenen Parameter übergeben werden.

Mit „System.out.println()" kann ein Text ausgeben werden. Dabei muss der auszugebende Text in " " stehen. Mit + können Textteile aneinandergefügt werden. So wird hier beispielsweise der Vorname des Kunden hinter `"Der Kunde  "` ausgegeben, bevor ein weiteres Leerzeichen gefolgt vom Nachnamen des Kunden ausgegeben wird.

Da die Methode immer aufgerufen werden soll, wenn ein neuer Kunde angelegt wurde, muss der Aufruf direkt im Konstruktor erfolgen. Dies erfolgt genau wie in EOS, indem der Name der Methode angegeben wird, die ausgeführt werden soll.

```java
/**
 * Konstruktor für Objekte der Klasse Kunde
 */
public Kunde(String vorname, String nachname, int kundennummer)
{
    _vorname = vorname;
    _nachname = nachname;
    _kundennummer = kundennummer;
    bestaetigeAnlegen();
}


final void bestaetigeAnlegen()
{
    System.out.println("Der Kunde "+_vorname +" "+_nachname +
    " mit der Kundennummer "+ _kundennummer+" wurde erfolgreich angelegt");
}
```

Vermutlich ist dir aufgefallen, dass die neue Methode neben dem Schlüsselwort „void" (keine Rückgabe) noch mit dem Schlüsselwort „final" markiert ist. Das bedeutet, dass die Methode auch in erbenden Klassen (du lernst Vererbung im weiteren Verlauf noch kennen) nicht verändert werden darf. Methoden, die direkt aus dem Konstruktor aufgerufen werden, sollten immer als final deklariert werden.

Wenn wir die Klasse nun erneut übersetzen und einen Kunden anlegen, wird die neue Methode korrekt ausgeführt.

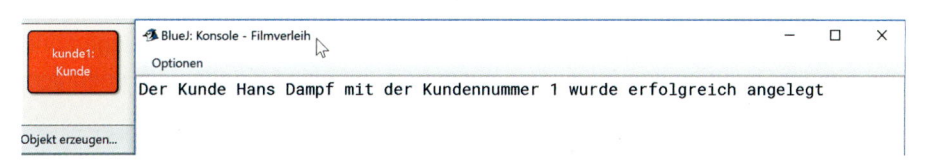

Tipp: Denke daran, dass auch Leerzeichen auszugebender Text sind und daher innerhalb von " " stehen müssen.

```
BlueJ: Konsole - Filmverleih
Optionen
Der Kunde Hans Dampf mit der Kundennummer 1 wurde erfolgreich angelegt
```

Implementierung der Klasse „Film":
Bevor der Benutzer Filme ausleihen kann, muss das Programm Filme erfassen können. Entsprechend muss die Klasse „Film" implementiert werden.

```java
public class Film {

    int _preis;
    String _titel;
    /**
     * Konstruktor für Objekte der Klasse Film
     */
    public Film(int preis, String titel) {
        _preis = preis;
        _titel = titel;
        bestaetigeAnlegen();
    }

    final void bestaetigeAnlegen() {
        System.out.println("Der Film "+_titel +" wurde mit einem Preis von "
        +_preis +" Euro angelegt");
    }
}
```

Erinnere dich, welche Methode und welche Parameter die Klasse Film haben muss (▶ Klassendiagramm auf Seite 56).

Import zusätzlicher Bibliotheken:
Um dem Kunden eine Rechnung erstellen zu können, muss das Programm für jeden Kunden verwalten, welche Filme dieser entliehen hat. Dazu ist eine Liste von Filmen erforderlich, wie du sie bereits vom „Autoball" aus Scratch kennst. Wenn wir in BlueJ eine entsprechende Variable anlegen und Java mitteilen, dass es sich um eine Liste von Filmen handeln soll, erhalten wir zunächst eine Fehlermeldung, dass die Klasse „List" nicht bekannt ist. Das liegt daran, dass es in unserem Projekt bisher nur die Klassen „Film" und „Kunde" gibt.

```
String _vorname;
String _nachname;
int _kundennummer;
List<Film> _filme;
```
cannot find symbol -   class List

```java
import java.util.*;
/**
 * Beschreiben Sie hier die Klasse Kunde.
 *
 * @author (Tom Bauer)
 * @version (27.11.2018)
 */
public class Kunde
{
    String _vorname;
    String _nachname;
    int _kundennummer;
    List<Film> _filme;
```

✏️ **10.** Lege in deiner Klasse „Kunde" eine Liste von Fahrten an, die der Kunde unternommen hat. Importiere die dazu notwendigen Bibliotheken.

Damit häufig benötigte Funktionen, wie beispielsweise Listen, nicht ständig neu programmiert werden müssen, liefert Java hier einige Funktionalitäten bereits mit. Diese mitgelieferten Bestandteile sind in verschiedene Pakete unterteilt. So finden sich Listen beispielsweise im Paket „Java.util" und können ganz einfach importiert und dann verwendet werden. Durch den * wird dabei angegeben, dass alles importiert werden soll, was sich im Paket „Java.util" befindet.

🪄 Bevor Objekte in eine Liste eingefügt werden können, muss diese z. B. mit dem Befehl „new ArrayList()" angelegt werden.

Bisher haben wir eine leere Variable „_filme" angelegt und dem Rechner mitgeteilt, dass wir dort eine Liste von Filmen hinterlegen wollen. Bevor wir nun den ersten Film in der Liste ablegen, müssen wir zunächst noch eine leere Liste erzeugen und diese in der Variablen speichern. Das können wir gleich im Konstruktor erledigen, wenn ein Kunde angelegt wird.

```java
public Kunde(String vorname, String nachname, int kundennummer)
{
    _vorname = vorname;
    _nachname = nachname;
    _kundennummer = kundennummer;
    bestaetigeAnlegen();
    _filme = new ArrayList();
}
```

✏️ **11.** Sorge im Konstruktor deiner Klasse „Kunde" dafür, dass eine leere Liste von Fahrten angelegt wird, sobald ein Kunde angelegt wird.

Implementierung fehlender Methoden:
Um unser Programm erstmals vollständig testen zu können, müssen wir noch die fehlenden Methoden zum Entleihen von Filmen und zur Erstellung der Abrechnung implementieren. Der Entleihmethode muss dabei mitgeteilt werden, welchen Film ein Kunde entleiht. Dies wird als Parameter übergeben. Anschließend wird der Film der Liste der entliehenen Filme hinzugefügt.

```java
void filmLeihen(Film film)
{
    _filme.add(film);
}
```

✏️ **12.** Lege in deiner Klasse „Kunde" eine neue Methode an, mit der Fahrten zur Liste der vom Kunden unternommenen Fahrten hinzugefügt werden können.

Objektorientierte Softwareentwicklung Kapitel 2 63

Etwas komplizierter ist die Methode zur Erstellung der Rechnung.
Hier müssen mehrere Schritte erledigt werden. Entsprechend bietet es sich hier an, zunächst ein Aktivitätsdiagramm zu erstellen.

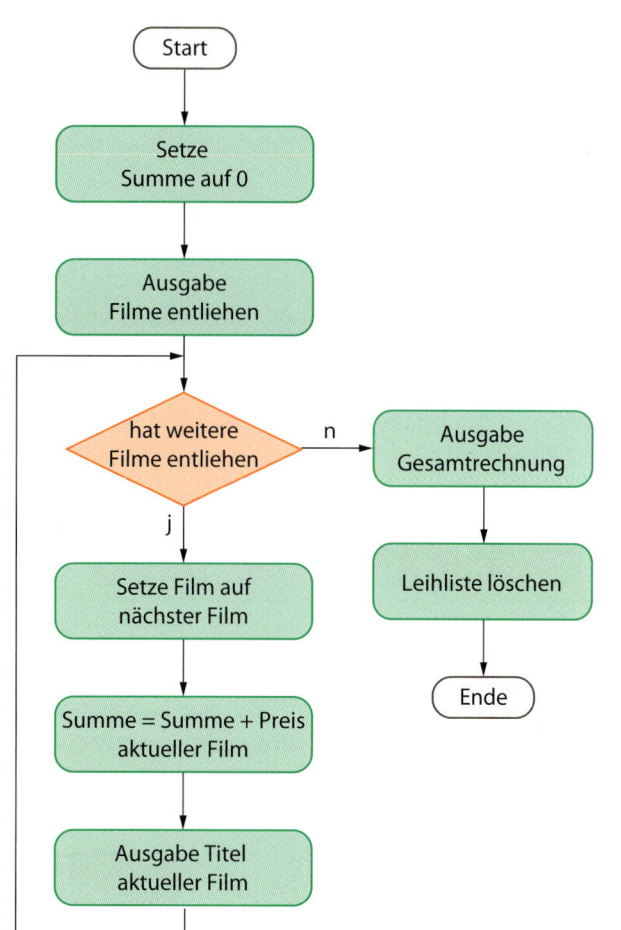

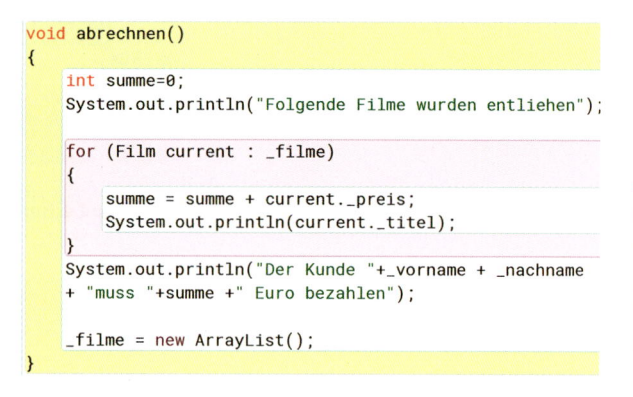

Die verschiedenen Methoden, mit denen auf eine Liste zugegriffen werden kann, werden in der Java-API genau erklärt.
https://docs.oracle.com/javase/8/docs/api/java/util/List.html

Wenn alle Objekte einer Liste bearbeitet werden sollen, kann man das in Java sehr elegant in einer „for-Schleife" erledigen. Dazu muss man dem Rechner mitteilen, von welcher Klasse die Objekte sind, wie das aktuell bearbeitete Objekt bezeichnet werden soll und welche Liste abgearbeitet werden muss.
Die Zeile „for (Film current : _filme)" bedeutet also, dass alle Objekte vom Typ Film betrachtet werden sollen, welche sich auf der Liste „_filme" befinden. Das aktuell in Bearbeitung befindliche Objekt kann dabei über den Bezeichner „current" angesprochen werden.

13. Lege in deiner Klasse „Kunde" eine Methode an, mit der ausgegeben werden kann, wann der Kunde mit welchem Fahrer unterwegs war und was er insgesamt bezahlen muss.

```java
void abrechnen()
{
    int summe=0;
    System.out.println("Folgende Filme wurden entliehen");

    for (Film current : _filme)
    {
        summe = summe + current._preis;
        System.out.println(current._titel);
    }
    System.out.println("Der Kunde "+_vorname + _nachname 
    + " muss "+summe +" Euro bezahlen");

    _filme = new ArrayList();
}
```

Mit dem Befehl „int summe = 0"; wird eine neue ganzzahlige Variable „summe" angelegt und auf den Startwert Null gesetzt. Diese Variable ist nur innerhalb der Methode „abrechnen" verfügbar.

Speichern von Daten:
Vermutlich hast du bei der Entwicklung deines Programms bemerkt, dass alle erstellten Objekte verschwinden, sobald BlueJ geschlossen wird. Das liegt daran, dass Java-Objekte immer nur im Arbeitsspeicher existieren. Sobald Java feststellt, dass die Objekte nicht länger gebraucht werden, werden diese daher automatisch gelöscht, um den Speicher wieder freizugeben.
Da dies in der Praxis bedeuten würde, dass die Daten spätestens beim Neustart des Rechners verschwinden, müssen diese dauerhaft gespeichert werden. Dazu gibt es verschiedene Möglichkeiten. Die einfachste Möglichkeit besteht darin, die Informationen in Textdateien auf die Festplatte zu speichern und sie beim Start eines Programms von dort wieder einzulesen. Da es in realen Systemen jedoch häufig sehr umfangreiche Informationen gibt, wird dies schnell sehr unübersichtlich, weshalb man umfangreiche Informationen in der Regel in Datenbanken hinterlegt, auf welche aus dem Java Programm heraus zugegriffen werden kann.

Festplatte

Test:
Nachdem die Implementierung unseres ersten kleinen Programmes nun abgeschlossen ist, muss dieses getestet werden. Der Test sollte dabei grundsätzlich nicht vom Entwickler selbst durchgeführt werden.

Der Tester muss sich die Anforderungen aus Analyse und Entwurf ansehen und ausprobieren, ob sich das Programm so verhält, wie dies dort vereinbart wurde.

Für unser sehr einfaches Programm ist dabei folgendes Vorgehen sinnvoll:
1. Lege einen Kunden und einen Film an und prüfe die gewünschte Ausgabe.
2. Entleihe im Namen eines Kunden einen Film.
3. Lasse das Programm Rechnungen für Kunden generieren und prüfe, ob diese korrekt sind.

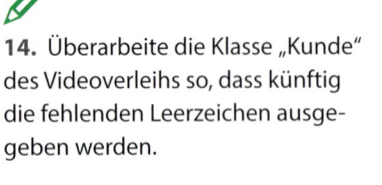

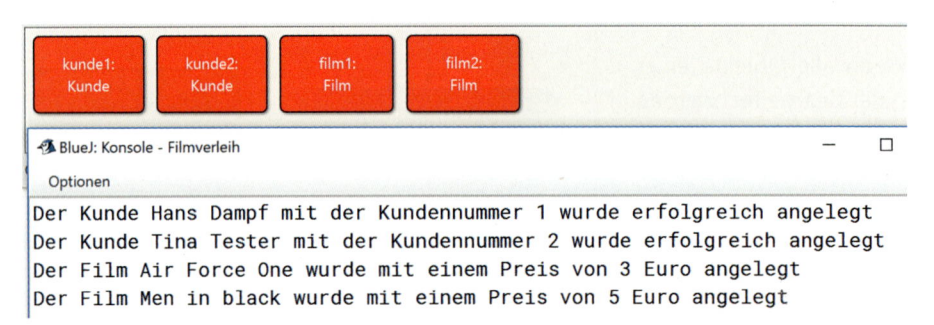

14. Überarbeite die Klasse „Kunde" des Videoverleihs so, dass künftig die fehlenden Leerzeichen ausgegeben werden.

```
Der Kunde Hans Dampf mit der Kundennummer 1 wurde erfolgreich angelegt
Der Kunde Tina Tester mit der Kundennummer 2 wurde erfolgreich angelegt
Der Film Air Force One wurde mit einem Preis von 3 Euro angelegt
Der Film Men in black wurde mit einem Preis von 5 Euro angelegt
```

Um tatsächlich einen Film zu entleihen, rufen wir mittels Rechtsklick auf einen Kunden die Methode „filmLeihen" auf und übergeben dieser einen Film.

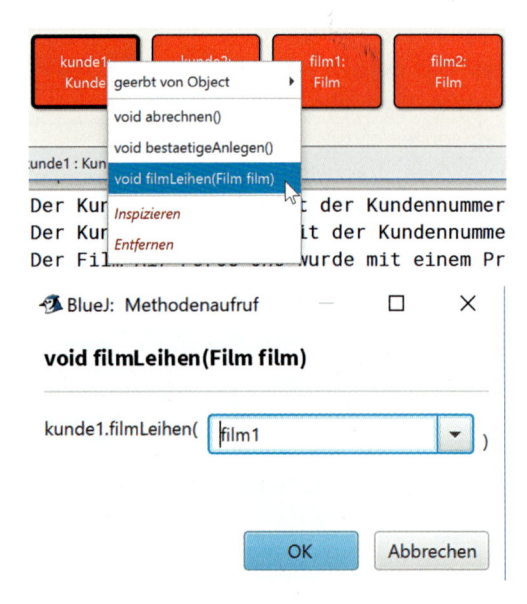

Datentypen siehe EOS/Java API

Wenn Kunde 1 beide Filme ausgeliehen hat und wir die Methode „abrechnen" testen, fällt auf, dass sich Schönheitsfehler in unser Programm eingeschlichen haben.

```
Folgende Filme wurden entliehen
Air Force One
Men in black
Der Kunde HansDampfmuss 8 Euro bezahlen
```

15. Passe das Programm für den Videoverleih so an, dass auch Kommazahlen als Filmpreise möglich sind.

Optimierung, Wartung und Pflege:
In unserem erstellten Programm ist der Preis eines Films als Integer abgelegt. Daher können als Filmpreis nur ganzzahlige Werte hinterlegt werden. Es könnte beispielsweise im Zuge der Optimierung passieren, dass die Benutzer künftig auch Kommazahlen abspeichern wollen.

Prinzipien der objektorientierten Programmierung

Datenkapselung:
Eines der wichtigsten Prinzipien der Programmierung besteht darin, dass Objekte und ihre Attribute/Attributwerte nur an den Stellen greifbar sind, an denen sie tatsächlich benötigt werden. Informatiker sprechen dabei von **Datenkapselung.**

In unserem ersten eigenen Programm haben wir dies bereits teilweise umgesetzt. So ist die Variable „summe" der Methode „abrechnen" in der Klasse „Kunde" tatsächlich nur innerhalb der Methode verfügbar.

Anders ist dies beispielsweise mit den Variablen „_preis" und „_titel" der Klasse „Film". Das sieht man auch in der Klasse „Kunde", wo wir direkt auf diese Variablen zugreifen.

```
for (Film current : _filme)
{
    summe = summe + current._preis;
    System.out.println(current._titel);
}
```

Erinnere dich an die Sichtbarkeit von Variablen aus dem Abschnitt „Definition eigener Variablen".

Das könnte dazu führen, dass einem unachtsamen Programmierer folgender Programmierfehler unterläuft.

```
for (Film current : _filme)
{
    current._preis=0;
    summe = summe + current._preis;
    System.out.println(current._titel);
}
```

16. Überarbeite die Taxiverwaltung so, dass alle Variablen und Methoden die minimal erforderliche Sichtbarkeit haben.

Um derartige Fehler zu vermeiden, kann man in Java festlegen, von wo aus auf eine bestimmte Methode und Variablen zugegriffen werden kann.
Dabei werden hauptsächlich die folgenden Sichtbarkeitsstufen verwendet:

private	Zugriff ist nur innerhalb des aktuellen Objekts möglich.
protected	Zugriff ist von allen Klassen innerhalb des aktuellen Pakets (die im gleichen Ordner liegen) und allen erbenden Klassen möglich.
public	Zugriff ist von überall aus möglich.

17. Besprich mit deinem Banknachbarn, was der veränderte Code bewirken würde.

Wir könnten also leicht dafür sorgen, dass nicht von extern auf die Variablen der Klasse „Film" zugegriffen wird, indem wir folgende Anpassungen vornehmen:

```java
public class Film {

    private int _preis;
    private String _titel;
```

Sobald wir unser Programm dann neu übersetzen, erhalten wir in der Klasse „Kunde" Übersetzungsfehler, da auf die entsprechenden Variablen nicht mehr zugegriffen werden kann.

```
for (Film current : _filme)
{
    summe = summe + current._preis;
    System.out.println(current._titel);
}
```
_preis has private access in Film

Da wir jedoch wollen, dass aus der Klasse „Kunde" lesend auf die Variablen „_preis" und „_titel" zugegriffen werden kann, diese aber nicht verändert werden können, müssen wir uns in der Klasse „Film" zwei entsprechende öffentliche Methoden schaffen, mit denen wir auf diese Variablen zugreifen können.

```java
public int getPreis()
{
    return _preis;
}

public String getTitel()
{
    return _titel;
}
```

Öffentliche Methoden, die den Wert einer privaten Variable ausliefern, werden häufig als „Getter" bezeichnet. Öffentliche Methoden, die den Wert einer privaten Variable setzen, als „Setter".

Anschließend müssen wir die Klasse „Kunde" so anpassen, dass hier auf die öffentlichen Methoden der Klasse „Film" zugegriffen wird, mit denen wir den Preis bzw. den Titel abfragen können.

```
for (Film current : _filme)
{
    summe = summe + current.getPreis();
    System.out.println(current.getTitel());
}
```

Vererbung:
Häufig kommt es vor, dass sehr ähnliche Dinge abgebildet werden sollen. So ist beispielsweise denkbar, dass auch Mitarbeiter der Onlinevideothek Filme ausleihen. Zunächst sind auch Mitarbeiter ganz normale Kunden. Häufig gibt es jedoch für Mitarbeiter besondere Konditionen. So könnte es beispielsweise sein, dass Mitarbeiter für jeden Film nur die Hälfte zahlen müssen.
Durch Vererbung kann man das sehr elegant lösen. Eine erbende Klasse hat dabei alle Merkmale der Klasse, von der sie erbt.

Wenn eine Methode in einer erbenden Klasse überschrieben wird, kann sie sich dort anders verhalten als in der beerbten Klasse.

Durch das Schlüsselwort „extends" kann Java mitgeteilt werden, von welcher Klasse die Klasse „Mitarbeiter" erben soll. Innerhalb einer erbenden Klasse kann mit dem Schlüsselwort „super" auf Inhalte der Klasse, von welcher geerbt wird, zugegriffen werden.

```
public class Mitarbeiter extends Kunde
{
    /**
     * Konstruktor für Objekte der Klasse Mitarbeiter
     */
    public Mitarbeiter(String vorname, String nachname,
                      int kundennummer)
    {
        super(vorname, nachname, kundennummer);
    }
}
```

Im abgebildeten Beispiel wird beim Anlegen eines neuen Mitarbeiters der Konstruktor der Klasse „Kunde" aufgerufen.

Sobald man in BlueJ einen Rechtsklick auf ein Objekt „Mitarbeiter" macht, stellt man fest, dass man dort alle Methoden der Klasse „Kunde" aufrufen kann.

Da die geerbten Methoden die Methoden der Klasse „Kunde" sind, haben diese auch die in der Klasse „Kunde" festgelegte Funktionalität.

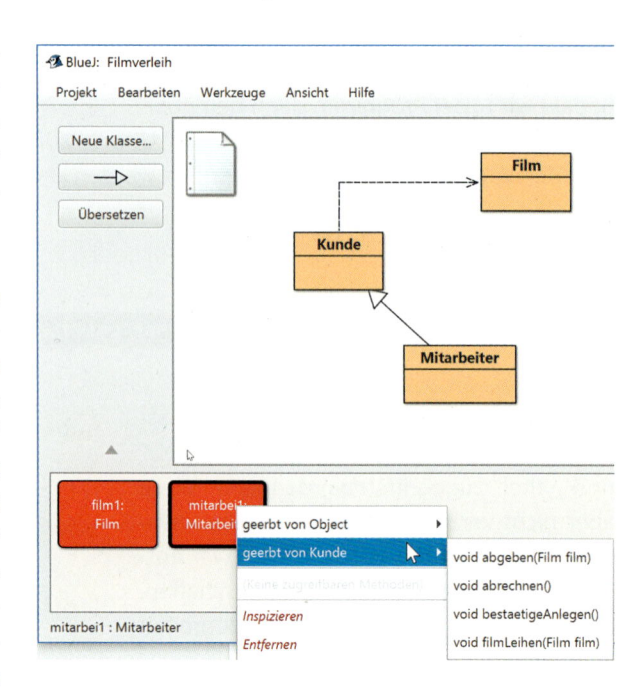

Weil Mitarbeiter jedoch nur die Hälfte eines normalen Kunden bezahlen müssen, muss sich die Methode „abrechnen" bei Mitarbeitern anders verhalten, als das bei normalen Kunden der Fall ist. Dies lässt sich erreichen, indem die Methode in der Klasse „Mitarbeiter" überschrieben wird.

Wenn wir die Methode „abrechnen" aus der Klasse „Kunde" in die Klasse „Mitarbeiter" kopieren, erhalten wir zunächst eine Fehlermeldung.

```java
void abrechnen()
{
    int summe=0;
    System.out.println("Folgende Filme wurden entliehen");

    for (Film current : _filme)
    {
        summe = summe + current.getPreis();
        System.out.println(current.getTitel());
    }

    System.out.println("Der Mitarbeiter "+_vorname + " " +_nachname
        + " muss nach Abzug von 50 % Rabatt "+summe +" Euro bezahlen");

    _filme = new ArrayList();
}
```
cannot find symbol - class ArrayList

Das liegt daran, dass wir das Paket „Java.util" noch nicht importiert haben. Sobald wir das nachholen, verschwindet die Fehlermeldung.

Wenn wir die Methode anschließend so anpassen, dass Mitarbeiter nur 50 % des regulären Preises bezahlen müssen und eine entsprechende Meldung ausgegeben wird, bekommen wir die nächste Fehlermeldung angezeigt.

```java
void abrechnen()
{
    int summe=0;
    System.out.println("Folgende Filme wurden entliehen");

    for (Film current : _filme)
    {
        summe = summe + current.getPreis() *0.5;
        System.out.println(current.getTitel());
    }

    System.out.println("Der Mitarbeiter "+_vorname + " " +_nachname
        + " muss nach Abzug von 50 % Rabatt "+summe +" Euro bezahlen");

    _filme = new ArrayList();
}
```
incompatible types: possible lossy conversion from double to int

Das liegt daran, dass die Methode „getPreis()" aus der Klasse „Film" einen ganzzahligen Wert (int) liefert. Wenn dieser mit einer Kommazahl (double) multipliziert wird, kann das Ergebnis ebenfalls eine Kommazahl sein. Das könnten wir in der Variablen „summe" jedoch nicht speichern, da wir diese als „int" angelegt haben.

```java
void abrechnen()
{
    double summe=0;
    System.out.println("Folgende Filme wurden entliehen");

    for (Film current : _filme)
    {
        summe = summe + current.getPreis() * 0.5;
        System.out.println(current.getTitel());
    }

    System.out.println("Der  Mitarbeiter"+_vorname + " " +_nachname
        + " muss nach Abzug von 50 % Rabatt "+summe +" Euro bezahlen");

    _filme = new ArrayList();
}
```

Entsprechend muss die Variable so angepasst werden, dass diese auch Kommazahlen beinhalten kann.

Wenn wir nun einen Mitarbeiter einen Film ausleihen lassen und die Methode „abrechnen" für diesen Mitarbeiter aufrufen, sehen wir, dass sich die Methode hier anders verhält, als das bei einem normalen Kunden der Fall ist.

```
Der Kunde Tina Tester mit der Kundennummer 1 wurde erfolgreich angelegt
Folgende Filme wurden entliehen
Nur noch 60 Sekunden
Der Mitarbeiter Tina Tester muss nach Abzug von 50 % Rabatt 2.5 Euro bezahlen
```

BlueJ bietet die Methode „abrechnen" dabei unter geerbte Methoden und direkt für das Objekt „Mitarbeiter" an. Für das Verhalten ist jedoch egal, welche der beiden Methoden angeklickt wird, da BlueJ in beiden Fällen die in der Klasse „Mitarbeiter" überschriebene (redefinierte) Methode ausführt.

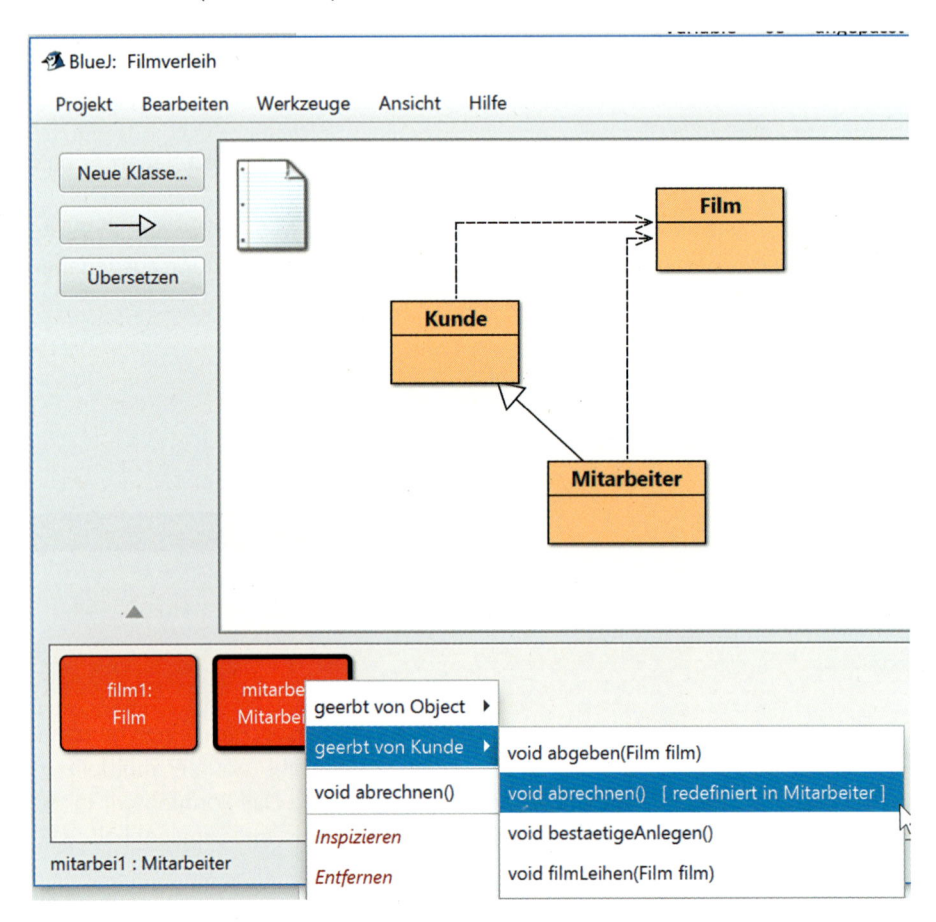

18. Was passiert, wenn du versuchst die Methode „bestaetigeAnlegen" aus der Klasse „Kunde" in „Mitarbeiter" zu überschreiben? Erkläre, woran das liegt.

Grundwissen

- Ein Softwareprojekt wird in verschiedenen Phasen umgesetzt. In diesem Kapitel hast du die wichtigsten Phasen kennengelernt.

Phase	Inhalt
Analyse	Es wird analysiert, wofür die zu entwickelnde Software benötigt wird und was diese leisten soll.
Entwurf	Es wird schriftlich fixiert, wie das Programm aufgebaut wird. Hierbei kommen verschiedene Modelle, wie beispielsweise das Aktivitäts- und das Klassendiagramm, zum Einsatz.
Implementierung	Die geplante Software wird in Programmcode umgesetzt.
Test	Es wird getestet, ob der entstandene Programmcode das leistet, was erwartet wird.
Optimierung	Beim Test aufgedeckte Schwachstellen werden korrigiert.
Wartung und Pflege	Updates werden vorgenommen und gegebenenfalls zu Beginn nicht geplante Funktionen ergänzt.

- Java und BlueJ:
  Neben den typischen Phasen hast du in diesem Kapitel erfahren, wie kleine Java-Projekte in BlueJ umgesetzt werden können.
  Dabei hast du erfahren, dass Java bereits einige vorgefertigte Funktionalitäten bietet. Einen ausführlichen Überblick über diese Funktionalitäten findest du online in der Java API:
  https://docs.oracle.com/en/Java/Javase/11/docs/api/index.html

- Konzepte der objektorientierten Programmierung
  Mit den Überlegungen zur **Sichtbarkeit von Daten** und zur **Vererbung** hast du grundlegende Konzepte der objektorientierten Programmierung kennengelernt, welche auch in anderen objektorientierten Sprachen Anwendung finden.

- Sichtbarkeitsstufen:

private	Zugriff ist nur innerhalb des aktuellen Objekts möglich.
protected	Zugriff ist von allen Klassen innerhalb des aktuellen Pakets (die im gleichen Ordner liegen) und allen erbenden Klassen möglich.
public	Zugriff ist von überall aus möglich.

Zeig, was du kannst!

Erstelle ein Java-Programm zur Erstellung von Klassenlisten. Das Programm soll Lehrer, Schüler und Klassen verwalten können.

1. Lege die erforderlichen Klassen an. Für Lehrer und Schüler sollen jeweils Vorname, Nachname und Geschlecht erfasst werden können. Für Klassen soll der Klassenname erfasst werden können.

2. Einer Klasse sollen beliebig viele Schüler hinzugefügt werden können.

3. Einer Klasse sollen ein Klassenleiter und ein stellvertretender Klassenleiter zugeordnet werden können.

4. Beim Anlegen von Lehrern soll abhängig vom Geschlecht ausgegeben werden „Herr/Frau …" wurde angelegt.

5. Es soll möglich sein, für eine Klasse den Klassennamen, den Klassenleiter, den stellvertretenden Klassenleiter und alle Schüler auszugeben. Der Klassenleiter soll dabei korrekt als Herr oder Frau bezeichnet werden.

6. *Profiaufgabe:* Informiere dich im Internet über die Sortierung von Listen und sorge dafür, dass die Schülerliste alphabetisch sortiert ausgegeben wird.

7. Für jeden Lehrer soll ausgegeben werden können, von welchen Klassen er Klassenleiter bzw. stellvertretender Klassenleiter ist.

Der Inhalt zweier verschiedener Objekte kann in Java mit der Methode equals() verglichen werden.
http://www.java-programmieren.com/equals-java.php

> **Code is like humor. When you have to explain it, it's bad.**
>
> Cory House (Software Developer)

Kapitel 3

Logik und Robotik

1 Logische Schaltungen
2 Robotik und eingebettete Systeme

1 Logische Schaltungen

Alles in elektronischen Bauteilen basiert auf logischen Funktionen. Auf der untersten Ebene arbeiten elektronische Geräte mit Nullen und Einsen. Dabei symbolisiert eine Null den Falsch-Wert, also die Aussage ist nicht erfüllt, während die Eins aussagt, dass die Aussage erfüllt ist.

Logische Funktionen verknüpfen die Nullen und Einsen zu höheren Funktionen und erlauben es erst, dass ein Gerät zwei Werte miteinander vergleicht, addiert und vieles mehr.

Logische Grundfunktionen

Es gibt drei **logische Grundfunktionen**, auf denen alle anderen Funktionen dann aufbauen:
- NICHT bzw. NOT
- ODER bzw. OR
- UND bzw. AND

Die logischen Grundfunktionen werden auch als **Logikgatter** oder **logische Gatter** bezeichnet.

1. Findet weitere Beispiele, in denen logische Funktionen vorkommen.

Auch im Alltag sind diese Funktionen immer wieder vertreten:
- Willst du nicht lieber Snowboardfahren lernen?
- Möchtest du ein Eis oder ein Stück Kuchen?
- Gibst du mir bitte das Salz und den Pfeffer?

Die ODER-Funktion

Die ODER-Funktion wird englisch auch OR-Funktion genannt.

Ein einfaches **Beispiel** ist die folgende Aussage:
„Wenn es regnet ODER nach Regen aussieht, nehme ich meinen Regenschirm mit."

Hier gibt es zwei Aussagen:
- „Es regnet."
  Diese Aussage kann wahr (= 1) oder falsch (= 0) sein.
- „Es sieht nach Regen aus."
  Auch diese Aussage kann wahr oder falsch sein. Die Entscheidung darüber trifft man entweder indem man die Wolken am Himmel anschaut oder die Wettervorhersage zu Rate zieht.

Des Weiteren gibt es eine Folgerung, also ein Ergebnis, aus diesen zwei Aussagen:
- Schirm mitnehmen (= 1) oder
- Schirm nicht mitnehmen (= 0).

Dieses Beispiel lässt sich auf unterschiedliche Arten darstellen.

Erinnere dich: Computer arbeiten mit zwei Zuständen.
- „wahr" bzw. 1 steht für „Strom fließt"/„Strom ist an"
- „falsch" bzw. 0 steht für „Strom fließt nicht"/„Strom aus"

2. Kann man ohne alle Kombinationen der Aussagen aufzuschreiben, bestimmen, wie viele Kombinationen es gibt? Begründe rechnerisch.

Wertetabelle:
Um alle Kombinationen von Aussagen zu erhalten, ist es sinnvoll strukturiert vorzugehen. Beispielsweise wechseln sich hier in der ersten Spalte die Wahr- und Falsch-Werte ab, in der 2. Spalte wechseln sie sich in 2er-Pärchen ab.

3. Eine dritte, vierte, … Aussage (Es ist Regen angesagt./…) soll in die Tabelle aufgenommen werden. Erkläre, nach welchem Muster man die Wahr- und Falsch-Werte verteilt, damit man alle Kombinationen erhält.

Es regnet gerade.	Es sieht nach Regen aus.	Schirm mitnehmen.
falsch	falsch	falsch
wahr	falsch	wahr
falsch	wahr	wahr
wahr	wahr	wahr

Man sagt: Aus zwei Aussagen folgt eine dritte Aussage, das Ergebnis.
Dabei kann man die erste Aussage mit A1 abkürzen, die zweite Aussage mit A2.
E bezeichnet das gefolgerte Ergebnis aus den Aussagen A1 und A2.
Ist eine Aussage bzw. die Folgerung wahr, so bekommt sie den Wert 1, andernfalls 0:

A1	A2	E = A1 ODER A2
0	0	0
1	0	1
0	1	1
1	1	1

4. Wie verhält sich die ODER-Funktion, wenn es auch noch eine 3. oder 4. Aussage gibt? Beschreibe, wann die ODER-Funktion dann ein wahres Ergebnis liefert.

Schaltplan:
Die ODER-Funktion kann auch mit Hilfe eines Schaltplans dargestellt werden. Für jede logische Funktion gibt es ein grafisches Symbol.
Diese Schaltsymbole sind nach unterschiedlichen, parallel existierenden Standards definiert. Im Folgenden werden die Symbole der ANSI-Zeichencodes (ANSI/IEEE Std 91/91a-1991) verwendet.

Hier ist der Schaltplan für eine ODER-Funktion mit den zwei Eingängen A1 (in diesem Beispiel wahr, deswegen mit hellgrün markiert) und A2 (hier falsch, deswegen dunkelgrün) und dem Ausgang E (wahr):

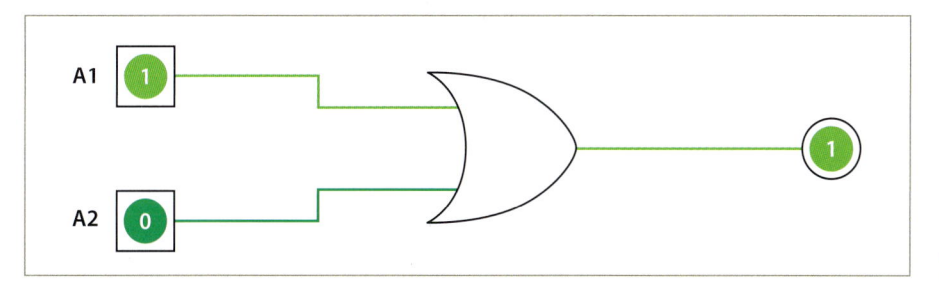

Schaltpläne kann man mit Simulationssoftware, z. B. Logisim, oder physikalischen Experimentierkästen nachbauen.

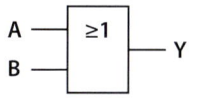

Funktionsterm:
Logische Funktionen lassen sich auch mithilfe eines Funktionsterms darstellen:
  $E = A1 \vee A2$
  Sprich: Das Ergebnis ist A1 ODER A2.
Dabei steht $\vee$ als Symbol für das logische ODER.

Es gibt ebenfalls die **IEC-Darstellung,** nach der International Electronic Commission (IEC 60617-12 von 1997):

> Ist *mindestens eine* der Aussagen wahr, so ist bei der **ODER-Funktion** auch das Ergebnis wahr.
> Die ODER-Funktion wird auch **Disjunktion** genannt.
>
> Logische Funktionen lassen sich als Wertetabellen, Schaltpläne und Funktionsterme darstellen.
> Dabei sind die Darstellungsweisen gleichwertig, das heißt, sie alle transportieren die gleichen Informationen.

5. Stelle den Funktionsterm auf, wenn vier Aussagen mit ODER verknüpft werden sollen.

Die UND-Funktion

6. Welche Maschinen kennst du, die so einen Sicherheitsmechanismus besitzen? Begründe anhand dieser Beispiele, warum diese Sicherheitsmechanismen eingebaut werden.

Viele Maschinen haben einen Sicherheitsmechanismus, der eine falsche Bedienung verhindern soll. Dabei wird erzwungen, dass man beide Hände zum Starten einer Maschine benötigt, indem man beispielsweise zwei Knöpfe gleichzeitig drücken muss, welche man nicht mit einer Hand betätigen kann.

Beispiel:
Rasenmäher besitzen meist einen Bügel, welcher gehalten werden muss, sowie einen Startknopf bzw. ein Anlassseil.

Hier gibt es folgende Aussagen:
- „Bügel gehalten"
  Diese Aussage kann wahr oder falsch sein
- „Knopf gedrückt"/„Anlassseil gezogen"
  Diese Aussage kann ebenfalls wahr oder falsch sein.

7. Der Bügel ist gleichzeitig ein „Totmannschalter", erkläre was das bedeutet. Recherchiere gegebenfalls im Internet.

Der Rasenmäher startet nur, wenn beide Aussagen wahr sind. Wenn der Nutzer beispielsweise nur aus Versehen auf den Startknopf gedrückt hat, die Hand aber noch am Schneidemesser hat um dieses zu säubern, startet der Rasenmäher nicht.

Wertetabelle:

Bügel gehalten	Startknopf gedrückt	Rasenmäher geht an
falsch	falsch	falsch
wahr	falsch	falsch
falsch	wahr	falsch
wahr	wahr	wahr

8. Erweitert die Wertetabelle mit einer dritten, vierten, … Aussage. Wie viele Aussagen müssen wahr, bzw. dürfen falsch sein, damit das Ergebnis wahr ergibt?

Auch diese Wertetabelle lässt sich wieder verkürzt darstellen:

A1	A2	E = A1 UND A2
0	0	0
1	0	0
0	1	0
1	1	1

Die Aussagen darf man statt A1 und A2 auch A und B oder x und y nennen.

Das UND-Symbol nach IEC:

A ──┐&┌── Y
B ──┘ └──

Schaltplan:
Die UND-Funktion kann auch mit Hilfe eines Schaltplans dargestellt werden.
Hier ist der Schaltplan für eine UND-Funktion mit den zwei Eingängen A1 (in diesem Beispiel wahr, deswegen hellgrün markiert) und A2 (hier falsch, deswegen dunkelgrün) und dem Ausgang E (falsch):

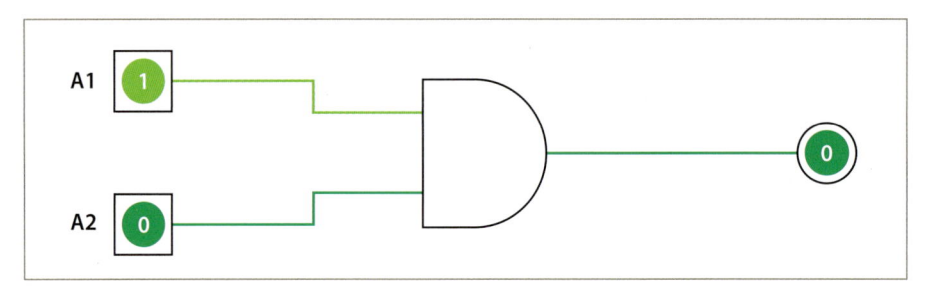

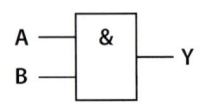

Funktionsterm:
Die UND-Funktion lässt sich auch mithilfe eines Funktionsterms darstellen:
$E = A1 \land A2$
Sprich: Das Ergebnis ist A1 UND A2.
Dabei steht $\land$ als Symbol für das logische UND.

> Sind *alle Aussagen wahr*, so ist bei der **UND-Funktion** auch das Ergebnis wahr. Ansonsten ist das Ergebnis falsch.
> Die UND-Funktion wird auch **Konjunktion** genannt.
> Auch hier kann man den Zusammenhang wieder mit Wertetabelle, Schaltplan oder Funktionsterm darstellen.

Die NICHT-Funktion

Die NICHT-Funktion invertiert eine Eingabe, das heißt, der Aussagenwert wird umgekehrt.
Beispielsweise besteht eine NICHT-Funktion zwischen den Aussagen „Schüler ist krank" und „Schüler sollte in der Schule sein".

Wertetabelle:
Anders als bei den Funktionen ODER bzw. UND hat die NICHT-Funktion nur einen Eingang.

Schüler ist krank	Schüler sollte in der Schule sein
wahr	falsch
falsch	wahr

Mit verkürzter Darstellung:

A	E = NICHT A
1	0
0	1

Schaltplan:

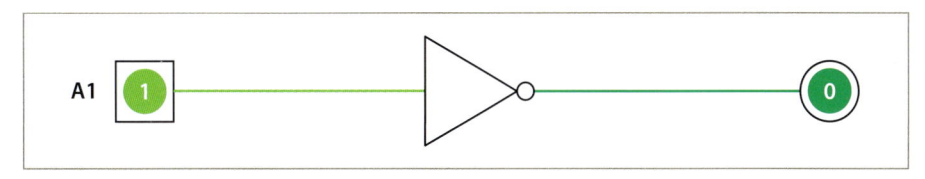

A1 [1] ──▷○── (0)

Funktionsterm:
Die NICHT-Funktion lässt sich ebenfalls mithilfe eines Funktionsterms darstellen:
$E = \neg A$
Dabei steht $\neg$ als Symbol für die Negation (Verneinung, Umkehrung).

> Ist *eine Aussage wahr*, so ist bei der **NICHT-Funktion** das Ergebnis falsch.
> Umgekehrt gilt: Ist eine Aussage falsch, so ist das Ergebnis wahr.
> Die NICHT-Funktion wird auch **Negation** genannt.

Diese drei logischen Grundfunktionen kann man zu komplexeren logischen Schaltungen verknüpfen.

Man kann auch die Farben eines Bildes invertieren:

Das NICHT-Symbol nach IEC:

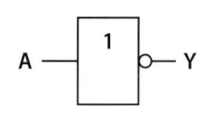

A ─[1]○─ Y

Alternativ kann man statt $\neg A$ auch $\overline{A}$ benutzen.

NAND-Schaltung

NAND ist die Abkürzung von NOT-AND, also die Verknüpfung der NICHT- und der UND-Funktion.

Wertetabelle:
Da die NAND-Funktion eine Erweiterung der AND-Funktion ist, ist es geschickt, einen Zwischenschritt über die UND-Funktion zu machen:

A1	A2	A1 ∧ A2	¬(A1 ∧ A2)
0	0	0	1
1	0	0	1
0	1	0	1
1	1	1	0

Das NAND-Symbol nach IEC:

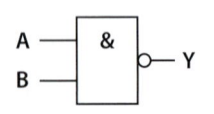

A —[&]o— Y
B —

Schaltplan:
Das Symbol für die UND-Schaltung wird rechtsseitig um den leeren Kreis der NICHT-Schaltung erweitert.

Zuerst berechnet man das Ergebnis aus den zwei Aussagen A1 und A2. Das Ergebnis dieser Verknüpfung negiert man anschließend.
Wichtig ist dabei, dass man zuerst die UND-Funktion ausführt und erst im Anschluss daran die NICHT-Funktion!

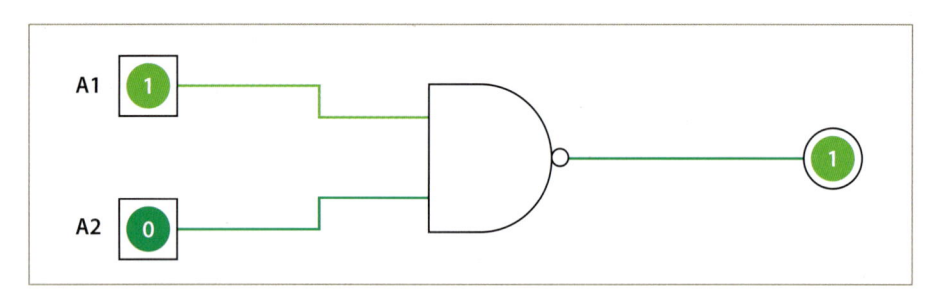

Funktionsterm:
Die NAND-Funktion lässt sich auch mithilfe eines Funktionsterms darstellen.
$$E = \neg(A1 \land A2)$$

9. Stelle die Wertetabelle für den Term ¬A1 ∧ A2 auf.
Achte dabei darauf, dass hier keine Klammern gesetzt sind.

Für die NAND-Funktion gibt es, da es eine Verknüpfung aus zwei Funktionen ist, keinen speziellen Operator (wie ∧ für UND oder ¬ für NICHT). Jedoch muss man darauf achten, dass die Reihenfolge der Verknüpfungen mit Hilfe von Klammern angegeben wird.

> Sind *alle Aussagen wahr,* so ist bei der **NAND-Funktion** das Ergebnis falsch. Ansonsten ist das Ergebnis immer richtig (wahr).
> Die NAND-Funktion kann auch als **NICHT-UND-Funktion** bezeichnet werden. Sie verknüpft zwei verschiedene logische Grundfunktionen zu einer neuen Funktion.
> Dabei ist es wichtig auf die Reihenfolge der Verknüpfungen zu achten.

NOR-Schaltung

NOR ist die Abkürzung von NOT-OR. Hier handelt es sich also um die Verknüpfung der NICHT- und der ODER-Funktion.

Wertetabelle:
Auch hier ist es geschickt, einen Zwischenschritt über die ODER-Funktion zu machen:

A1	A2	A1 $\vee$ A2	$\neg$(A1 $\vee$ A2)
0	0	0	1
1	0	1	0
0	1	1	0
1	1	1	0

Schaltplan:
Hier werden wieder zwei logische Grundfunktionen miteinander verknüpft, das Symbol ist eine Kombination, in diesem Fall aus ODER und NICHT.
Obwohl die Funktion NOR-Funktion heißt, muss auch hier zunächst das ODER und erst anschließend das NICHT ausgewertet werden.

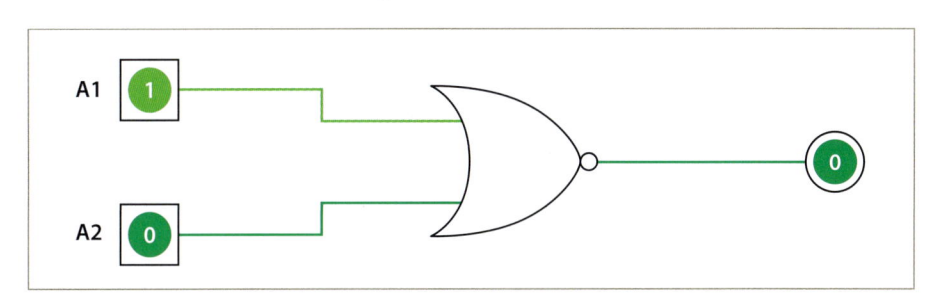

Das NOR-Symbol nach IEC:

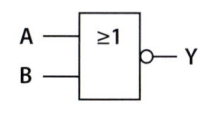

Funktionsterm:
Die NOR-Funktion lässt sich auch mithilfe eines Funktionsterms darstellen.
    E = $\neg$(A1 $\vee$ A2)

Auch für die NOR-Funktion gibt es, da es eine Verknüpfung aus zwei Funktionen ist, keinen speziellen Operator (wie $\wedge$ für UND oder $\neg$ für NICHT). Jedoch muss man darauf achten, dass die Reihenfolge der Verknüpfungen mit Hilfe von Klammern angegeben wird.

10. Stelle die Wertetabelle für den Term $\neg$A1 $\vee$ A2 auf. Achte dabei darauf, dass hier *keine* Klammern gesetzt sind.

> Sind *alle Aussagen falsch*, so ist bei der **NOR-Funktion** das Ergebnis wahr. Ansonsten ist das Ergebnis falsch.
> Die NOR-Funktion kann auch als NICHT-ODER-Funktion bezeichnet werden.

XOR-Schaltung (Antivalenz)

Schaltplan:

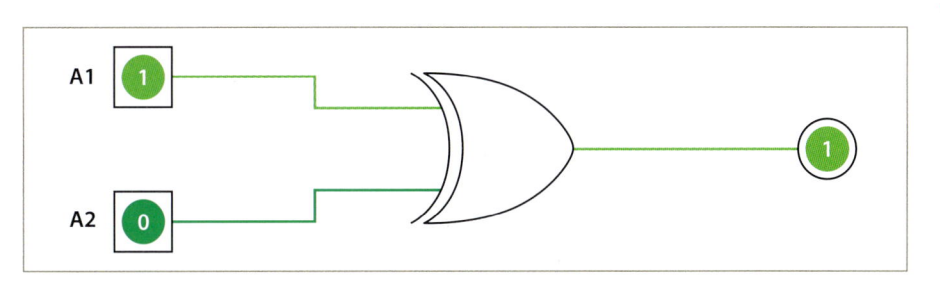

Das XOR-Symbol nach IEC:

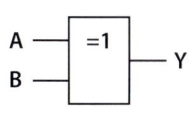

Diese allgemeine Darstellung wollen wir etwas genauer betrachten. Die Antivalenzschaltung besteht aus insgesamt vier logischen Grundschaltungen, die zusammen die XOR-Funktion bilden. Diese Schaltung nennt man auch eine exklusive ODER-Schaltung.

11. Nenne die logischen Grundfunktionen, aus denen dieser Schaltplan aufgebaut ist.

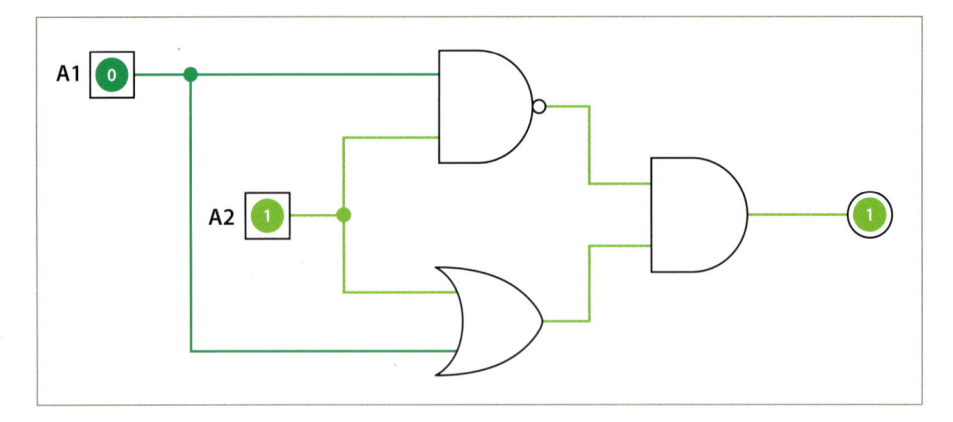

Wertetabelle:

A1	A2	E1 = ¬(A1 ∧ A2)	E2 = A1 ∨ A2	E1 ∧ E2
0	0	1	0	0
1	0	1	1	1
0	1	1	1	1
1	1	0	1	0

Um die Werteabelle etwas übersichtlicher zu gestalten, kann man Zwischenergebnisse benennen, hier E1 und E2. Anschließend kann man diese weiter verknüpfen.

Um dieses Gatter zu verkürzen gibt es kein spezielles Symbol. Man kann allerdings einfach den Namen der Verknüpfung benutzen:

A1	A2	A1 XOR A2
0	0	0
1	0	1
0	1	1
1	1	0

12. Vergleiche die Ergebnisse der OR- und XOR-Schaltung miteinander.

Die XOR-Schaltung ergibt wahr, wenn die Eingänge unterschiedlich belegt sind. Dieses exklusive OR entspricht eher dem „oder" im alltäglichen Sprachgebrauch: Das ODER in „Wir fahren bei der Abschlussfahrt nach Paris oder Berlin" wird im Allgemeinen als exklusives (hier: „ausschließendes") ODER verstanden, also so, dass es entweder-oder bedeutet, nicht beides.

Funktionsterm:
Der Funktionsterm setzt sich, da es kein XOR-Symbol gibt, sondern nur die Grundfunktionen NICHT, UND bzw. ODER, aus genau diesen Grundfunktionen zusammen:
$$E = \neg(A1 \land A2) \land (A1 \lor A2)$$

13. Die XOR-Funktion lässt sich auch mit Hilfe von NAND-Gattern aufbauen.
Recherchiert, wie man das XOR mit Hilfe von NAND-Gattern bilden kann. Überprüft eure Lösung mit einer Simulationssoftware oder einem Experimentierkasten.

> Bei der **XOR-Funktion (Antivalenz)** ist das Ergebnis genau dann wahr, wenn *entweder* A1 *oder* A2 wahr sind. Sie heißt deshalb auch **Exklusiv-ODER** (ausschließendes ODER).
> Die XOR-Funktion verknüpft die logischen Grundfunktionen UND, NICHT und ODER zu einer neuen Funktion. Dabei ist es wichtig, auf die Reihenfolge der Verknüpfung zu achten.

XNOR-Schaltung (Äquivalenz)

Die Äquivalenzschaltung besteht aus insgesamt fünf logischen Grundschaltungen, die zusammen diese Äquivalenzschaltung, auch XNOR-Funktion genannt, bilden. Man nennt sie auch eine exklusive NICHT-ODER-Schaltung.

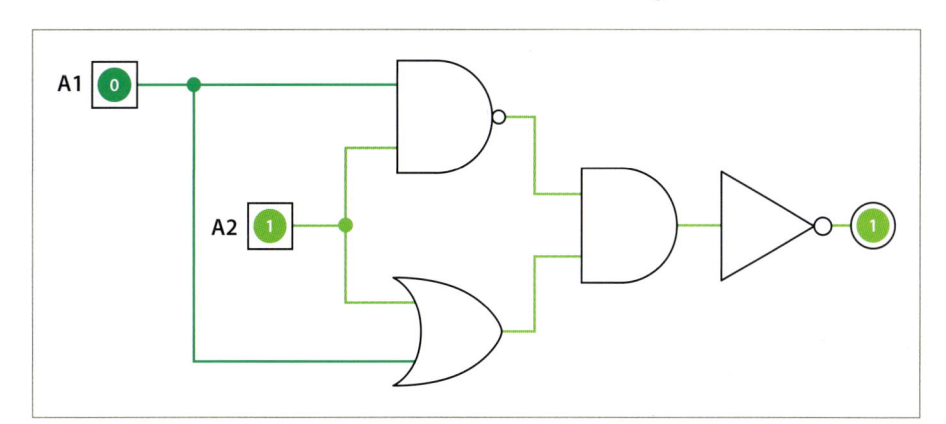

14. Du kennst bereits die XOR-Schaltung. Überlege, wie sich die XNOR-Schaltung davon unterscheidet.

Wertetabelle:

A1	A2	A1 XOR A2	A1 XNOR A2
0	0	0	1
1	0	1	0
0	1	1	0
1	1	0	1

15. Den Begriff der Äquivalenz kennst du wahrscheinlich schon aus der Mathematik. Erkläre seine Bedeutung und diskutiert, ob man diese Bedeutung auch hier anwenden kann.

Verkürzte Darstellung:

A1	A2	A1 XNOR A2
0	0	1
1	0	0
0	1	0
1	1	1

Schaltplan:

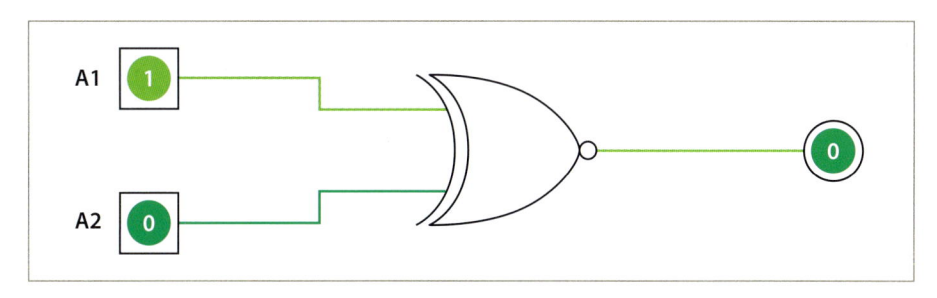

Das XNOR-Symbol nach IEC:

Funktionsterm:
Auch die Äquivalenz hat kein spezielles Funktionssymbol und wird deshalb mit Hilfe der Grundfunktionen gebildet: E = (A1 ∧ A2) ∨ (¬A1 ∧ (¬A2))

> Bei der **XNOR-Funktion (NICHT-ODER-Funktion, Äquivalenz)** erhält man genau dann ein wahres Ergebnis, wenn die beiden ursprünglichen Aussagen den gleichen Wert haben.

Kapitel 3 — Logik und Robotik

Verwendung logischer Schaltungen zum Vergleichen von Bitfolgen

Da man bei der XNOR-Funktion genau dann ein wahres Ergebnis erhält, wenn die beiden ursprünglichen Aussagen den gleichen Wert haben, kann man sie dafür verwenden, um die Gleichheit von Bits zu testen.

Um Bitfolgen, beispielsweise Bytes (1 Byte = 8 Bit) auf Gleichheit zu testen, kann man mehrere XNOR-Schaltungen mit Hilfe einer AND-Schaltung verknüpfen. Die XNOR-Schaltungen testen bitweise, das AND am Ende stellt fest ob alle Bits gleich waren, also 1 geliefert haben.

Identitäts-Komparator:

✏️ **16.** Was bedeutet Identitätskomparator? Schlagt die Wortbestandteile gegebenenfalls nach.

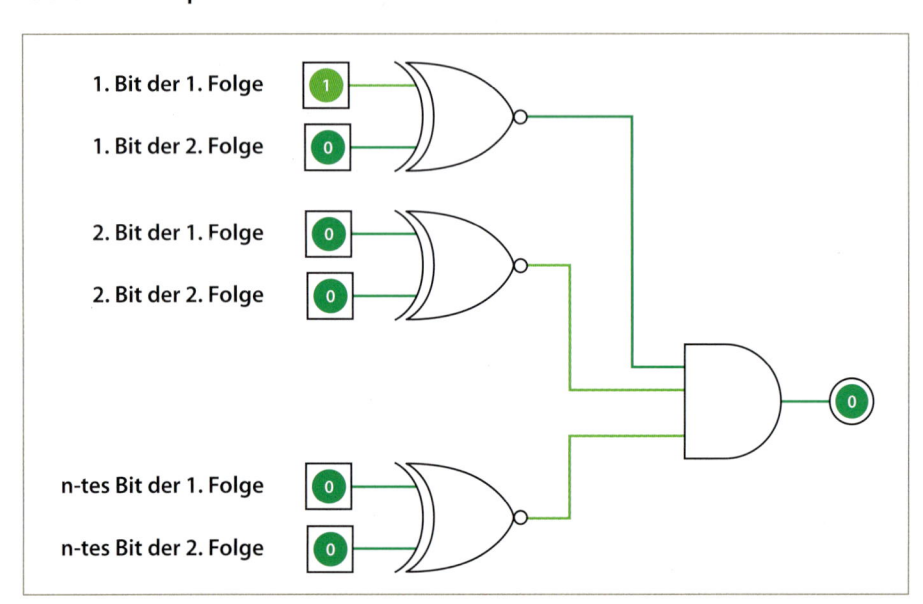

✏️ **17.** Erstelle die Wertetabelle um die Bitfolgen 0011 und 0001 zu vergleichen.

Größen-Komparator:

Größen-Komparatoren können nicht nur feststellen, ob zwei Bit gleich sind, sie können im Fall der Ungleichheit auch zurückgeben, welches der gegebenen Bits größer bzw. kleiner ist.

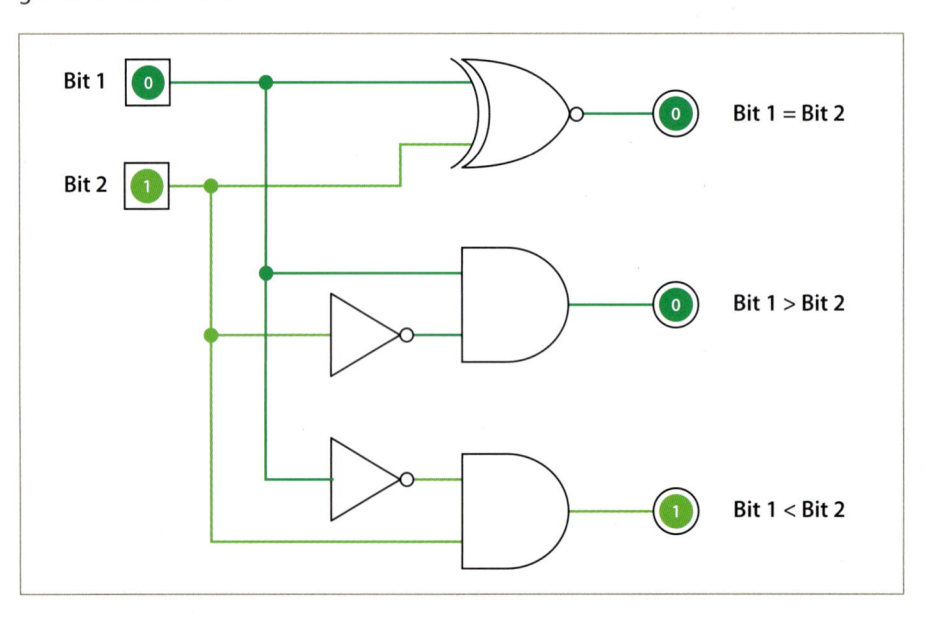

✏️ **18.** Erstelle die Wertetabelle und den Funktionsterm für den Größen-Komparator.

Ein Rechner vergleicht nicht nur Bits miteinander, er muss auch in der Lage sein, diese zu addieren.
Die Grundrechenarten Subtraktion, Multiplikation und Division lassen sich dann mit Hilfe der Addition herleiten.

Halbaddierer

Mithilfe des Halbaddierers kann man zwei Bits addieren. Das Ergebnis der Addition besteht aus der rechten Stelle (die Summe, englisch sum) und der linken Stelle (der Übertrag, englisch carry) des Ergebnisses.

Schaltplan aus Grundfunktionen:

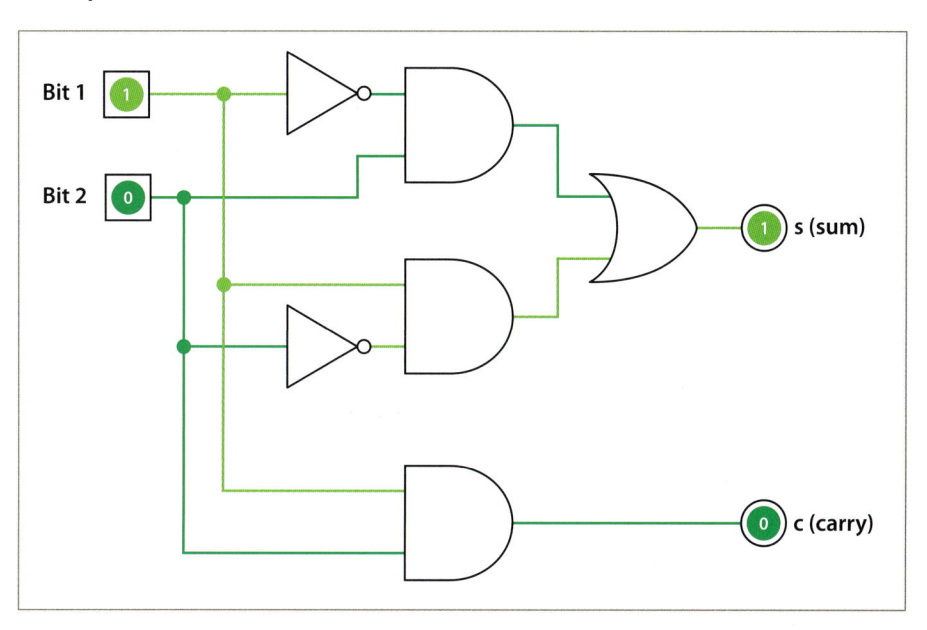

Addition von Bits:
0 + 0   (sum = 0, carry = 0)
0 + 1   (sum = 1, carry = 0)
1 + 0   (sum = 1, carry = 0)
1 + 1   (sum = 0, carry = 1)

Funktionsterm:
Die Summe und der Übertrag haben jeweils einen eigenen Funktionsterm:
   $s = (\neg \text{Bit 1} \land \text{Bit 2}) \lor (\text{Bit 1} \land (\neg \text{Bit 2}))$
und
   $c = \text{Bit 1} \land \text{Bit 2}$

Verkürzter Schaltplan, bestehend aus AND und XOR:

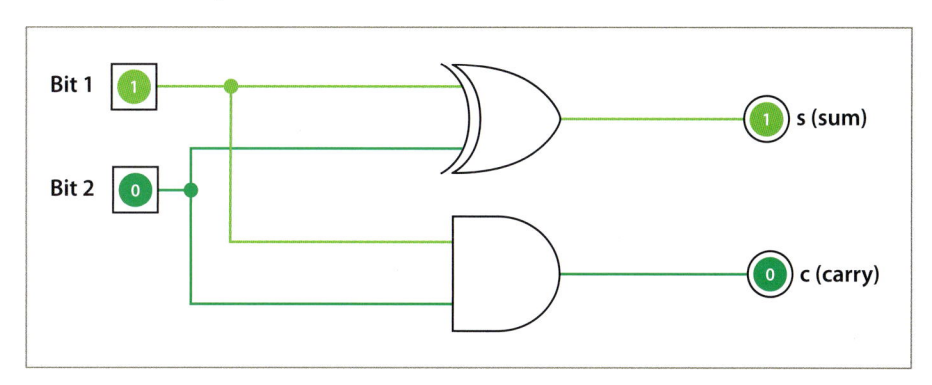

19. Weise die Äquivalenz der beiden Schaltpläne nach, indem du für beide eine Wertetabelle aufstellst und zeigst, dass gleiche Eingaben auch gleiche Ergebnisse ergeben.

Kapitel 3 — Logik und Robotik

Addition von drei Bits:
0 + 0 + 0   (sum = 0, carry = 0)
0 + 0 + 1   (sum = 1, carry = 0)
…

20. Vervollständige die Addition von drei Bits mit allen Kombinationen von Eingängen.

Die Wertetabelle für drei Eingänge hat acht verschiedene Belegungen für die Eingänge.

21. Stelle die Wertetabelle und den Funktionsterm für den Volladdierer auf.

Volladdierer

Der Volladdierer kann drei Bits addieren, bzw. er kann zwei Bits, hier Bit 1 und Bit 2, mit dem Übertragswert (carry in) aus einer vorherigen Berechnung addieren.
Das Ergebnis ist wieder ein Wert s, also die rechte Stelle des Summenwertes und dem carry out, der linken Stelle des Summenwertes.

Bei Dezimalzahlen:

Erste Zahl:			1	2	4
Zweite Zahl:	+		1	9	7
Übertrag (carry in):			1	1	(0)
Ergebnis (sum):			3	2	1
Übertrag (carry out):			0	1	1

Bei Dualzahlen:

Erste Zahl:			1	0	1
Zweite Zahl:	+		1	1	1
Übertrag (carry in):	1		1	1	(0)
Ergebnis:		1	1	0	0
Übertrag (carry out):			1	1	1

Dabei wird der carry out der letzten Spalte zum carry in der zweitletzten Spalte, der carry out der zweitletzten Spalte zum carry in der drittletzten Spalte usw.

Den Volladdierer baut man aus zwei Halbaddierern (hellblaue Kästen) und einer ODER-Schaltung auf:

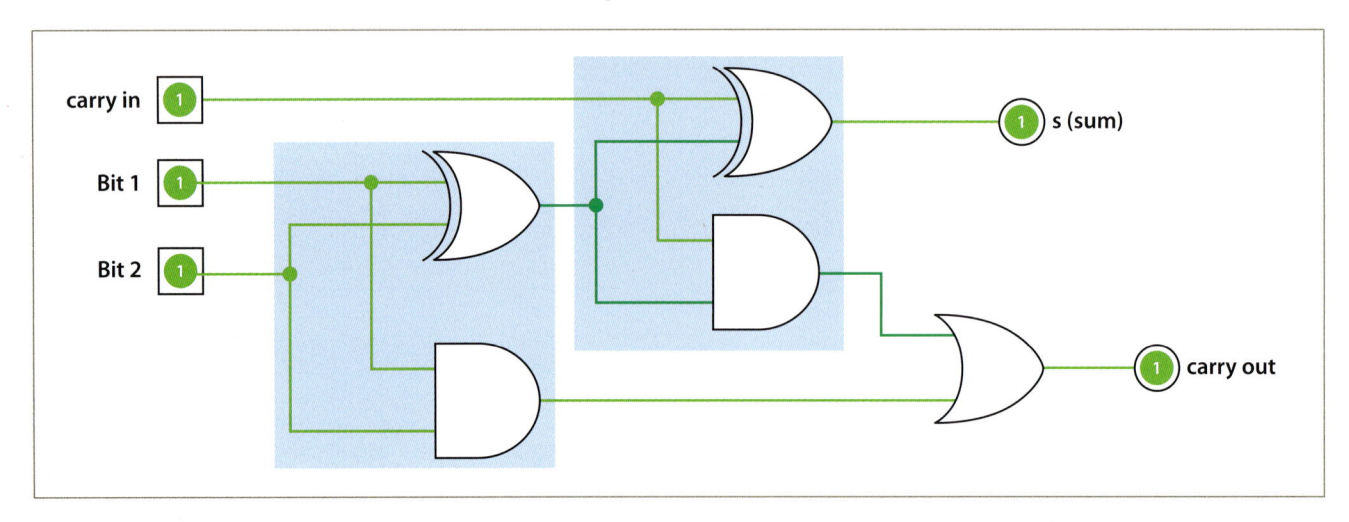

Schaltet man anschließend mehrere Volladdierer, die ja grundsätzlich nur bitweise Addition beherrschen, hintereinander, so dass der carry out zum carry in wird, so kann man auch Bitfolgen addieren.

> Der **Volladdierer** ist die Grundlage für Addierwerke. Da sich alle vier Grundrechenarten auf die Addition zurückführen lassen, bildet es den Hauptbestandteil des **Rechenwerks** (Arithmetisch-logische Einheit = **ALU**).

Grundwissen

- Logische Funktionen bilden die Grundlage eines jeden Rechners, da sie es erst möglich machen, die zwei Zustände von Bits zu höheren Funktionen zu verknüpfen.

- Logische Grundfunktionen im Schaltplan:

Name	ANSI-Symbol	IEC-Symbol	Bedeutung in Worten
ODER	A, B → out (OR-Gatter)	A, B → ≥1 → Y	Mindestens eine der Aussagen muss wahr sein, damit das Ergebnis wahr ist.
UND	A, B → out (AND-Gatter)	A, B → & → Y	Alle Aussagen müssen wahr sein, damit das Ergebnis wahr ist.
NICHT	A → out (Inverter)	A → 1 → Y	Die Aussage wird umgekehrt.

- Weitere Funktionen im Schaltplan:

Name	ANSI-Symbol	IEC-Symbol	Bedeutung in Worten
NOR (NICHT-ODER)	A, B → out	A, B → ≥1 → Y	Wahres Ergebnis, wenn beide Aussagen falsch sind.
NAND (NICHT-UND)	A, B → out	A, B → & → Y	Falsches Ergebnis, wenn beide Aussagen wahr sind.
Äquivalenz XNOR	A, B → out	A, B → =1 → Y	Wahres Ergebnis, wenn beide Aussagen gleich sind.
Antivalenz XOR	A, B → out	A, B → =1 → Y	Wahres Ergebnis, wenn beide Aussagen unterschiedlich sind.

- Logische Operatoren:

gesprochen	Symbol
nicht A	$\neg A$ (oder $\overline{A}$)
A und B	$A \wedge B$
A oder B	$A \vee B$

Zeig was du kannst

1. Gegeben ist der folgende Schaltplan aus den logischen Grundfunktionen NICHT, ODER und UND.

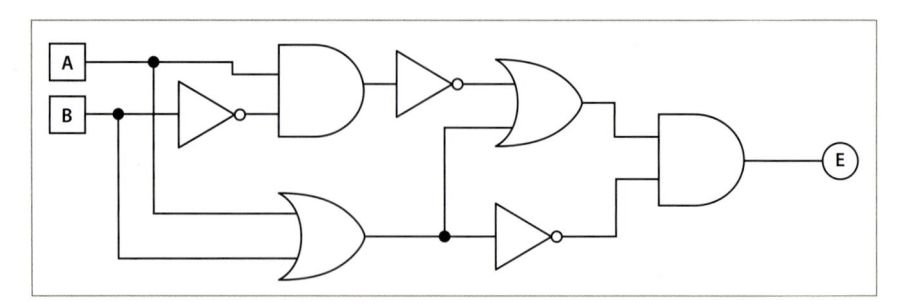

   Beim Aufstellen des Funktionsterms gehst du wie bei einem Rechenbaum vor.

   a) Stelle eine Wertetabelle mit allen möglichen Belegungen für die Eingaben A und B auf und bestimme das Ergebnis E.
   b) Stelle den Funktionsterm zu dem Schaltplan auf.

2. Zeichne einen eigenen Schaltplan mit mindestens fünf logischen Grundfunktionen
   a) Stelle dazu Wertetabelle und Funktionsterm auf.
   b) Tausche deinen gezeichneten Schaltplan mit deinen Klassenkameraden. Lasse sie/ihn die Wertetabelle zeichnen. Vergleicht anschließend eure Ergebnisse und diskutiert gegebenenfalls Unterschiede.

3. Stelle zu dem folgenden Funktionsterm den Schaltplan und eine Wertetabelle auf:
   $E = \neg(A1 \lor A2) \land A1$

   Du kannst die Schaltpläne der Aufgaben auch mit einer Simulationssoftware oder einem physikalischen Baukasten nachbauen um deine Ergebnisse zu überprüfen.

   Logisim ist eine frei verfügbare, plattformunabhängige Simulationssoftware, die alle benötigten Funktionen zur Verfügung stellt.

4. Stelle zu den Funktionstermen $E = \neg A1 \land (\neg A2)$ und $F = \neg(A1 \lor A2)$ die Schaltpläne und Wertetabellen auf. Vergleiche deine Ergebnisse für E und F.

5. Gegeben ist ein komplexer Schaltplan:

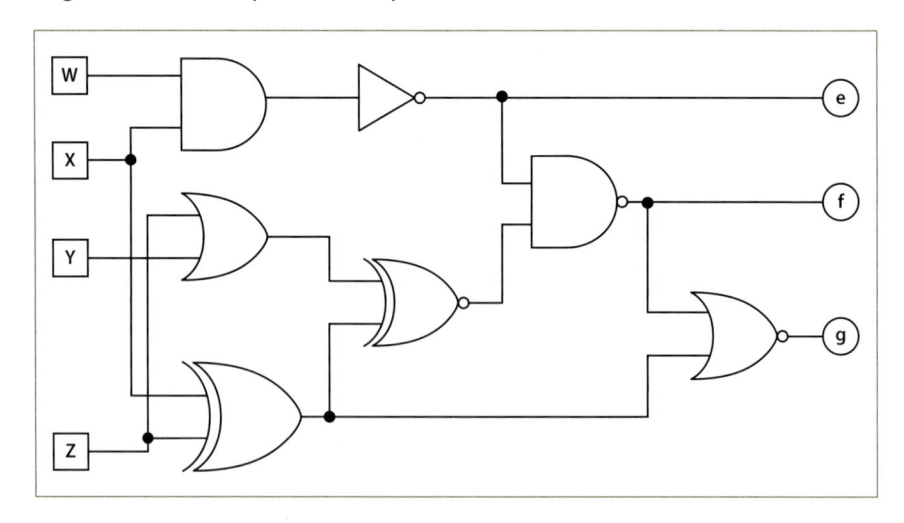

   a) Benenne die einzelnen Schaltungen
   b) Berechne die Anzahl der verschiedenen Kombinationen von Aussagen.
   c) Stelle eine Wertetabelle auf und fülle sie aus.

6. Zeichne einen eigenen Schaltplan, in dem mindestens alle Schaltungen einmal vorkommen. Entwirf deinen Schaltplan so, dass er drei Eingänge und zwei Ausgänge hat. Tauscht anschließend die Pläne untereinander aus und erstellt Wertetabellen dazu.

2 Robotik und eingebettete Systeme

Industrieroboter und mobile autonome Roboter

Roboter – humanoide Roboter, hoch entwickelte Maschinenwesen, die den Menschen sprichwörtlich unter die Arme greifen sollen. So oder so ähnlich stellen sich die meisten Menschen Roboter vor.

Menschenähnliche Roboter sind jedoch in der Gegenwart noch eher ein Beweis für das technisch Mögliche als wirklich produktiv einsetzbar.
Bereits jetzt spielen aber spezielle Industrieroboter jeglicher Bauart eine wichtige Rolle in der Industrie und Forschung. In der Zukunft werden „Menschen-Helfer" sicherlich an Bedeutung gewinnen. Informatiker und Techniker sind bereits jetzt gesucht, um die Weiterentwicklung voranzutragen.

> Ein **Roboter** ist eine Maschine, die überwiegend verwendet wird, um dem Menschen *mechanische Arbeit* abzunehmen. Dabei können sie an einem Ort fest verbaut sein oder als mobile *Maschinen* helfende Aufgaben ausführen. Gesteuert werden die Roboter mit speziell für jeden Anwendungsbereich entwickelten *Computerprogrammen*.

Die meisten Roboter, die heutzutage in der Industrie eingesetzt werden, haben einen vordefinierten Einsatzbereich. Das heißt, diese sogenannten **Industrieroboter** müssen sich ihrer Umgebung nicht selbstständig anpassen. Sie werden stattdessen durch die menschliche Programmierung kontrolliert und sind in der Lage, ihre Arbeitsschritte präzise und immer wiederkehrend auszuführen (gegebenenfalls mit **Sensoren,** die z. B. den Abstand zu einem Objekt und die Temperatur messen können). Sie sind mit Greifern, Werkzeugen oder anderen Fertigungsmitteln ausrüstbar.

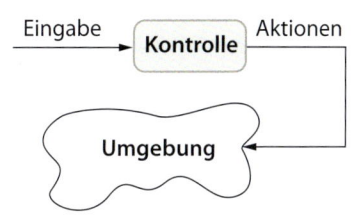

Industrieroboter bei der Autoproduktion.

Mobile autonome Roboter unterscheiden sich von Industrierobotern in der Hinsicht, dass der Raum ihrer Bewegungen offen ist und daher die Aktionen von der aktuellen Umgebung abhängen. Diese ist im Detail erst bei der Ausführung einer Aktion bekannt. **Sensoren** helfen dabei dem Roboter möglichst die richtigen Entscheidungen treffen zu können.

Stell dir ein Auto mit „Aktiven Park-Assistenten" vor, der das Fahrzeug automatisiert in eine enge Parklücke fahren kann. Plötzlich läuft ein Kind an der Parklücke vorbei – eine sofortige Bremsung wäre nötig.

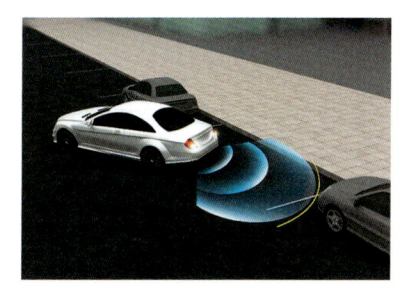

Einparkhilfe mit Ultraschallsensoren

1. Nennt weitere mobile Roboter, die vielleicht sogar bei euch zu Hause in Betrieb sind.

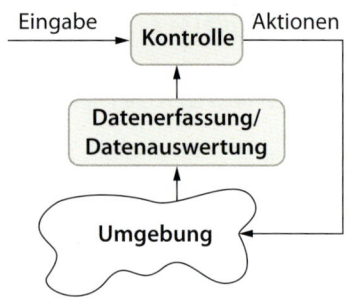

Mobiler autonomer Roboter bei einer Marserkundung.

Industrie 4.0 – zukünftige Digitalisierung der industriellen Produktion

Humanisierungsaspekte sind alle Maßnahmen, die dem Gesundheits- und Arbeitsschutz am Arbeitsplatz dienen.

2. Tragt weitere positive und negative Folgen von Robotereinsätzen zusammen.

Gründe für den Einsatz von Robotern

Es gibt sowohl technische als auch wirtschaftliche Gründe, die für den Einsatz von Robotern sprechen:

Technische Gründe:
- Flexibilität
- gleichbleibende Qualität
- sehr präzise

Wirtschaftliche Gründe:
- Produktivität (Mehrschichtbetrieb)
- Personaleinsparung
- Wettbewerbsfähigkeit

Humanisierungsaspekte:
- Entlastung der Menschen von gesundheitsschädlicher, schwerer, gefährlicher, monotoner und unangenehmer Arbeit.

Negative Auswirkungen durch den Einsatz von Robotern:
- Verluste von Arbeitsplätzen vor allem im Niedriglohnsektor.
- Verlust von menschlichen Kontakten (Pflegeroboter).

Robot Karol

Robot Karol ist eine Programmiersprache, die entwickelt wurde, um Schülerinnen und Schülern einen möglichst motivierenden Einstieg in die Programmierung und Algorithmik zu gewähren.

Programmiert wird dabei ein Roboter namens Karol (ein Objekt der Klasse **ROBOTER**), der in seiner eigenen rechteckigen Welt, umrandet von einer Mauer, lebt. Bewegen kann er sich auf gleich großen quadratischen Feldern. Auf jedem Feld können entweder ein oder mehrere gestapelte Ziegel oder ein Quader liegen. Befindet sich kein Ziegel oder Quader auf einem Feld, kann Karol dieses betreten und dabei in eine der vier Himmelsrichtungen blicken. Die Klasse **ROBOTER** hat somit die Attribute *PositionX*, *PositionY* und *Blickrichtung*.

ROBOTER
PositionX
PositionY
Blickrichtung
Schritt()
LinksDrehen()
RechtsDrehen()
…

Klassenkarte ROBOTER

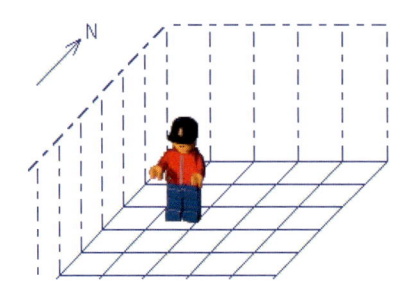

Punktnotation:
Karol.PositionX = 2
Karol.PositionY = 3
Karol.Blickrichtung = Süd

Die Programmierumgebung Robot Karol

Benutzeroberfläche von Robot Karol:

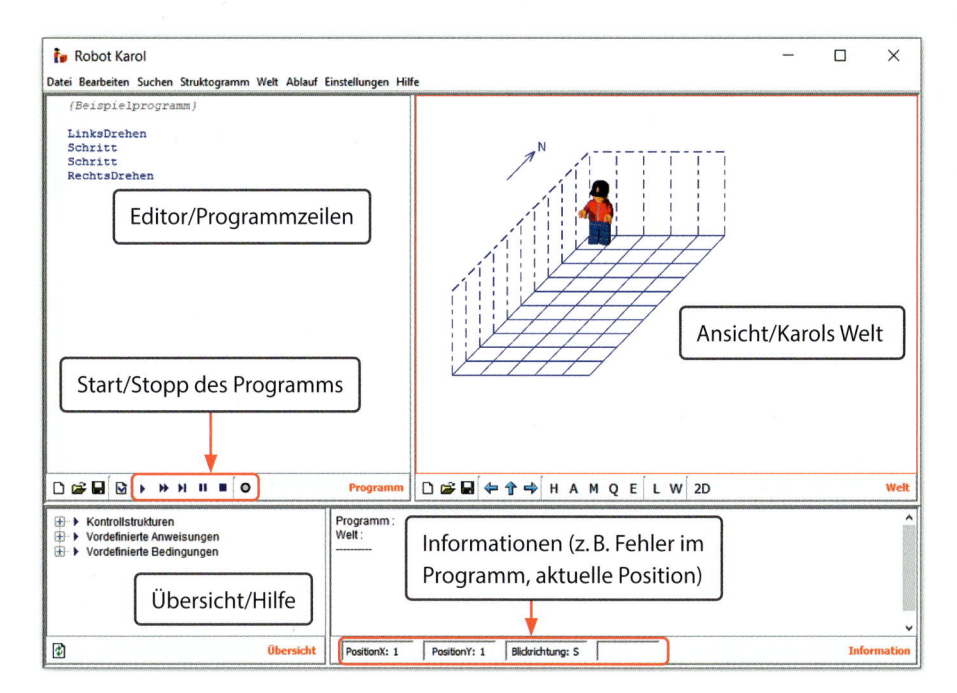

Im Fenster "Übersicht/Hilfe" findest du vordefinierte Anweisungen (z. B. Schritt, Linksdrehen) und Bedingungen (z. B. IstWand, IstZiegel).

Marke, Ziegel und Quader

Karol kann mit Hilfe von Befehlen direkt von dir gesteuert werden und das ohne vorher ein Programm schreiben zu müssen. Sogar Marken, Ziegel und Quader kannst du per Hand auf der Welt platzieren:

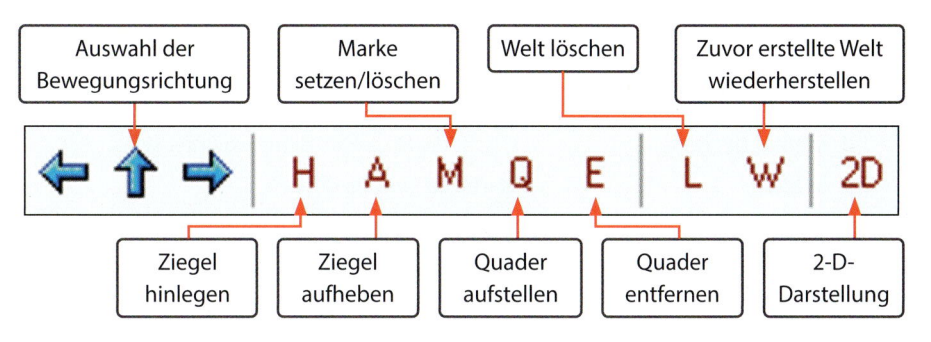

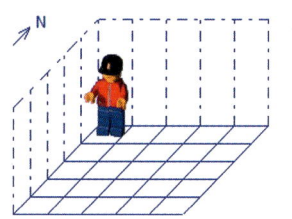

3-D-Ansicht

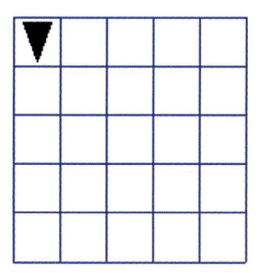

2-D-Ansicht

Will man die Größe der Welt verändern, kann man über den Reiter „Welt" und die Option „Neue Welt" die Ausdehnung der neuen Welt festsetzen. Die Höhe gibt vor, wie hoch Karol später maximal seine Ziegel stapeln kann.

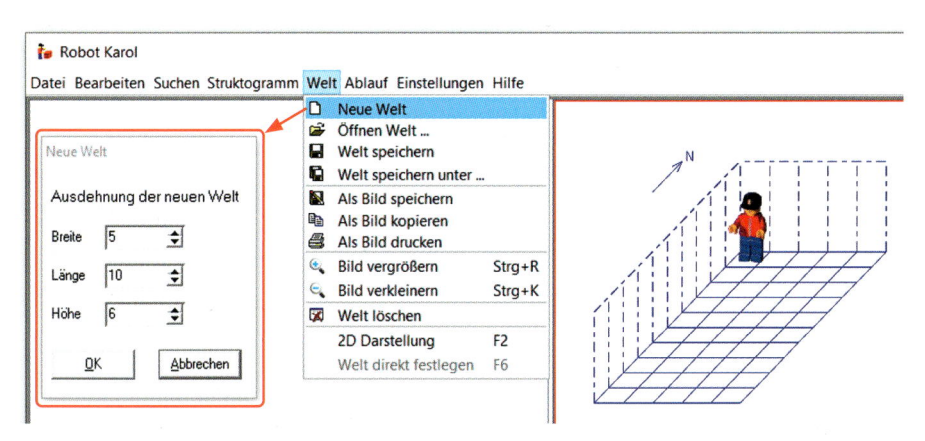

3. Öffne das Programm Robot Karol und erstelle eine neue Welt mit der Ausdehnung 10 × 10 × 10.

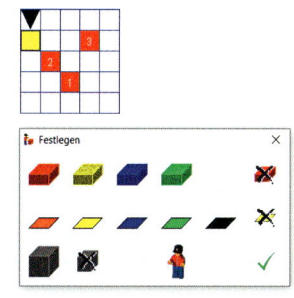

Ziegel und Marken in verschiedenen Farben, Quader und die Figur Karol. Auch mehrere Ziegel übereinander sind möglich.

Befindet man sich in der 2-D-Darstellung, können die Objekte der Welt durch Mausklick direkt gesetzt bzw. gelöscht werden. Öffne dazu das Werkzeugfenster über das Menü „Welt" und klicke auf „Welt direkt festlegen".

4. Recherchiere im Internet, welche „Mini-Languages" es noch gibt.

Roboter Karols Sprache

Robot Karol beherrscht die Sprache "Mini-Language". Dies ist eine Programmiersprache, die bewusst über einen kleinen, übersichtlichen Sprachumfang verfügt.

Aus objektorientierter Sicht kann der Roboter **Karol** als ein **Objekt** der **Klasse ROBOTER** betrachtet werden. Mit folgenden …

… **Attributen** (Eigenschaften):	Blickrichtung, Ablaufgeschwindigkeit, Position, Sprunghöhe
… und **Methoden** (Fähigkeiten):	1. Mit einer **vordefinierten Anweisung** (z. B. Schritt) sendet man dem Objekt Karol den Befehl, mit der Methode „einen Schritt nach vorne gehen" zu reagieren. 2. Karol kennt aber auch Methoden, um bei einer Abfrage (z. B. „Stehst du vor einem Ziegel?") mit **Wahr** oder **Falsch** zu antworten. Der Aufruf einer Methode dieser Art heißt **Bedingung**.

Die folgende Tabelle zeigt einige vordefinierte Anweisungen:

▶ Vordefinierte Anweisungen	Bedeutung (Aktion von Karol)
Schritt	Macht einen Schritt vorwärts.
LinksDrehen	Drehung um 90° nach links.
RechtsDrehen	Drehung um 90° nach rechts.
Hinlegen	Legt vor sich einen Ziegel hin.
Aufheben	Hebt den Ziegel vor sich auf.
MarkeSetzen	Setzt auf dem Feld unter sich eine Marke.
MarkeLöschen	Löscht die Marke auf dem Feld unter sich.
Warten	Wartezeit eine Sekunde.
Ton	Spielt einen Ton ab.
Langsam	Bewegt sich langsam.
Schnell	Bewegt sich schnell.
Beenden	Programm wird gestoppt.

Die folgende Tabelle zeigt einige vordefinierte Bedingungen:

▶ Vordefinierte Bedingungen	Ausgabe WAHR wenn Karol …
IstWand	vor einer Wand (oder auch ein Quader) steht.
NichtIstWand	keine Wand vor sich hat.
IstZiegel	vor einem Ziegel oder einem Ziegelturm steht.
NichtIstZiegel	kein Ziegel oder Ziegelturm vor sich.
IstMarke	auf einer Marke steht.
NichtIstMarke	keine Marke unter sich hat.
IstNorden	
IstOsten	in genau diese jeweiligen Richtungen schaut.
IstSüden	
IstWesten	

Du kannst dem Objekt Karol neue Anweisungen und Bedingungen beibringen. Wie das funktioniert wird in einem späteren Kapitel erklärt.

Abläufe mit der Karol-Sprache beschreiben

Wir wissen bereits (vgl. Kapitel 2.1, Seite 38 ff.):
- Abläufe werden durch eine oder mehreren Anweisungen beschrieben.
- In der Informatik nennt man solche Verarbeitungsvorschriften (Regeln, Anleitungen, Rezepte, Lösungsverfahren, …) **Algorithmen**.
- Der Begriff **Algorithmus** beschreibt eine endliche Folge aus eindeutigen und ausführbaren Anweisungen zur Lösung eines bestimmten Problems. Dabei kann der Algorithmus aus vielen Einzelschritten bestehen, die in der Summe zur Lösung des definierten Problems führen.
- Algorithmen bestehen aus Sequenzen (Folgen von Anweisungen), Schleifen und Fallunterscheidungen.

All das werden wir nun anhand der Karol-Sprache vertiefen.

Zunächst werden wir linear programmieren, das heißt, alle Anweisungen stehen direkt untereinander und bilden eine **Sequenz**.

Beispiel 1: Erste Gehversuche.

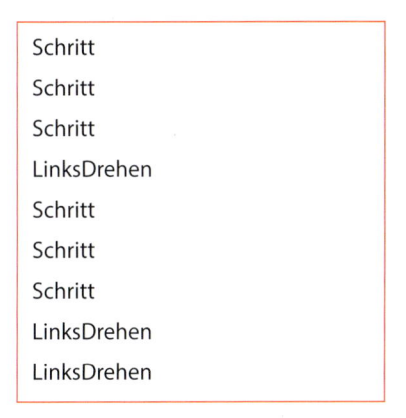

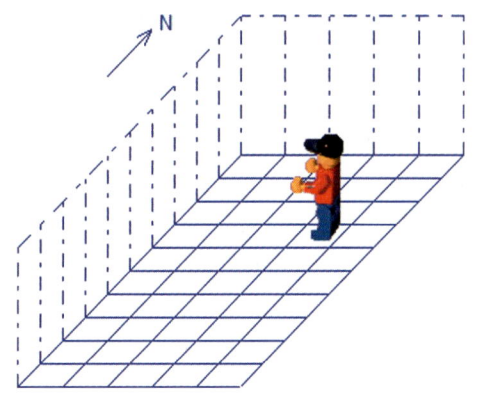

```
Schritt
Schritt
Schritt
LinksDrehen
Schritt
Schritt
Schritt
LinksDrehen
LinksDrehen
```

Ablauf des Bindens einer Krawatte als Algorithmus in Form von 6 Anweisungen dargestellt

Sequenz: Hintereinander auszuführende Programmanweisungen.

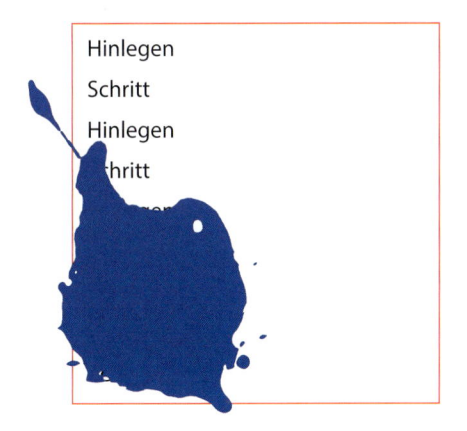

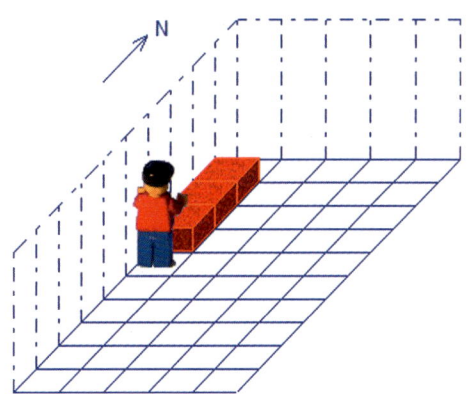

Beispiel 2: Karol baut sich die erste Mauer.

```
Hinlegen
Schritt
Hinlegen
 hritt
```

5. Der Fleckenteufel hat zugeschlagen. Vervollständige den Programmcode aus dem *Beispiel 2* so, wie auf dem Bild mit Karol zu sehen ist.

Verwendung von Parametern:
Um Schreibarbeit zu sparen und die Übersichtlichkeit von Programmen zu gewährleisten gibt es einige vordefinierte Anweisungen und Bedingungen, die durch einen Parameterwert (Zusatzinformation) erweitert werden können.
Dazu gehören
- Anweisungen: Schritt(x), Hinlegen(x), Aufheben(x), MarkeSetzen(x)
- und Bedingungen: IstZiegel(x), NichtIstZiegel(x) und HatZiegel(x).

Als Parameterwerte sind nur positive Ganzzahlwerte erlaubt, bei den Bedingungen noch zusätzlich die Zahl 0.

Es mit Robot Karol (ab Version 3.0) möglich, den Methoden *Hinlegen* und *MarkeSetzen* eine Farbe (rot, gelb, blau und grün) zu übergeben.

6. Lege einen Ziegel in jede Ecke deiner Welt (5×5×6).

7. Lasse Karol deine Initialen mit Ziegeln schreiben.
Es entstehen dabei Buchstaben in Pixelgrafik!

Für Java-Programme gilt z. B. folgende Konvention:
„Code Conventions for the Java Programming Language"
(*https://www.oracle.com/technetwork/java/codeconventions-150003.pdf*)

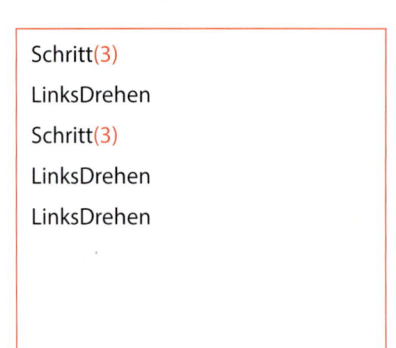

Tabulator-Taste

Mit den Parameterwerten kann man den Programmtext also deutlich verkürzen und übersichtlicher gestalten. Der Effekt wird sichtbar, wendet man die Parameterwerte bei *Beispiel 1* an:

```
Schritt(3)
LinksDrehen
Schritt(3)
LinksDrehen
LinksDrehen
```

Programme richtig kommentieren:
Ein guter Programmcode enthält immer Kommentare, um ihn für andere verständlich zu machen und damit man selbst zu einem späteren Zeitpunkt noch weiß, warum man dieses oder jenes programmiert hat.
Es ist darauf zu achten, dass die Kommentare kurz und knapp gehalten werden. Zudem sollte man nicht jede offensichtliche Stelle im Code beschreiben, sondern sich auf das Wesentliche, d. h. auf die komplexen Zeilen, beschränken.
Kommentare werden bei Roboter Karol ab Version 3 mit der Kombination „{" und „}" von dem Programmcode abgegrenzt und dienen zur Erklärung von Programmcode-Abschnitten.

Beispiel:
{Einzeilige und mehrzeilige Kommentare werden mit einer geschweiften Klammer begonnen und auch wieder beendet.}

Wohin mit dem Kommentar?
Es gibt zwei wichtige Möglichkeiten den Kommentar zu platzieren:
- hinter der Programmzeile
- über dem Code

Regeln der Code-Formatierung:
Regeln bei der Programmierung helfen ebenfalls den Programmcode übersichtlich zu halten und die Lesbarkeit der Zeilen zu vereinfachen. Die verschiedenen Programmiersprachen haben jeweils allgemeingültige Vereinbarungen (Konventionen), an die sich die Programmierer halten sollten.
Für Robot Karol gibt es folgende Regeln:
- Um das Hauptprogramm eindeutig von weiteren Programmabschnitten abzuheben, wird dieses mit den Begriffen Programm und endeProgramm umschlossen.
- Es ist darauf zu achten, dass untergeordnete Code-Blöcke mit der Tabulator-Taste eingerückt werden.
- Verwende Leerzeilen zwischen Programmabschnitten.

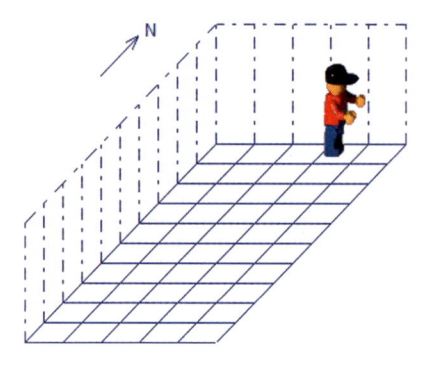

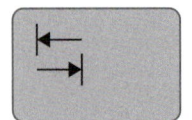

```
{Hauptprogramm}
Programm
    LinksDrehen
    Schritt(3)
endeProgramm
```

Kontrollstrukturen

Bedingungen sind **Methoden**, die Fragen mit **wahr** oder **falsch** beantworten.
Mit Bedingungen kannst du Anweisungen formulieren, die den Programmlauf bestimmen:

Die *Anweisungen* in einer **einseitig bedingten Anweisung** werden nur ausgeführt, wenn die Bedingung (bzw. ihre Verneinung) zutrifft. Ansonsten läuft das Programm nach „endewenn" weiter.

Die einseitige bedingte Anweisung hat folgende Syntax:

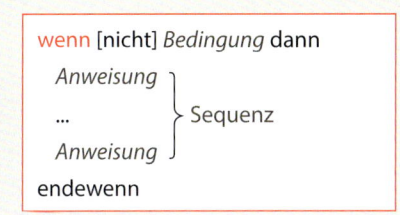

```
wenn [nicht] Bedingung dann
    Anweisung
    ...           } Sequenz
    Anweisung
endewenn
```

Struktogramm:

Bedingung	
wahr	falsch
Anweisung	

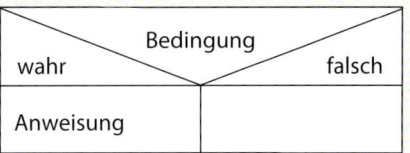

Das Struktogramm (Nassi-Shneiderman-Diagramm) ist ein Diagrammtyp zur Darstellung des Programmablaufs. Es wurde 1972/73 von ISAAC NASSI und BEN SHNEIDERMAN entwickelt. Eine andere Möglichkeit der Darstellung ist der Programmablaufplan (PAP).

Beispiel 3: Robot Karol prüft, ob er Richtung Süden schaut. Falls ja, dreht er sich und geht nach Osten.

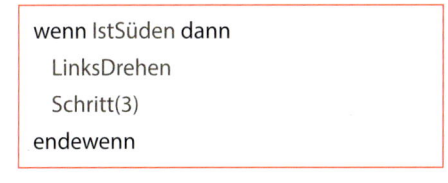

```
wenn IstSüden dann
    LinksDrehen
    Schritt(3)
endewenn
```

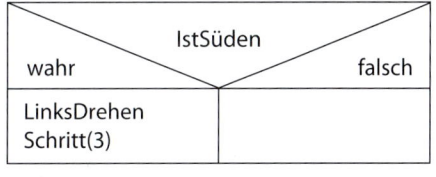

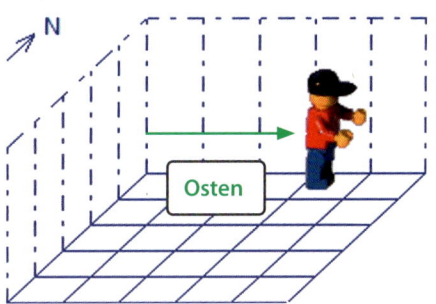

IstSüden	
wahr	falsch
LinksDrehen Schritt(3)	

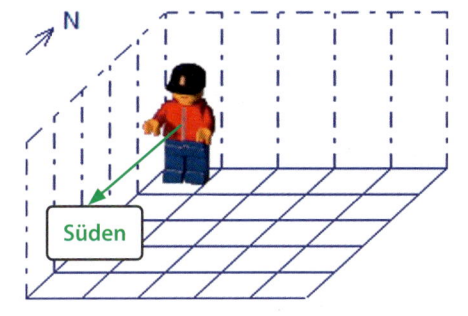

Die **Syntax** regelt den Aufbau und legt die zulässigen Sprachelemente einer Programmiersprache fest. Außerdem regelt sie, inwiefern diese Elemente in einem Programm verwendet werden dürfen.
Jedes Element hat eine Bedeutung – die **Semantik**. Syntaktisch falsche Elemente/Programme haben keine Semantik.
Beispielsweise bedeutet die Anweisung „LinksDrehen" → „Drehung um 90° nach links." (vgl. Seite 90)

Von einer **zweiseitig bedingten Anweisung** spricht man, wenn es zusätzlich zu dem *wenn-Block* noch einen *sonst-Block* gibt.
Ist die vorgegebene *Bedingung* (bzw. ihre Verneinung) erfüllt, wird die *Anweisung1* (Sequenz) ausgeführt, sonst *Anweisung2* (Sequenz).

Die zweiseitig bedingte Anweisung hat folgende Syntax:

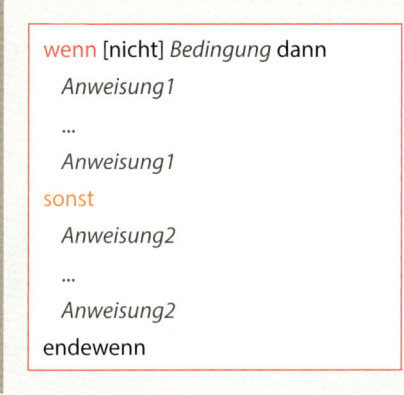

```
wenn [nicht] Bedingung dann
    Anweisung1
    ...
    Anweisung1
sonst
    Anweisung2
    ...
    Anweisung2
endewenn
```

Struktogramm:

Bedingung	
wahr	falsch
Anweisung 1	Anweisung 2

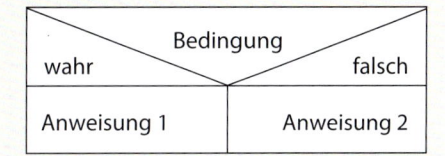

8. Du hast einen Ferienjob in einem Getränkelager und sollst nun das Lager neu ordnen.
Schreibe ein Programm, welches den ganzen Stapel Getränkekisten (hier ein Stapel Ziegel) von A nach B bringt.

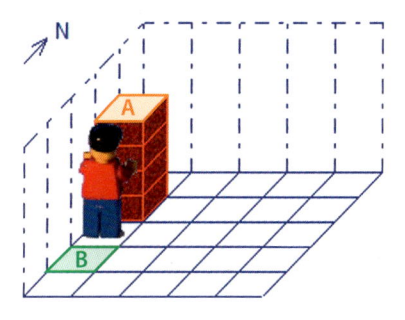

Mit einer **Endlos-Wiederholung** wird ein Block von Anweisungen dauerhaft wiederholt.

```
wiederhole immer
    Anweisung
    ...
    Anweisung
endewiederhole
```

Wiederholungen (Schleifen)

Wiederholung mit fester Anzahl (Zählschleife):
Soll ein Befehl oder auch eine Sequenz von Befehlen mehrmals wiederholt werden und steht die Anzahl der Wiederholungen fest, verwendet man zur Vereinfachung die Wiederholung mit fester Anzahl.
Du schreibst also den Befehl bzw. die Sequenz nicht mehrmals in dein Programm, sondern gibst vorher an, wie oft wiederholt werden soll.

Die Wiederholung mit fester Anzahl hat folgende Syntax:

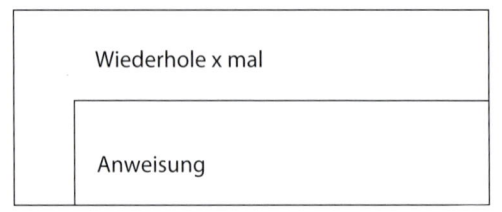

```
wiederhole x mal
    Anweisung
    ...
    Anweisung
endewiederhole
```

Wiederhole x mal
Anweisung

Beispiel 4: Mitten im Stern

```
Schritt
LinksDrehen
Schritt
wiederhole 4 mal
    Hinlegen
    RechtsDrehen
endewiederhole
```

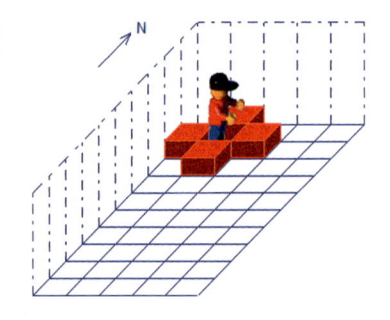

9. Öffne die Umgebung „Robot Karol" und erstelle das Programm *„Mitten im Stern"* und führe das Programm durch einen Klick auf die Start-Taste aus.

10. Zeichne ein Struktogramm zu diesem Programm.

Wiederholung mit Anfangsbedingung:
Ein Befehl oder auch eine Sequenz von Befehlen soll wiederholt werden, solange eine gewisse Bedingung (bzw. ihre Verneinung) erfüllt ist. Die Überprüfung der Bedingung erfolgt am Anfang der Wiederholung. Dadurch ist es möglich, dass die Anweisung gar nicht ausgeführt wird, sollte die Bedingung nicht zutreffen.

> **Wiederholung mit Anfangsbedingung** werden immer dann verwendet, wenn die Aktion nur bei einer sinnvollen Bedingung durchgeführt werden soll.

Beispiel:
Zuerst prüft man, ob man noch etwas im Glas hat, und trinkt dann. Nicht umgekehrt. Das wird wiederholt, bis das Glas leer ist.

Die bedingte Wiederholung mit Anfangsbedingung hat folgende Syntax:

```
wiederhole solange [Nicht] Bedingung
    Anweisung
    ...
    Anweisung
endewiederhole
```

Wiederhole solange Bedingung erfüllt
Anweisung

Wie unterscheiden sich <[Nicht] Bedingung> und <Bedingung> in der Syntax-Darstellung der Wiederholung mit Anfangsbedingung (▶ Seite 92 unten)?

Die Bedingung **IstWand** liefert entweder *wahr* oder *falsch:*
- Wahr: Es ist eine Wand vor Karol.
- Falsch: Es ist keine Wand vor Karol.

Die Bedingung **NichtIstWand (Negation)** liefert entweder *wahr* oder *falsch:*
- Wahr: Es ist keine Wand vor Karol.
- Falsch: Es ist eine Wand vor Karol.

Mit der **Negation** wird ein Wert invertiert, also umgekehrt. Das heißt, aus wahr wird falsch und aus falsch wird wahr.

Beispiel 5: Robot Karol kann nur dann gehen, wenn keine Wand vor ihm ist. Das heißt, die Sequenz läuft *nur dann* ab, wenn die Bedingung NichtIstWand **wahr** zurückgibt, also wenn keine Wand vor Karol zu finden ist. Sobald die Bedingung falsch ist, wird das Programm am Ende der Wiederholung fortgesetzt und Karol gibt einen Signalton als Warnung aus.

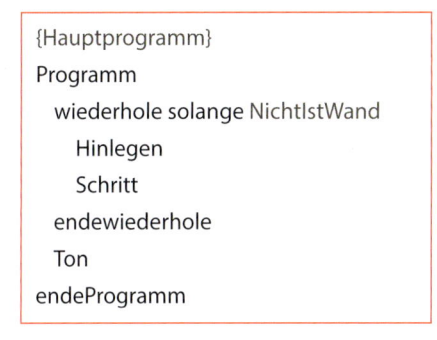

```
{Hauptprogramm}
Programm
   wiederhole solange NichtIstWand
      Hinlegen
      Schritt
   endewiederhole
   Ton
endeProgramm
```

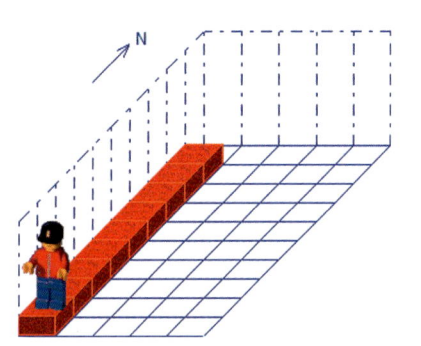

Verschachtelte Schleifen:
Es gibt keinerlei Einschränkungen bezüglich der Anweisungen, die im Körper einer Schleife vorkommen dürfen. Daher ist es auch möglich, dass eine Schleife eine oder mehrere Schleifen enthält. Die Konstruktion, bei der Schleifen durch übergeordnete Schleifen kontrolliert werden, heißt **verschachtelte Schleifen.** Sie gehören zum Repertoire eines Programmierers, da viele Problemstellungen sich nur mit ihrem Einsatz lösen lassen.

Der Anzahl an ineinander verschachtelten Wiederholungen sind prinzipiell keine Grenzen gesetzt. Allerdings führt eine Verschachtelungstiefe von mehr als drei Ebenen zu schwer verständlichem Code.

Hier ist ein Beispiel für eine Verschachtelung von Schleifen:

```
{Hauptprogramm}
Programm
   wiederhole x mal
      wiederhole solange [Nicht] Bedingung
         Anweisung
         …
         Anweisung
      endewiederhole
      Anweisung
      …
   endewiederhole
endeProgramm
```

11. Schreibe ein Programm mit verschachtelten Schleifen und lasse Karol dieses Schwimmbadbecken bauen:

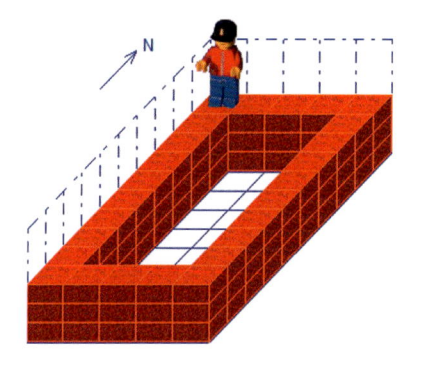

12. Erstelle ein passendes allgemeines Struktogramm dazu.

Man kann sich die Verschachtelung gut vorstellen, wenn man sie mit einer Uhr vergleicht. Die äußere Schleife entspricht dabei dem Stundenzeiger, die Inneren dem Minutenzeiger: Während der Stundenzeiger um eine Einheit vorrückt, absolviert der Minutenzeiger einen kompletten Umlauf.
Genauso vollzieht die innere Schleife sämtliche Anweisungen während eines einzigen Durchlaufs der äußeren Schleife.

Wiederholung mit Endbedingung:
Bei dieser Schleife findet hier die Überprüfung der Bedingung am Ende statt und daher wird die Anweisung mindestens einmal ausgeführt!

> **Wiederholung mit Endbedingung** werden immer dann verwendet, wenn das Ergebnis einer Aktion geprüft wird. Man führt zuerst aus und prüft dann.

Beispiel: Zuerst gibt man das Ziel einer Bahnreise ein und prüft danach, ob eine ICE-Verbindung angeboten wird. Wenn nicht, muss eine andere Verbindung oder Zugart ausgewählt werden.

Die bedingte Wiederholung mit Endbedingung hat folgende Syntax:

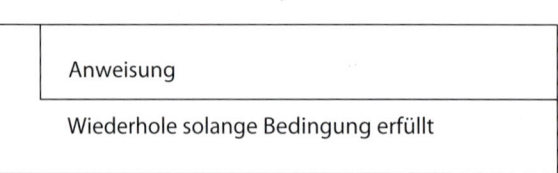

```
wiederhole
    Anweisung
    ...
    Anweisung
endewiederhole solange [nicht] Bedingung
```

Anweisung
Wiederhole solange Bedingung erfüllt

„bis" ist statt „solange" auch erlaubt.

Wird vom Benutzer eine bestimmte Eingabe erwartet, eignet sich dafür die Schleife *mit Endbedingung*.
Beispiel: Nur wenn das richtige Passwort eingegeben wird, erlangt man Zutritt in einen Raum.

Vergleich von Anfangsbedingung und Endbedingung:
Die Wiederholung mit Endbedingung gibt hier eine Fehlermeldung aus:

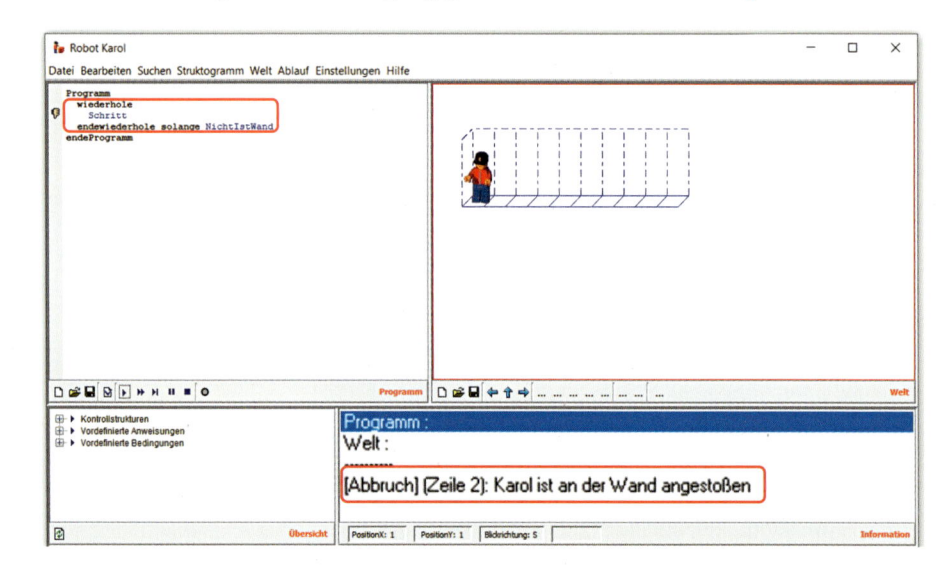

```
Programm
    wiederhole
        Schritt
    endewiederhole solange NichtIstWand
endeProgramm
```

[Abbruch] (Zeile 2): Karol ist an der Wand angestoßen

Besser ist es in diesem Fall eine Wiederholung mit Anfangsbedingung zu verwenden. Diese prüft erst ob eine Wand vor Karol ist und stoppt das Programm, wenn dieser Fall zutrifft.

```
Programm
   wiederhole solange NichtIstWand
      Schritt
   endewiederhole
endeProgramm
```

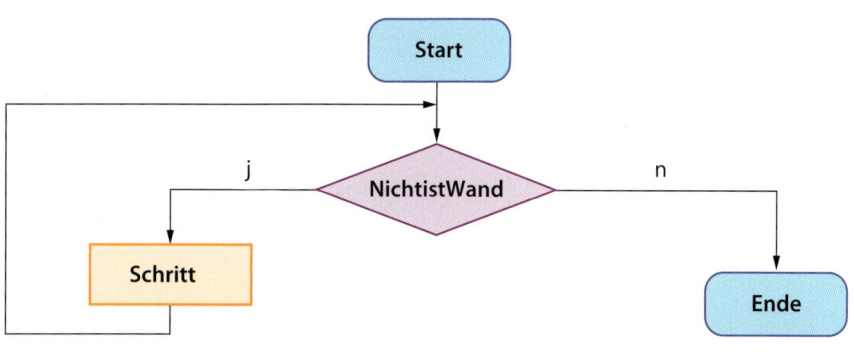

Programmablaufplan (PAP)

> Überlege dir genau, ob du eine Wiederholung mit Endbedingung oder Anfangsbedingung verwendest.

Anweisungen und Bedingungen selbst schreiben

Es ist möglich, die neuen Anweisungen und Bedingungen mit einem frei gewählten Namen zu benennen. Dieser kann Buchstaben, Ziffern und den Unterstrich („_") enthalten.

Selbstdefinierte Anweisungen:
Wie in anderen Programmiersprachen auch, können eigene Anweisungen direkt im Programm definiert werden.

```
{Selbstdefinierte Anweisung}
Anweisung LegeZiegel
   wiederhole 3 mal
      Hinlegen
   endewiederhole
endeAnweisung

{Hauptprogramm}
Programm
   wiederhole solange NichtIstWand
      Schritt
   endewiederhole
   LinksDrehen
   Schritt(2)
   LegeZiegel
endeProgramm
```

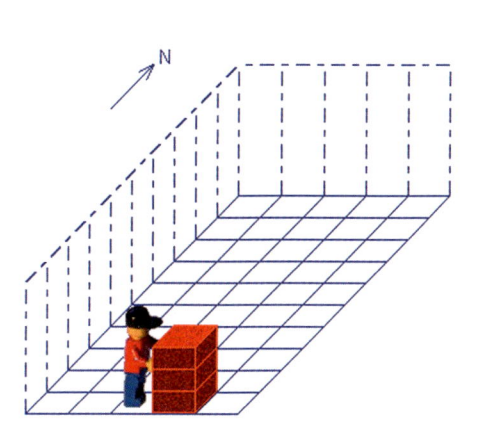

Beachte: Eine neue Anweisung muss erst definiert werden, bevor sie verwendet werden kann.

Der Roboter Karol kann Befehle auf zwei Arten ausführen: **langsam** oder **schnell.**

Vor allem bei umfangreichen Programmen (z. B. Pyramide bauen) ist es nützlich den Programmablauf zu beschleunigen.
Dabei gilt die Beschleunigung *schnell* nur bis zum nächsten *langsam* und umgekehrt.
Außerdem sind sie nur in einem Block gültig.
Beispiel:

```
Bedingung IstZiegelRechts
   schnell
   falsch
   RechtsDrehen
   wenn IstZiegel dann
      wahr
   endewenn
   LinksDrehen
endeBedingung

Programm
   …
```

> Die Bezeichner der Anweisungen können Buchstaben (auch Umlaute), Ziffern und „_" enthalten. Neben dem Schlüsselwort **Anweisung** ist auch das Schlüsselwort **Methode** für die Kennzeichnung der Definition möglich.

Selbstdefinierte Bedingungen:
Der Roboter Karol versteht nicht nur vorgegebene Bedingungen, er kann auch mit selbstdefinierten Bedingungen umgehen. Laut Syntax muss WAHR oder FALSCH in der konstruierten Bedingung vorkommen, damit festgelegt ist, welchen Wert die Bedingung zurückgibt.

Beispiel 6: Robot Karol untersucht eine Mauer auf Lücken. Sobald links von ihm kein Ziegel liegt, bleibt er stehen (▶ Seite 96):

```
{Selbstdefinierte Bedingung}
Bedingung IstZiegelLinks
   falsch
   RechtsDrehen
   wenn IstZiegel dann
      wahr
   endewenn
   LinksDrehen
endeBedingung

Programm
   Schritt
   wiederhole solange IstZiegelLinks
      Schritt
   endewiederhole
endeProgramm
```

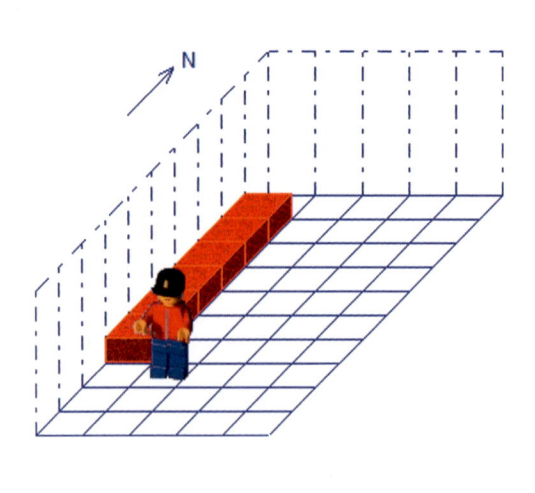

Die Bedingung wird zu Beginn immer auf falsch gesetzt. Dadurch bleibt Karol stehen, wenn kein Ziegel neben ihm ist. Die Wenn-dann-Abfrage setzt den Rückgabewert auf wahr, falls sich ein Ziegel rechts neben ihm befindet.

Vorgehensweise bei Programmtest und -optimierung

Bei Programmierungen können immer wieder Schwierigkeiten und Fehlermeldungen beim Programmablauf auftreten. Um die Arbeit der Fehlersuche möglichst gering zu halten, solltest du den Programmcode bereits während deiner Arbeiten überprüfen und kritisch hinterfragen:
- Treten Anweisungen mehrmals hintereinander auf? Verwende Schleifen.
- Ist dein Roboter auf alle Eventualitäten vorbereitet? Das Programm darf nicht mit einer Fehlermeldung abbrechen.
- Erzielt der Code die gewünschten Ergebnisse?

In der Informatik wird der Vorgang des Fehlersuchens auch **Debuggen** genannt.
Ein **Debugger** ist ein Werkzeug, mit dem man in der Lage ist Fehler in Programmen zu finden und zu beheben.
Bei der Fehlerbeseitigung verfolgst du den Ablauf deines Programms Anweisung für Anweisung und überprüfst dabei jeweils das Ergebnis.

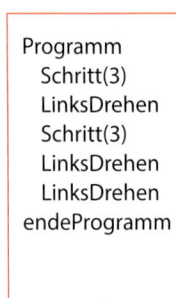

Bei Robot Karol kannst du deine Programmzeilen Schritt für Schritt auf Richtigkeit überprüfen:

Das Programm aus Beispiel 1 (▶ Seite 89) wird verbessert:

Programm
   Schritt(3)
   LinksDrehen
   Schritt(3)
   LinksDrehen
   LinksDrehen
endeProgramm
	Anweisung Vorwärts
	   wiederhole 3 mal
	      Schritt
	   endewiederhole
	endeAnweisung
	
	Programm
	   Vorwärts
	   LinksDrehen
	   Vorwärts
	   LinksDrehen
	   LinksDrehen
	endeProgramm
		Anweisung Vorwärts
		   wenn NichtIstWand dann
		      wiederhole 3 mal
		         Schritt
		      endewiederhole
		   endewenn
		endeAnweisung
		
		Programm
		   Vorwärts
		   LinksDrehen
		   Vorwärts
		   LinksDrehen
		   LinksDrehen
		endeProgramm

	• Die Anweisungen „Schritt" werden in einen Anweisungsblock „Vorwärts" ausgelagert. • Identische Anweisungen, die hintereinander ablaufen sollen, werden in eine Schleife gepackt.	• Sicherheitsüberprüfung, ob Karol an der Wand steht.

Eingebettete Systeme: Der mobile Roboter mBot

> Ein **eingebettetes System** ist ein Computersystem, das in ein umgebendes technisches System eingebettet ist und mit diesem in Wechselwirkung steht. Dabei übernimmt der Computer durch seine Fähigkeit, Daten bzw. Signale verarbeiten zu können, meist Überwachungs-, Steuerungs- oder Regelungsfunktionen.

Durch den praktischen Einsatz von Robotern ist es möglich, technische Abläufe zu analysieren und diese zu modellieren.
Der Roboter mBot besteht aus einem Aluminiumrahmen, zwei Motoren, zwei externen Sensoren und der zentralen Steuereinheit mCore. Darauf sind ein Lichtsensor, ein Infrarot-Sensor, ein Taster, ein Signaltongeber und zwei RGB-LEDs verbaut.

Zentrale Steuereinheit mCore:

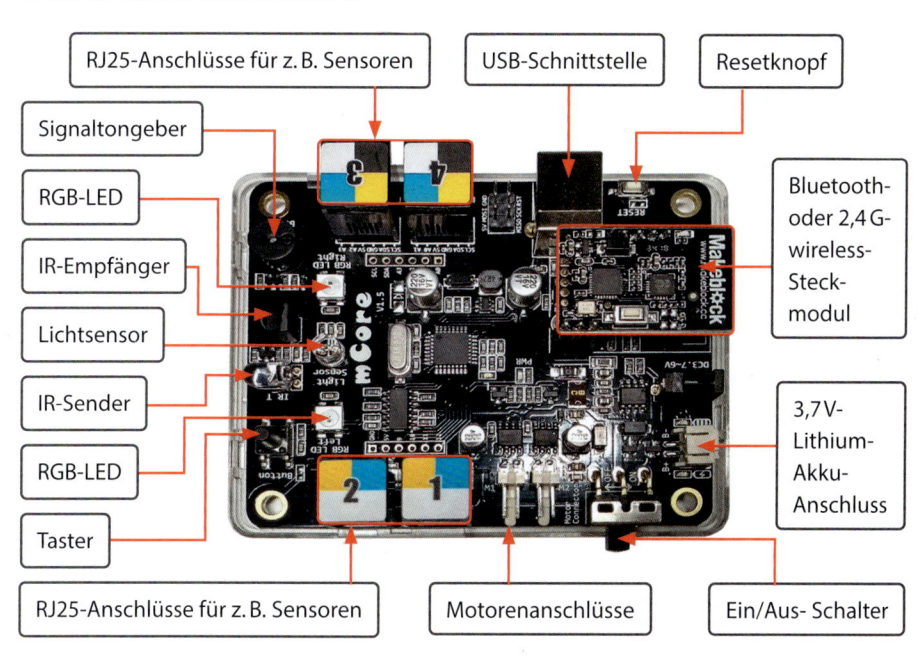

Beschriftungen: RJ25-Anschlüsse für z.B. Sensoren, USB-Schnittstelle, Resetknopf, Signaltongeber, RGB-LED, IR-Empfänger, Lichtsensor, IR-Sender, RGB-LED, Taster, RJ25-Anschlüsse für z.B. Sensoren, Motorenanschlüsse, Ein/Aus-Schalter, Bluetooth- oder 2,4G-wireless-Steckmodul, 3,7V-Lithium-Akku-Anschluss

LEDs sind kleine, leistungsstarke Leuchten, die in vielen verschiedenen Anwendungen zum Einsatz kommen.
Eine **RGB-LED** ist eine Kombination aus 3 LEDs mit verschiedenen Farben:
1 × rote LED
1 × grüne LED
1 × blaue LED

Infrarot-Sensor (IR-Sensor): Die zwei bekanntesten Anwendungsbereiche für Infrarot-Sensoren sind **Bewegungsmelder** und **Fernbedienungen**.

Sensoren:
Menschen haben für jede Art der Wahrnehmung ein besonderes Sinnesorgan. Die „Sinnesorgane" der Roboter sind die Sensoren. Der mBot besitzt vier Sensoreingänge, an die wir verschiedene Sensoren anschließen können. Zu den vielen Sensoren gehören unter anderem:

Ultraschallsensor    Linienfolgesensor

13. Recherchiere im Internet, wie der Ultraschallsensor funktioniert.

14. Nenne weitere Sensorarten, die dir einfallen, und deren Verwendung.

Aktoren:
Damit der Roboter aber in der Lage ist, mit den Eindrücken, die ihm die Sensoren liefern, auch etwas anzufangen, werden Aktoren benötigt, zum Beispiel ein Motor:

Die Programmierumgebung mBlock:

Der mBot als informationsverarbeitendes System benötigt eine Implementierungsumgebung. Das kostenfreie Programm **mBlock** ist eine graphische Benutzeroberfläche, die auf dem Open-Source-Code Scratch 2.0 basiert.

Die Benutzeroberfläche:

1	Je nach Anforderung bietet die mBlock 5-Umgebung folgende zwei Programmiersprachen an: • Blöcke (grafische Programmierung) • Arduino C (textuelle Programmierung)
2	Will man den mBot programmieren, muss man ihn aus einer Liste von unterstützten Geräten auswählen.
3	Der Roboter wird kabelgebunden mit einem USB-Kabel oder kabellos, entweder per Bluetooth oder per 2.4G (passendes Modul auf dem mBot vorausgesetzt) mit einem PC/Tablet verbunden. Anschließend muss der Upload-Modus aktiviert werden. Ist das Programm fertig, kann es auf den mBot-Roboter bzw. auf dessen Steuereinheit übertragen werden. („Hochladen")
4	Übersicht der verschiedenen vordefinierten Anweisungs-Block-Gruppen, die aus einer Bibliothek erweitert werden können. Bei „Meine Blöcke" und „Variablen" können eigene Blöcke definiert werden.
5	Übersicht aller möglichen Blöcke einer Block-Gruppe.
6	Für die mBot Roboter-Programmierung muss der Baustein „wenn mBot (mCore) startet" als Initialbaustein gewählt werden.
7	Auf der Arbeitsoberfläche entsteht durch das Zusammensetzen mehrerer Blöcke der Programmcode.

Robotik und eingebettete Systeme　　Kapitel 3　99

Im Folgenden wird die grafische Programmierung mit den Blöcken angewendet, um einen leichteren Einstieg in das Coden zu gewährleisten.

Die Programmierumgebung mBlock erlaubt Programmierung verschiedener Algorithmen, wie beispielsweise den mBot auf einer schwarzen Linie fahren zu lassen oder innerhalb eines dunkel umrandeten Feldes zu verbleiben.

Beispiel 7: **Der blinkende Roboter**
Die Onboard-LEDs sollen gleichzeitig für eine Sekunde leuchten und danach für eine Sekunde aus sein. Der Vorgang wiederholt sich 10 mal.

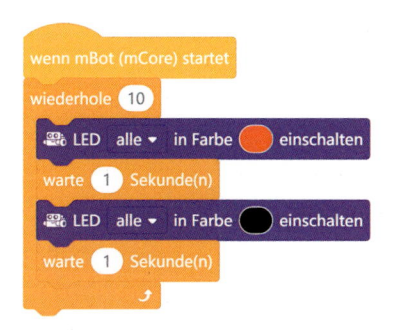

Wiederhole 10 mal
alle LEDs rot
warte 1 Sekunde
alle LEDs aus
warte 1 Sekunde

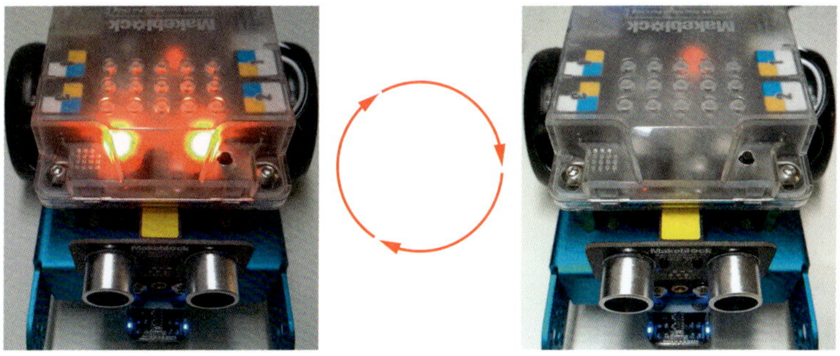

15. Was passiert, wenn man den „Warte für 1 Sekunde"-Block herausnimmt? Lade das Programm ohne die Warte-Blöcke auf den mBlock und beobachte die Veränderung.

Beispiel 8: **Vorwärtsfahren**
Der mBot fährt ohne Unterbrechung gerade aus. Dabei werden der linke und rechte Motor gleichermaßen mit 50% Leistung betrieben. Die fortlaufende Wiederholung ist eine Endlosschleife.

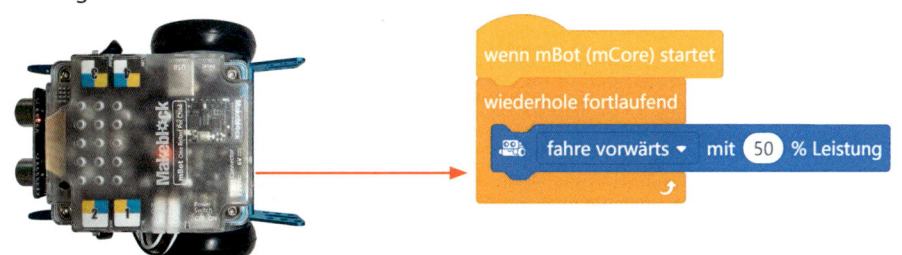

Beispiel 9: **Ein Quadrat abfahren**
Im nächsten Schritt soll der Roboter ein Quadrat abfahren und möglichst nah am Startpunkt wieder ankommen. Dafür muss der Roboter also eine Strecke vorwärtsfahren und dann die Lenkung einschlagen und ein Stück Kurve fahren.

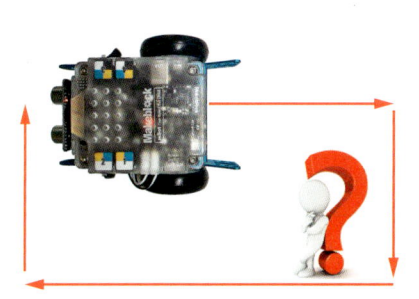

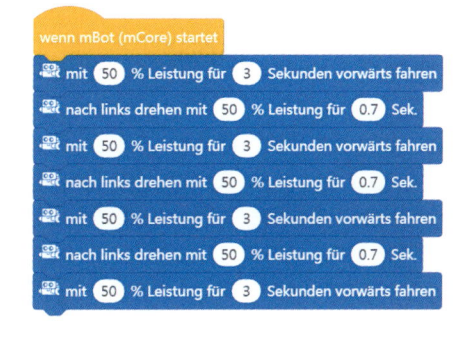

Damit der Roboter eine 90°-Kurve fahren kann, müssen Motorleistung in Prozent (%) und die Laufzeit des Motors in Sekunden (Sek.) in einem passenden Verhältnis stehen.
Das heißt, je höher der Prozentwert ist, desto kürzer muss die Laufzeit eingestellt werden und umgekehrt.
Beachte: Die Werte können je nach Motor und aktuelle Akkuladung variieren.

Um das Programm übersichtlicher zu gestalten, können wie bei Robot Karol auch, neue Blöcke definiert werden. So ist es möglich Bedingungen und Anweisungen vom Hauptprogramm auszulagern.

Beispiel 10: **Der mBot tanzt Discofox**

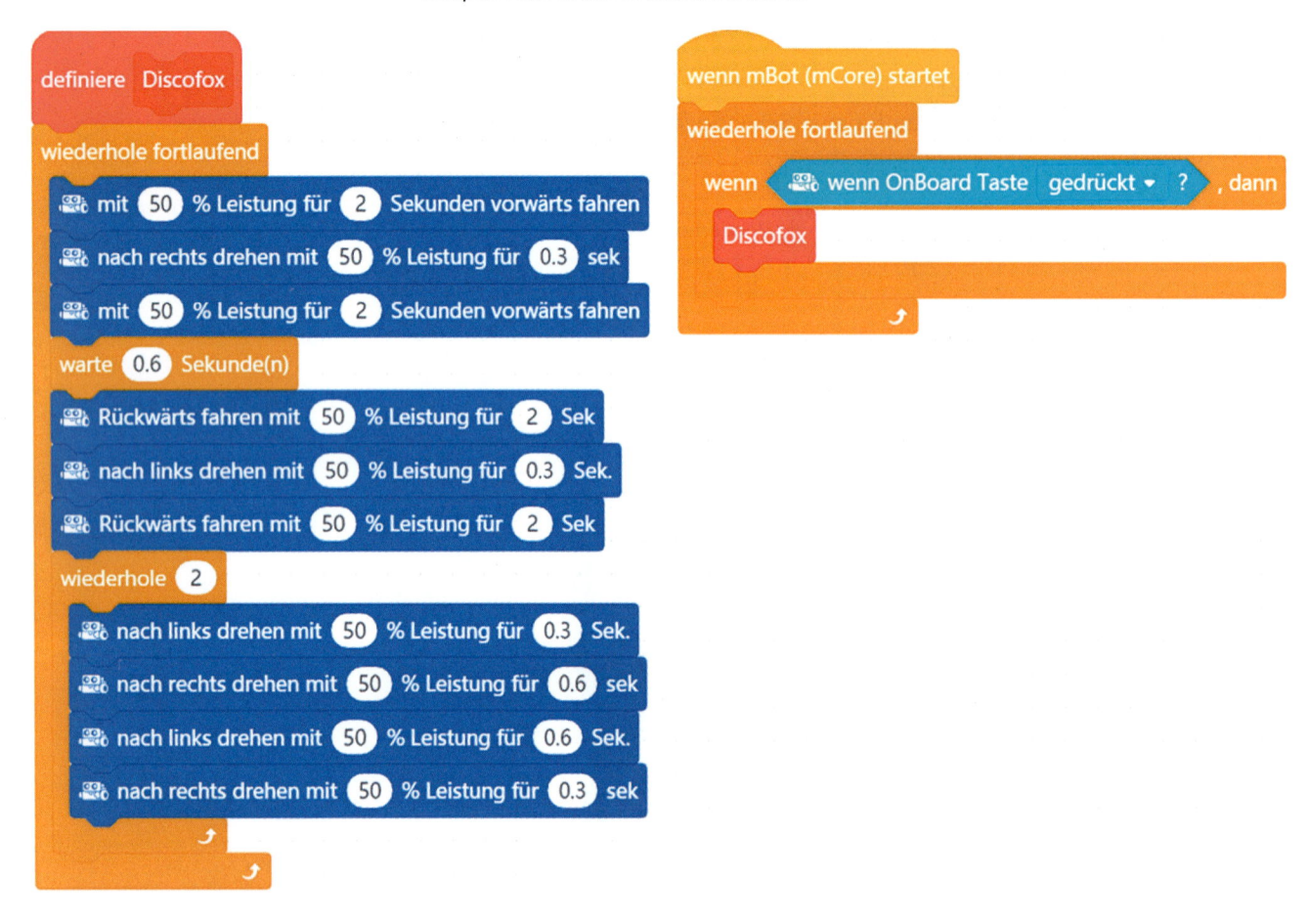

Im Block „Discofox" wird der Tanzablauf definiert. Im Hauptprogramm läuft die Sequenz „Discofox" erst ab, wenn der Taster gedrückt wird.

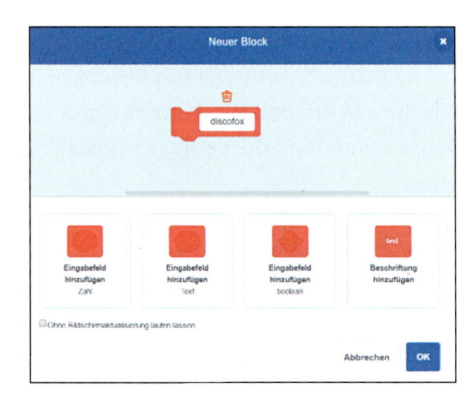

Grundwissen

Programmieren	Mit Programmieren bezeichnet man die Konzeption und den Entwurf von Algorithmen, die als Programme realisiert und danach von Computersystemen ausgeführt werden können. Problembeschreibung — Umgangssprache, mehrdeutig ↓ Algorithmus — eindeutig, präzise ↓ Programm — Exakter Formalismus in einer höheren Programmiersprache; es entsteht das *Quellprogramm*. ↓ Maschinenprogramm — Das *Quellprogramm* wird von einem Übersetzer *(Compiler)* in rechnerspezifische Maschinenbefehle übersetzt.
Algorithmus	Ein Algorithmus ist eine endliche Folge aus eindeutigen und ausführbaren Anweisungen. Eine Folge von Anweisungen, die der Reihe nach ausgeführt werden, heißt **Sequenz**. Schritt() → RechtsDrehen() → Hinlegen()
Kontrollstruktur	Kontrollstrukturen dienen dazu, ein Problem übersichtlich und strukturiert zu formulieren. Die wichtigsten Kontrollelemente in der Programmierung sind die Auswahl (Entscheidungen) und die Schleifen (Wiederholungen).
Syntax	Das sind Regeln, nach denen Programmtexte gebildet werden können.
Semantik	Legt fest, was mit dem Programmtext gemeint ist.
Schleifen	Anweisungen eines Programms können mehrfach hintereinander ausgeführt werden.
Programmablaufplan (PAP) / Ablaufdiagramm	Die grafische Darstellung eines Algorithmus in einem Programm erfolgt durch einen PAP. Er beschreibt die Folge der Sequenzen. *Hinweis:* Das kostenlose Programm PAPDesigner ist ein nützliches Tool zur Erstellung von Programmablaufplänen.
Sensoren	Sie sind für die Außenwahrnehmung von Robotern zuständig.
Aktoren	Der Aktor ist das Gegenstück zu einem Sensor. Als Aktoren werden die Bauteile eines Roboters bezeichnet, die die Form und Position eines Roboters verändern. Die Sensoren repräsentieren die Eingabe und die Aktoren die Ausgabe des EVA-Prinzips.
Punktnotation	Die Punktschreibweise ermöglicht eine übersichtliche Beschreibung von Objekten mit ihren Attributen und Methoden. Allgemeine Formulierung in der Punktnotation: Objektname.Attributname = Attributwert Objektname.Methodenname(Wert)

Zeig was du kannst

Robot-Karol-Aufgaben

1. **Würfelaugen**
   Starte die Programmierumgebung Robot Karol und öffne eine neue Welt mit der Größe 10×10×6.
   a) Schreibe ein lineares Programm zu der Zahl 3 wie auf der Abbildung.
   b) Erstelle eine Sequenz um die Zahl 4 mit Markern zu legen.

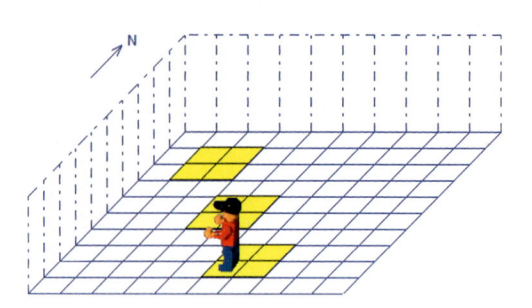

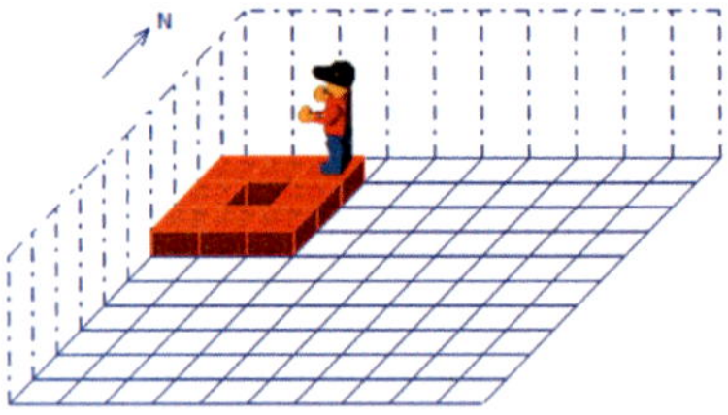

Welt zu Aufgabe 2

2. **Quader**
   Karol soll mit Ziegeln einen Quadratrand auslegen. Die Kantenlänge soll 3 Steine betragen. Verwende dazu Schleifen.

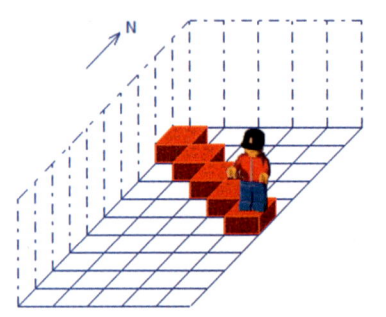

3. **Diagonale**
   a) Karol soll eine Diagonale mit insgesamt 5 Steinen erzeugen. Verwende dazu Schleifen.
   b) Zeichne ein dazu passendes Struktogramm in dein Heft.

Welt zu Aufgabe 3

4. **Spaziergänger**
   Karol geht die Grenzen seines Grundstückes (seiner Welt) ab (Größe 12×12×6).
   a) Lasse ihn gerade an der Wand entlanggehen, bis er direkt vor sich auch eine Wand hat.
   b) Schreibe ein Programm, damit Karol alle vier Kanten seiner Welt erkunden kann.
   c) Nun errichtet Karol einen Zaun aus Ziegelsteinen. An allen vier Seiten soll er Ziegel entlang der Abgrenzung legen, sodass ein rechteckiger Ring entsteht.

5. **Fliesenleger**
   Karol soll eine Welt (10×10×6) vollständig mit Fliesen (Marker) auslegen. Verwende im Programm Anweisungen zur Lösung von Teilproblemen und geschachtelte Wiederholungen.
   Tipp: Überlege dir zuerst eine Strategie zur Lösung der Aufgabe. So bietet es sich an, die Aufgabe in Teilprobleme zu zerlegen.

6. **Müllsucher**
   Karol will in seinem Garten den Müll aufräumen, der tags zuvor von Partygästen zurückgelassen wurde.
   a) Erstelle eine Welt (7×7×6) und platziere in der 2-D-Ansicht beliebig viele Ziegelsteine (sie können auch gestapelt sein).
   b) Schreibe ein Programm, das Karol alle Ziegel aufsammeln lässt.
   c) Erstelle einen Programmablaufplan zu deinem Programm.

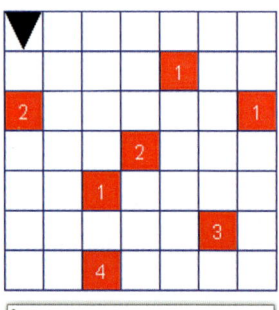

Zeig was du kannst **Kapitel 3** 103

7. **Treppenbauer**
   a) Es wird eine Wand mit einem Treppenaufgang benötigt. Die Grundfläche der Mauer hat 7 Steine. Achte bei deiner gewählten Welt darauf, dass das Mauerwerk Platz hat.
   b) Für Experten: Karol soll nun in der Lage sein eine Treppe bis zur nächsten Wand zu bauen. Sie soll die Höhe der Welt (10×10×10) erreichen und an einer beliebigen Position in der Welt stehen können. Benutze Markierungen als Hilfe.

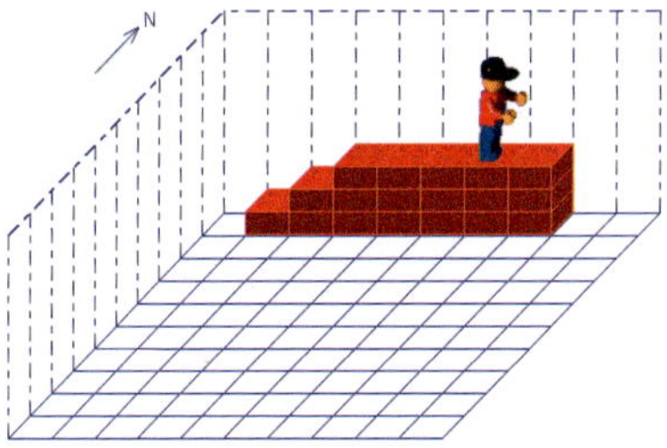

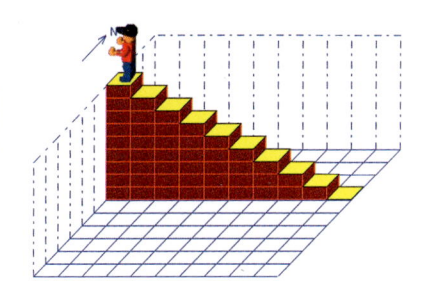

Welt zu Aufgabe 7a

8. **Labyrinth**
   Hilf Karol dabei einen Weg aus einem Labyrinth zu finden.
   a) Erstelle in der 2-D-Ansicht ein Labyrinth mit einer Mindestgröße der Welt von 15×15×6. Benutze die Ziegel-Bausteine und markiere den Ausgang mit einem Marker. 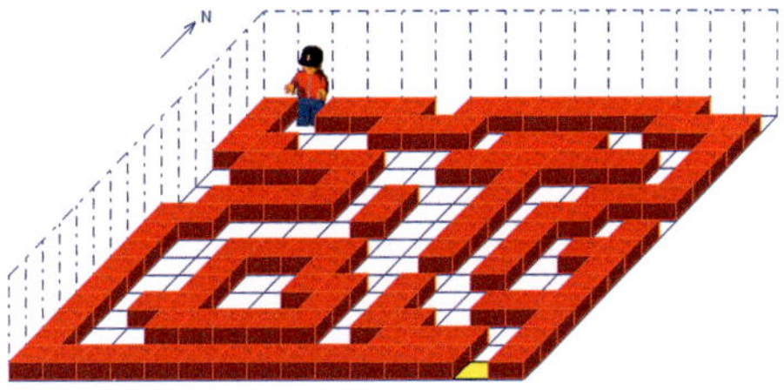
   b) Schreibe ein Programm, das mit Schleifen, Bedingungen und Anweisungen Karol aus der misslichen Lage heraushilft.
   Karol soll auf dem Marker stehen bleiben.

Welt zu Aufgabe 7a

9. **Sortieren**
   Der Roboter Karol soll zwei Ziegel-Stapel der Größe nach (aufsteigend) sortieren. Die folgenden zwei Bilder können dir dabei helfen.

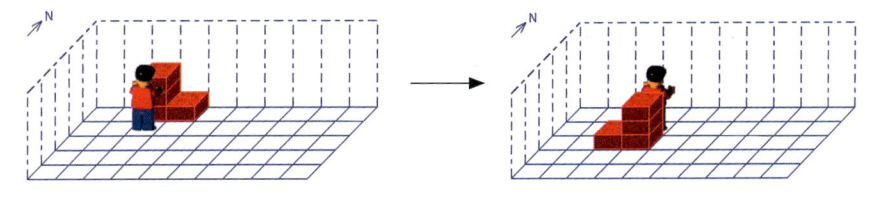

Ausgangsposition/unsortierte Stapel

Endposition/nach Größe aufsteigend sortierte Stapel

mBot-Aufgaben

10. **Partylichter**
    Lasse den mBot im Sekundentakt nacheinander die Farben Rot, Gelb, Grün, Blau, Pink und Weiß aufleuchten. Dieser Vorgang soll sich immer wieder wiederholen.

11. **Taster – LED**
    Ist der Taster gedrückt, leuchtet die grüne LED. Ist der Taster nicht gedrückt, leuchtet die rote LED.

12. **Start-Stopp-Knopf**
    Zu Beginn soll der mBot nicht fahren und diesen Zustand mit roter LED bestätigen.
    Drückst du den Taster, beginnt der Roboter sofort zu fahren und die LEDs schalten auf grün.
    Drückst du ihn nochmals, stoppt der Roboter seine Bewegung und die LED leuchtet wieder rot.

Bild zu Aufgabe 15

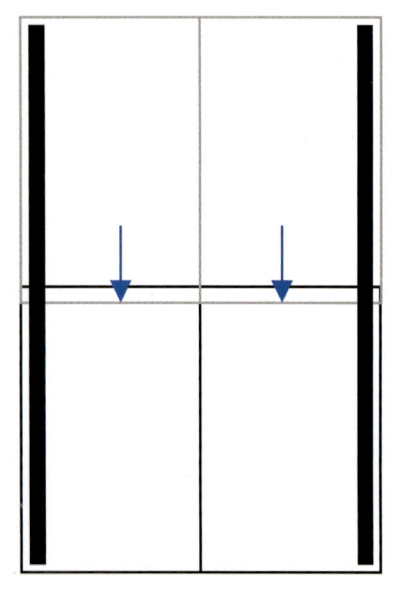

Vorbereitungen zu Aufgabe 16

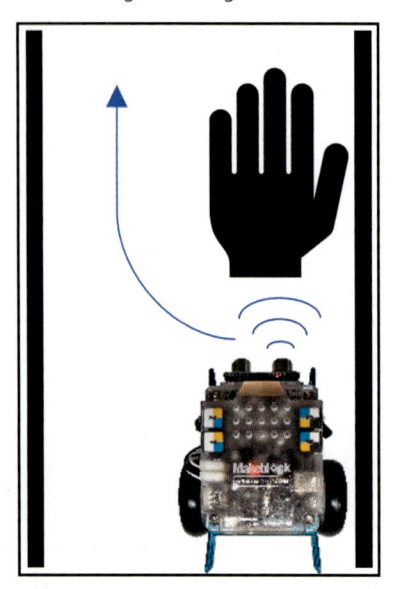

Bild zu Aufgabe 16c

13. Hindernissen ausweichen
Mit dem folgenden Programm soll sich der Roboter vorwärtsbewegen, bis er mit Hilfe des Ultraschallsensors ein Hindernis erkennt.
- **a)** Wenn ein Hindernis erkannt ist, soll der Roboter in einer kleinen Kurve rückwärtsfahren und dann erneut versuchen vorwärts zu fahren.
Das Programm besteht aus einer Endlosschleife.
Bedenke, dass der Sensor eine Distanz von 3 cm bis 400 cm abdeckt.
Befindet sich in der Bedingung dein gewählter maximale Abstand zum Hindernis unter einem gewissen Wert (z. B. 30), werden alle Motoren gestoppt und ein Ausweichmanöver wird gestartet. Ansonsten soll der mBot-Roboter weiterfahren.
- **b)** Verändere dein Programm so, dass der Roboter zufällig entscheidet, ob er nun nach links oder nach rechts ausweicht.

14. Tischkanten-Roboter
Der Linienfolgesensor des mBot-Roboters wird dazu verwendet, eine Tischkante zu erkennen.
- **a)** Programmiere deinen Roboter so, dass er am Ende des Tisches anhält/zurücksetzt und nicht hinunterfällt.
- **b)** Der Roboter soll zufällig entscheiden können, ob er nun nach links oder nach rechts ausweicht.

15. Wettbewerb: Wer baut/programmiert den schnellsten Roboter?
Programmiere deinen Roboter so, dass er einer schwarzen Linie (hier eine acht) folgt. Und das möglichst schnell!

16. Autopilot
Vorbereitungen: Drucke dir zunächst vier DIN-A4-Blätter im Hochformat mit einem schwarzen Strich (1,5 cm breit) aus. Der Strich ist fast so lang, wie die Höhe des Blattes. Lege nun die vier Blätter so auf den Tisch, dass zwei schwarze Linien die Begrenzung für eine Straße darstellen. Schiebe die oberen zwei Blätter unter die anderen zwei, damit die Lücke geschlossen wird und zwei durchgehende schwarze Linien entstehen. Fixiere die vier Blätter mit Tesafilm.
- **a)** Bei Dunkelheit soll der Roboter stehen bleiben, wenn es hell ist soll er hingegen fahren.
- **b)** Der mBot soll nach vorne fahren und dabei innerhalb der schwarzen Linien bleiben.
- **c)** Ist ein Hindernis im Weg, soll dieses erkannt werden und umfahren werden.
- **d)** Bei jeglicher Vorwärtsbewegung sollen beide LEDs des mBots grün leuchten. Kommt der Roboter jedoch zum Stillstand, sind beide LEDs rot.

Kapitel 4

Multimedia

1 Computergrafik
2 Computeranimation
3 Audio und Video
4 Webdesign

1 Computergrafik

Marken-Logos und Firmensignets sind nicht nur in der Werbung allgegenwärtig, sondern begleiten uns auch im Alltag auf sehr viel Kleidung und allen Geräten und Produkten, die wir kaufen und besitzen.
In diesem Kapitel lernst du, mit welchen Techniken und Verfahren du Computergrafiken erstellen und bearbeiten kannst.

Eigenes Logo – Wie geht's?

Nach eigenen Entwürfen ein Logo erstellen – z. B. für einen YouTube-Channel, die Schülerzeitung, Schulhomepage oder euer Wahlfach – ist eine tolle Idee. Was musst du dafür wissen und können?

Die *Merkmale* der beiden verschiedenen Konzepte zum Erstellen digitaler Bilder und Grafiken hast du bereits im Kapitel „Einführung in die Bildbearbeitung" im Lehrbuch „Informationstechnologie · Grundwissen" (S. 86, 87) kennengelernt. Je nachdem welche Art von Grafik oder Bild du erzeugen möchtest, eignet sich die Pixelgrafik oder die Vektorgrafik besser.

Entwurfsskizze: Wieland N. Stelzer

Vor- und Nachteile von Pixelgrafiken

Da die kleinen Bildpunkte im Raster feinste Farbabstufungen erzeugen können, eignet sich die Pixelgrafik besonders zur *Abbildung von räumlicher Wirklichkeit* mit Dingen in Licht und Schatten. Darum werden vor allem Fotos als Pixelbilder gespeichert. Je mehr Pixel so ein Foto ursprünglich hat, umso genauer können Details abgebildet werden und umso schärfer erscheint uns das Bild. Eine *Pixelgrafik ist abhängig von ihrer Auflösung*.
Sie lässt sich nicht ohne erheblichen Verlust an Bildschärfe vergrößern. Dabei werden die vorhandenen Bildpunkte nur mehrfach dupliziert was die Menge der Daten aufbläht. Für große Bilder mit vielen Millionen Pixel braucht man nicht nur *viel Speicherplatz*, sondern auch einen Computer mit *sehr hoher Rechenleistung*, um sie noch bearbeiten zu können.

Pixelraster unter der Lupe

Vor- und Nachteile von Vektorgrafiken

Auflösungsunabhängig ist dagegen eine Vektorgrafik, deren Objekte nicht gerastert werden. Diese bestehen aus sehr wenigen Knotenpunkten, zwischen denen die Geraden und Kurven mathematisch erzeugt werden. Eine so entstandene geschlossene Form kann bereits mit einer einzigen Farbangabe gefüllt werden. Aus diesen Gründen ist die *Datenmenge um ein Vielfaches geringer als bei Pixelbildern*.

Beim Vergrößern oder Verkleinern einer Vektorgrafik werden die Objekte stets neu berechnet. So bleiben die Kanten der Formen bei jeder Größe glatt und alle Details erhalten. Die Anzahl der Knoten und Linien *bleibt durch das Skalieren unverändert* und damit auch die Dateigröße.

Wegen ihrer 2-D-Formen und der Unabhängigkeit von einer Auflösung eignet sich die Vektorgrafik z. B. besonders für *Logos, dekorative Muster sowie Schrift und Zeichen für Marken und Firmen in allen Größen* – vom kleinsten Etikett bis zur 100 Meter großen Werbeplakatwand.

Vektorpfade unter der Lupe

> Eine Vektorgrafik ist ohne Qualitätsverlust skalierbar und ihre Dateigröße sehr klein, weshalb sie sich für 2-D-Grafiken in allen Größen eignet.

Werkzeuge und Funktionen

Inkscape ist ein Vektorgrafikprogramm, mit dem du professionelle Illustrationen erstellen kannst. Du kannst es *kostenlos* aus dem Internet herunterladen und darfst es benutzen.

Programmoberfläche von Inkscape:

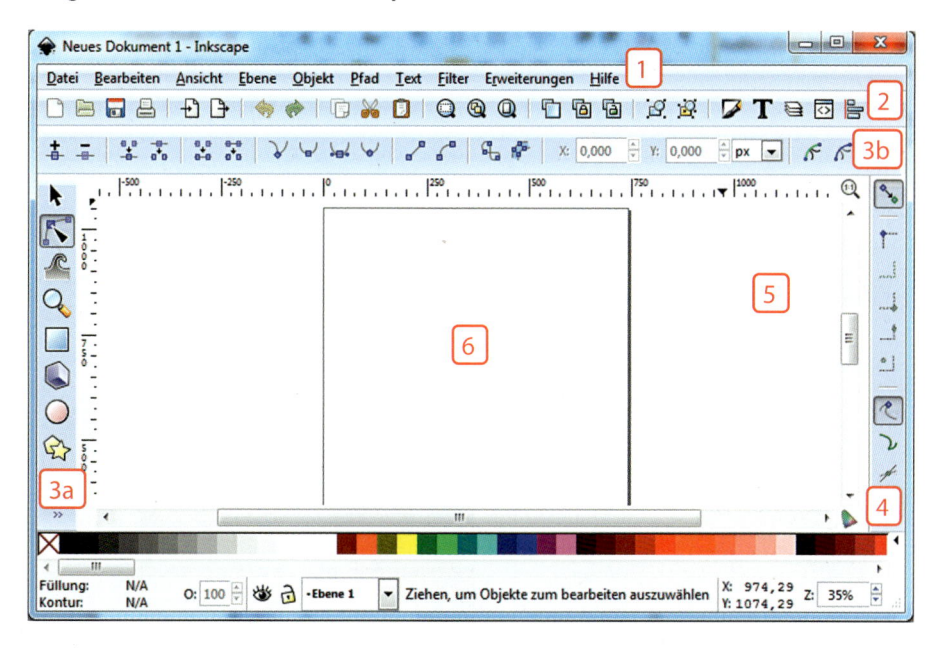

1	Menü
2	Befehlsleiste
3a	Werkzeugleiste
3b	Werkzeugsteuerung
4	Einrastoptionen
5	Leinwand
6	Seite

1. Öffne das Programm Inkscape und probiere unterschiedliche Werkzeuge aus. Halte dabei in Stichpunkten fest, was die jeweilige Funktion ist.

Speicherformat:
Scalable Vector Graphics (SVG)
- keine Kompression (also keine Verringerung des Platzbedarfs von Daten und damit auch kein Datenverlust)
- auflösungsunabhängig
- geeignet für 2-D-Grafiken

Tipp: „Umschalt" meint hier die Umschalttaste, mit der du auch Großbuchstaben schreibst. Umschalttaste (Shift-Taste)

Grundlegende Befehle:

Befehl	Icon	Tastenkürzel
Öffnen:		Strg + O
Neues Dokument:		Strg + N
Dokumenteneinstellungen:		Umschalt + Strg + D
Speichern:		Strg + S
Rückgängig:		Strg + Z

Werkzeuge zum Erstellen und Manipulieren von Objekten:

Icon	Tastenkürzel	Aktion
	F1	Objekte auswählen und verändern z. B. verschieben Werkzeugsteuerung [3b]: Drehen Spiegeln Absenken Anheben
	F4	Rechtecke und Quadrate erstellen
	F5	Kreise, Ellipsen und Bögen erstellen

2. Probiere die vier Möglichkeiten für Absenken und Anheben an zwei Rechtecken und einer Ellipse aus, die sich überschneiden. Beobachte, wann die Ellipse im Stapel unten und wann in der Mitte liegt.

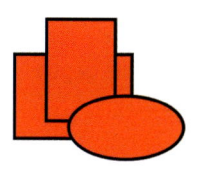

Farbmodelle

Die Farbmodelle hast du ausführlich im Kapitel „Einführung in die Bildbearbeitung" im Lehrbuch „Informationstechnologie · Grundwissen" (S. 92) kennengelernt. Mit dem **RGB-Farbmodell** (Red, Green, Blue) werden Farben an Displays, Monitoren und Fernsehern dargestellt. Das **CMYK-Farbmodell** (Cyan, Magenta, Yellow, Key oder Black) wird genutzt, um farbige Bilder auf Papier zu drucken.

> Das RGB-Farbmodell arbeitet mit Licht in Farb- und Helligkeitsstufen.

✏️ **3.** Errechne, wie viel Farben das RGB-Farbmodell bietet, wenn ein Farbkanal 256 Bit (von 0 bis 255 in Abstufungen regelbar) hat.

🪄 **Tipp:** Die Farbbänder in den Fenstern sind Schieberegler von 0 bis 255 in denen du mit dem Mauszeiger sliden kannst.

🪄 **Tipp:** Solltest du ein Objekt nicht sehen können, ist es evtl. völlig transparent weil Alpha auf 0 steht.

Füllung und Kontur:
Nun wird dir gezeigt wo du die Füllfarbe und den Rand (Kontur) deiner Objekte verändern kannst.

Im Menü [1]: Objekt → Füllung und Kontur (oder Umschalt + Strg + F)

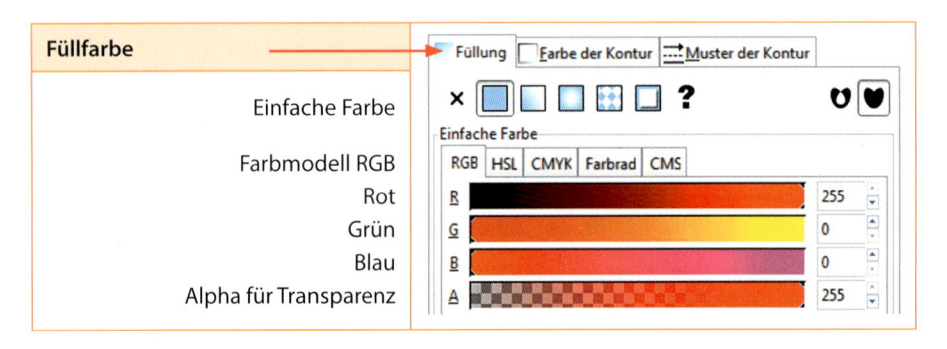

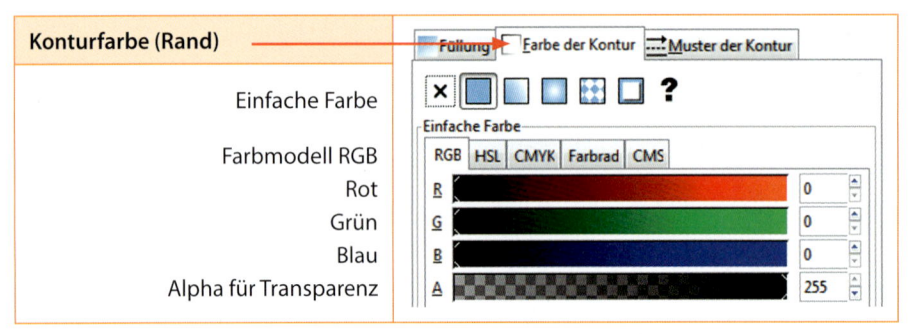

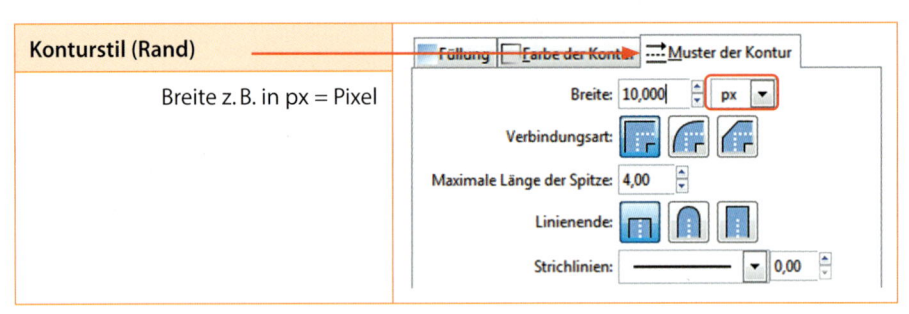

✏️ **4.** Gestalte einen Baum aus hellgrünen Kreisen mit dunkelgrüner Kontur und graubraunen Rechtecken mit dunkler Kontur.

5. Wähle alle Objekte deines Baumes aus, indem du mit Auswahl um die Objekte ein Auswahlrechteck aufziehst. Dupliziere nun deinen Baum und verschiebe und skaliere das Duplikat.
Wiederhole das mehrmals, bis du eine kleine Baumgruppe verschiedengroßer Bäume zusammenstellen kannst.
Es kann hilfreich sein, dass du vor dem Lösen der Aufgabe die gegenüberliegende Seite liest.

Auswirkung auf die Kontur bei Skalierung:
Möchtest du, dass beim Vergrößern oder Verkleinern eines Objekts der Rand seine bisherige Breite beibehält, dann kannst du ganz einfach die Konturskalierung ausschalten.

Werkzeugleiste [3a]:    Auswahl

Werkzeugsteuerung [3b]:    Konturskalierung = AUS

Computergrafik **Kapitel 4** 109

Objekte erstellen und manipulieren

Mit der *linken Maustaste* und ein paar sehr nützlichen *Tastenkürzeln* kannst du in Inkscape nicht nur geometrische Grundformen wie Kreis und Quadrat machen, sondern sie und auch jede andere Form auf bestimmte Weisen beeinflussen und verändern.

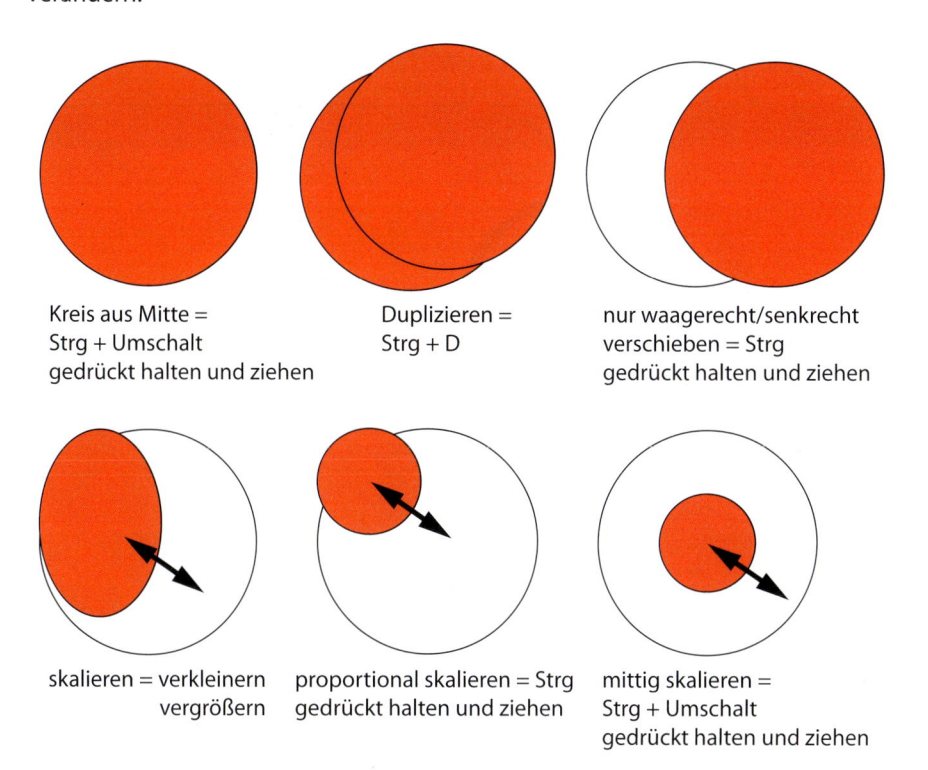

6. Erstelle und manipuliere selbst Objekte genau wie in den Beispielen links und probiere dabei die Werkzeuge aus.

Kreis aus Mitte = Strg + Umschalt gedrückt halten und ziehen

Duplizieren = Strg + D

nur waagerecht/senkrecht verschieben = Strg gedrückt halten und ziehen

Tipp: Hast du ein Objekt dupliziert, liegt das Original genau unter dem Duplikat.

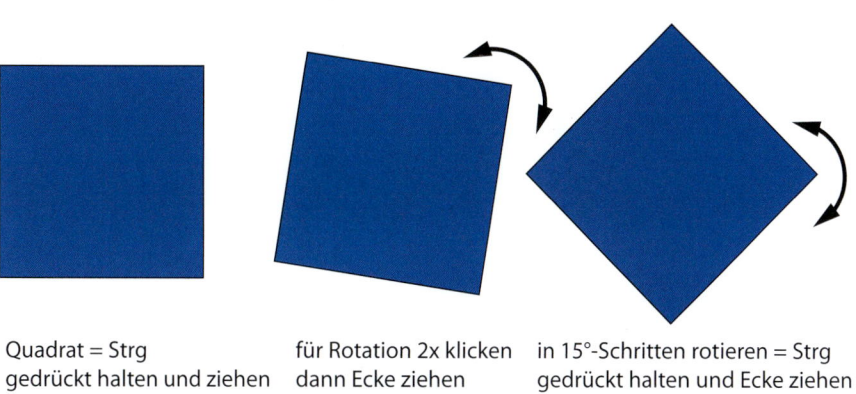

skalieren = verkleinern vergrößern

proportional skalieren = Strg gedrückt halten und ziehen

mittig skalieren = Strg + Umschalt gedrückt halten und ziehen

Quadrat = Strg gedrückt halten und ziehen

für Rotation 2x klicken dann Ecke ziehen

in 15°-Schritten rotieren = Strg gedrückt halten und Ecke ziehen

Tipp: Zum Drehen das Objekt mit dem Auswahlwerkzeug zwei Mal hintereinander anklicken (kein Doppelklick).

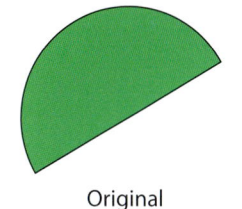

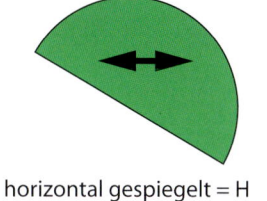

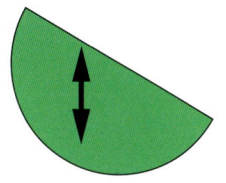

Original

horizontal gespiegelt = H

vertikal gespiegelt = V

Tipp: Einen Halbkreise kannst du erstellen, wenn du in der Werkzeugsteuerung des Kreiswerkzeugs das Ende auf 180° einstellst.

Breite und Höhe eines Objekts:
Die Größe deiner Objekte kannst du auch über Zahlen bei B und H festlegen.

Werkzeugleiste [3a]:   Auswahl

Werkzeugsteuerung [3b]:   B 261,429   H 281,429   px

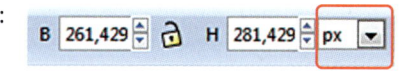

Tipp: Du kannst einstellen, ob die Zahlenwerte in px (Pixel), mm oder cm angegeben werden sollen.

Übung 1: Dekor aus Objekten

Bevor wir weiter zur Erstellung und Bearbeitung von komplexeren Vektorpfaden voranschreiten, kannst du zunächst deine bereits erworbenen Kenntnisse im Umgang mit geometrischen Grundformen an einer einfachen aber konkreten Übung ausprobieren.

Das Bild unten zeigt eine verkleinerte DIN-A4-Seite mit einem Muster.

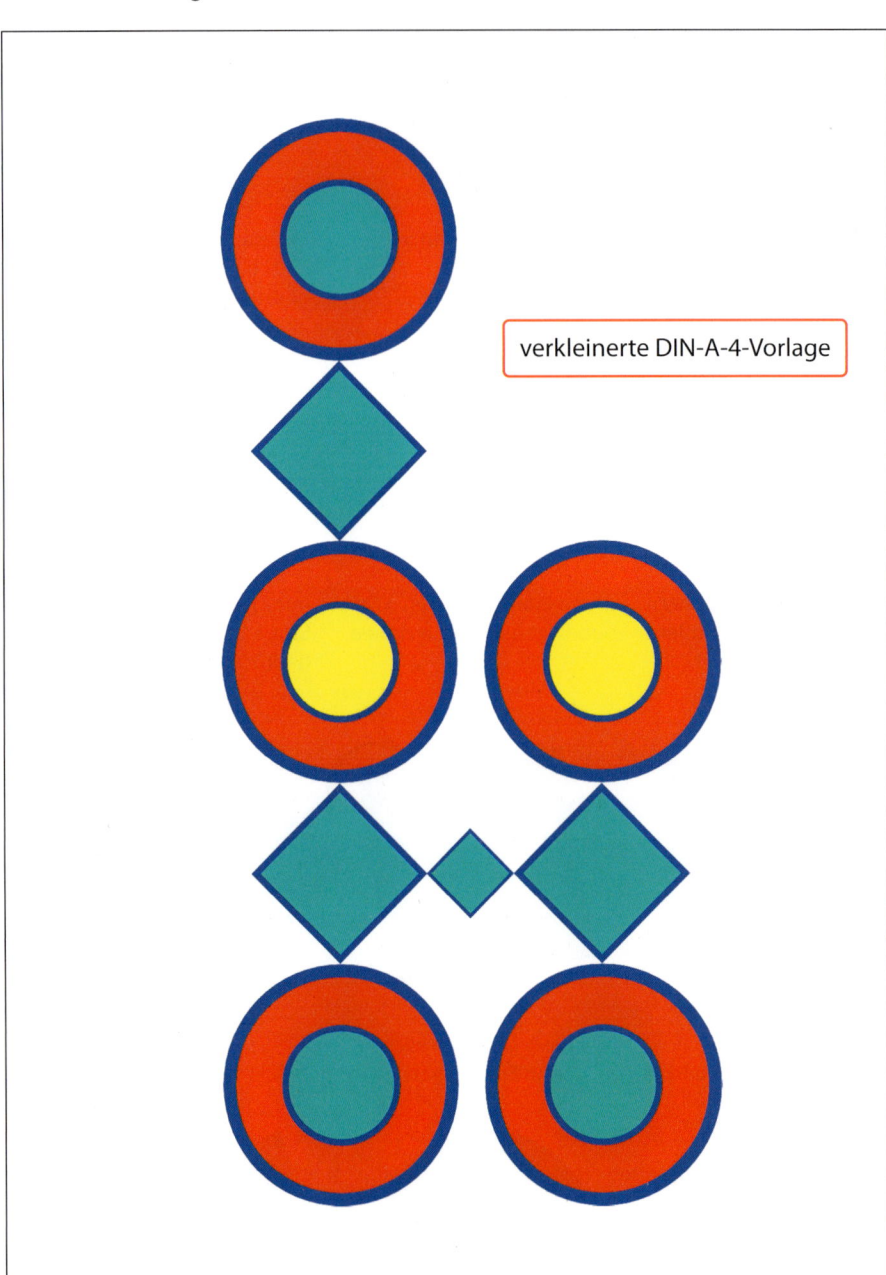

7. Erstelle das Muster in wahrer Größe in Inkskape.
Formen und deren Lage sollen proportional der Vorlage entsprechen, wenn der rote Kreis einen Durchmesser von 200 Pixeln hat.
Weitere Angaben zu Farben und Konturbreiten findest du unterhalb der Vorlage.
Speichere dein Ergebnis im SVG-Dateiformat.

Tipp: Fange mit dem obersten großen Kreis an. Dupliziere ihn mit Strg + D und skaliere das obenauf liegende Duplikat mittig kleiner.

Tipp: Hast du die oberen Kreise und das Quadrat erstellt, dann ziehe mit Auswahl ein Auswahlrechteck um diese Objekte. So ausgewählt kannst du sie zusammen duplizieren und mit Strg parallel nach unten verschieben.

verkleinerte DIN-A-4-Vorlage

Große Kreise
- Durchmesser: 200 px
- Füllfarbe: 255, 0, 0
- Konturfarbe: 0, 0, 255
- Konturbreite: 10 px

Kleine Kreise
- mittig im großen Kreis
- Füllfarbe1: 0, 255, 255
- Füllfarbe2: 255, 255, 0
- Konturfarbe: 0, 0, 255

Quadrate
- Füllfarbe: 0, 255, 255
- Konturfarbe: 0, 0, 255

Achte bei fehlenden Angaben nur auf die ungefähren Größenverhältnisse.

Computergrafik Kapitel 4 111

Vom Objekt zum Vektorpfad

Für die Gestaltung unregelmäßiger Formen lassen sich u. a. geometrische Objekte in Vektorpfade umwandeln und verändern.

Gewähltes Objekt in Pfad umwandeln:
Dein Objekt, das du in einen Vektorpfad umwandeln möchtest muss zunächst ausgewählt sein. Dann gehe wie folgt vor:

Werkzeugleiste [3a]: Pfadwerkzeug → Werkzeugsteuerung [3b]: Objekt zu Pfad

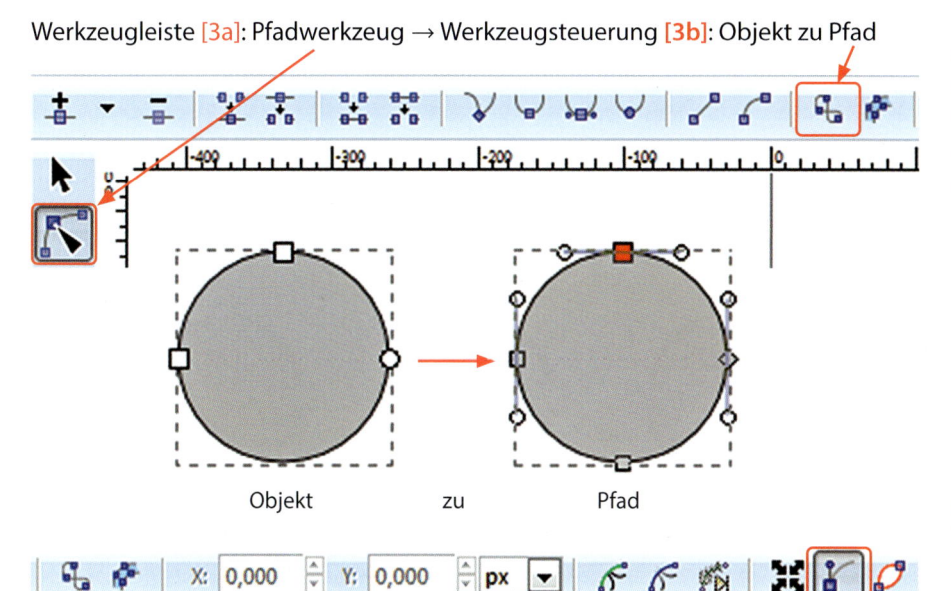

8. Wandle ein Kreis-Objekt wie im Bild in einen kreisförmigen Pfad um und experimentiere mit der Form, indem du Knoten verschiebst und an Vektoren ziehst.

Objekt zu Pfad

Tipp: Achte darauf, dass die Anzeige der Vektoren in der Werkzeugsteuerung [3b] eingeschaltet ist.

Steuerelemente eines Vektorpfads

Mit den Steuerelementen Knoten, Vektor, Pfad und Segment kannst du nun deine Form beliebig verändern. Die Knoten *lassen sich verschieben* und bei den Vektoren *die Richtung und Länge (Kraft) ändern* (s. auch rechts).

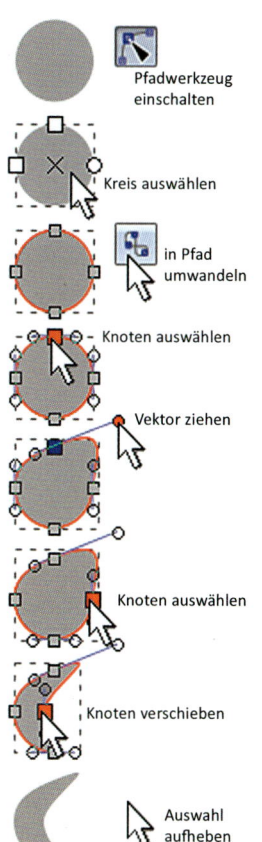

> Die **Knoten** und **Vektoren** sind unsichtbare Steuerkräfte, die den **Pfad** verformen. Den Teil des **Pfades** zwischen zwei Knoten nennt man **Segment**.

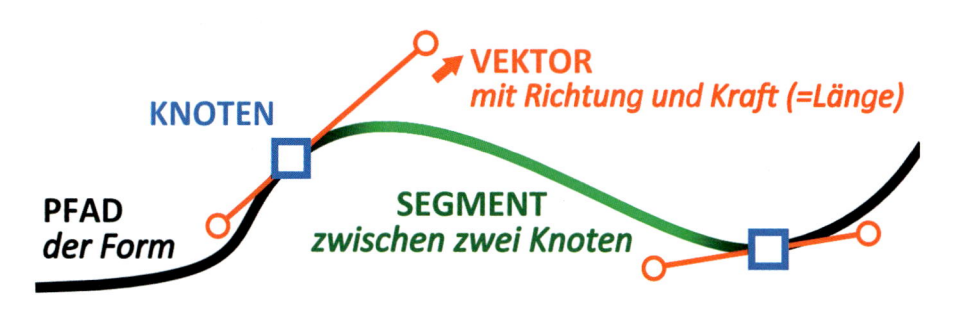

KNOTEN — **VEKTOR** mit Richtung und Kraft (=Länge)
PFAD der Form — **SEGMENT** zwischen zwei Knoten

Pfadwerkzeug einschalten
Kreis auswählen
in Pfad umwandeln
Knoten auswählen
Vektor ziehen
Knoten auswählen
Knoten verschieben
Auswahl aufheben

Vektor = Richtung und Kraft:
Ein Knoten kann keinen, einen oder zwei Vektoren haben. Der Vektor entspringt aus dem Knoten. Abhängig von seiner Richtung und Länge zieht der Vektor den **Pfad** an. Danach verliert der Vektor seinen Einfluss auf den **Pfad**, der zum nächsten Knoten weiterläuft.

> Ein Vektor hat einen Ursprung, eine Richtung und eine Kraft.

Weitere Steuerungen:
Außer den auf der vorherigen Seite genannten Steuerelementen gibt es noch die Werkzeugsteuerungen des Pfadwerkzeugs, mit denen du deine Form bearbeiten kannst. Die Funktionen der wichtigsten werden dir unten kurz erklärt.

Werkzeugleiste [3a]: Pfadwerkzeug → Werkzeugsteuerung [3b]

Knoten	Icon	Aktion
hinzufügen		neue Knoten zwischen den markierten Knoten
löschen		entfernt die markierten Knoten
verschmelzen		zwei markierte Endknoten zu einem Knoten
Pfad auftrennen		teilt Pfad an den markierten Knoten

markieren — *hinzufügen* — *löschen*

Segment	Icon	Aktion
erstellen		bildet Segment zwischen zwei markierten Endknoten
entfernen		löscht Segment(e) zwischen den markierten Knoten

markieren — *Segmente zwischen den Knoten entfernen* — *Segment zwischen Endknoten erstellen*

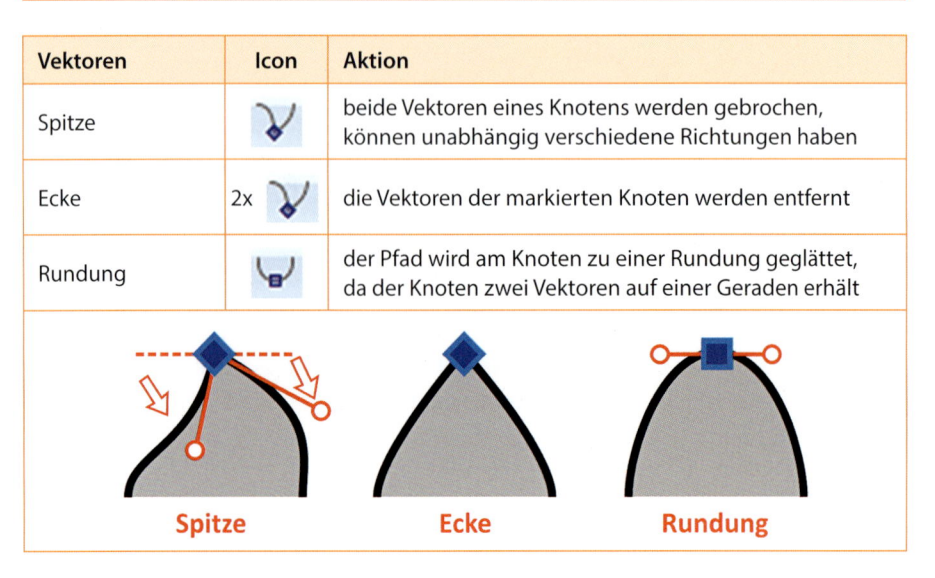

Tipp: Segmente lassen sich auch zwischen zwei offenen Pfaden erstellen.

Vektoren	Icon	Aktion
Spitze		beide Vektoren eines Knotens werden gebrochen, können unabhängig verschiedene Richtungen haben
Ecke	2x	die Vektoren der markierten Knoten werden entfernt
Rundung		der Pfad wird am Knoten zu einer Rundung geglättet, da der Knoten zwei Vektoren auf einer Geraden erhält

Spitze — **Ecke** — **Rundung**

Übung 2: Pfadbearbeitung am Dekor

Diese Übung ist eine direkte Fortsetzung der Übung 1 „Dekor aus Objekten".

Das Bild unten zeigt eine verkleinerte DIN-A4-Seite mit einem Muster.

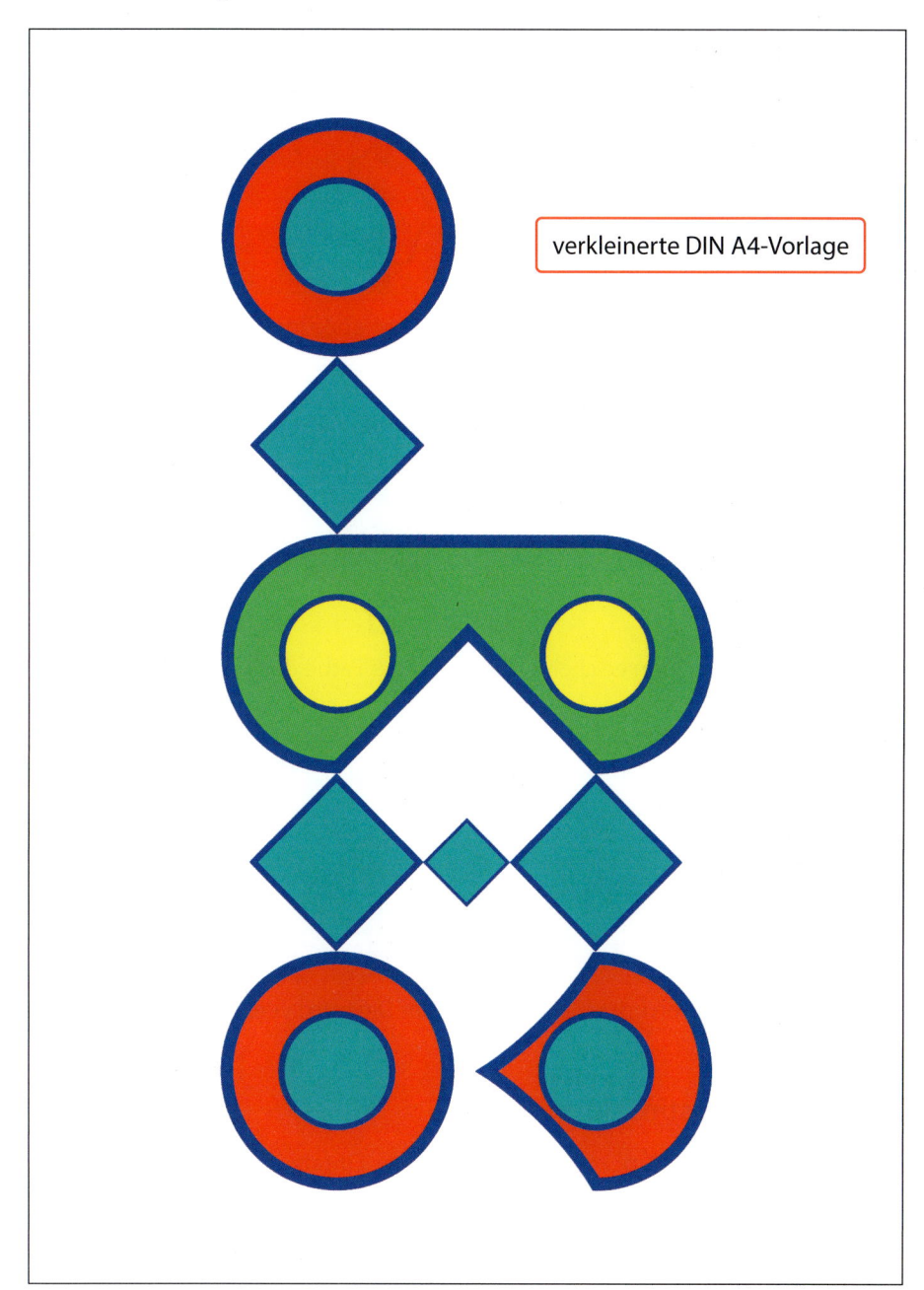

verkleinerte DIN A4-Vorlage

9. Öffne deine Inkscape-Datei zur Übung 1 *„Dekor aus Objekten"* und bearbeite die zwei mittleren und den letzten großen Kreis.
Objekte sind vorrangig zu verwenden. Wandele nur dort, wo es notwendig wird, in Pfade um und bearbeite diese der Vorlage entsprechend.
Weitere Angaben zu Farben und Konturbreiten findest du unterhalb der Vorlage.

Tipp: Entferne bei den mittleren großen Kreisen jeweils die beiden Segmente zur Mitte hin und erstelle neue Segmente zwischen den nun offenen Halbkreisen.
Füge dann im unteren neuen Segment einen zusätzlichen Knoten hinzu und verschiebe ihn senkrecht nach oben, bis ein 90-Grad-Winkel entsteht.

Tipp: Erstelle aus den drei linken Knoten des letzten großen Kreises Spitzen und forme mit den Vektoren den Pfad wie in der Vorlage.

Form in der Mitte
- Füllfarbe: 0, 255, 0
- Konturfarbe: 0, 0, 255
- Konturbreite: 10 px

Form unten rechts
- Breite: 200 px
- Farben/Kontur: wie großer Kreis

Achte bei fehlenden Angaben nur auf die ungefähren Größenverhältnisse.

Bild manipulieren

„Wie bekomme ich das Loch in meine Form?" Häufig braucht man in seinen Bildteilen ganz bestimmte Durchbrüche um an diesen Stellen, wie durch ein Fenster, das Dahinterliegende sehen zu können.

Bildteile entfernen:
große rote + kleine blaue Form auswählen → im Menü [1]: Pfad → Differenz

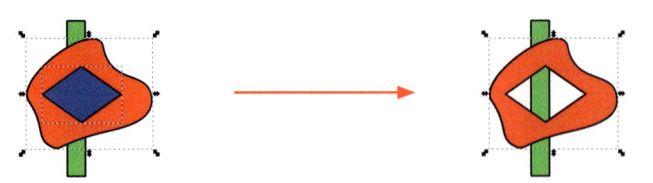

Ergebnis: Die kleinere Form wird von der größeren abgezogen.

Bildteile zerlegen:
rote Form mit der Differenz auswählen → im Menü [1]: Pfad → Zerlegen

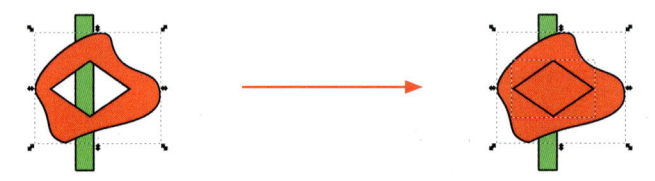

Ergebnis: Die kleine Form erscheint wieder mit der Farbe der größeren Form.

Bildteile verschmelzen:
grünes Rechteck + rote Form auswählen → im Menü [1]: Pfad → Vereinigung

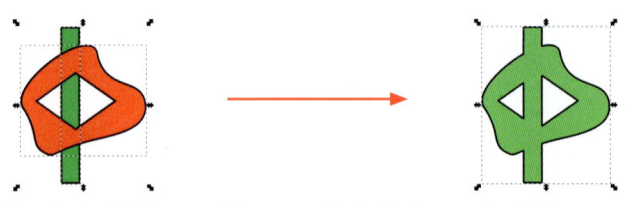

Ergebnis: Beide werden unter Beibehaltung der Differenz vereinigt.

Gesetzliche Bestimmungen

Über die rechtlichen Aspekte, auf die du beim Einsatz von Grafikerzeugnissen achten musst, hast du dich bereits ausführlich im Kapitel „Informationsbeschaffung und -präsentation" im Buch „Informationstechnologie · Grundwissen" (S. 129 bis 132) informiert.

Urheberrecht:
Nach dem Urheberrechtsgesetz (UrhG) genießen die Urheber von Werken der Literatur, Wissenschaft und Kunst für ihre Werke Schutz. Dazu gehören u. a. Werke der angewandten Kunst (z. B. Grafiken, Illustrationen) und Entwürfe solcher Werke und Lichtbildwerke (Fotografien). Geschützt wird der Urheber in seiner Beziehung zum Werk etwa durch die Angaben der Quelle und des Autors.
Auch die Nutzung oder eine angemessene Vergütung für die Nutzung und Veröffentlichung soll das Urheberrecht dem Urheber sichern.

> Ein gefundenes Werk darfst du im Unterricht, aber nicht bei Veranstaltungen von Schulen verwenden und auch nicht öffentlich präsentieren.

10. Diskutiere mit deinen Mitschülern darüber, ob die oben abgebildete Grafik hier eine humoristische Bearbeitung einer weltweit bekannten deutschen Marke ist?
Oder ist es hier im Buch eine Entstellung, die die Interessen des Urhebers oder Nutzers gefährden? Informiere dich darüber auch im Internet.

11. Auch eine IT-Technik wird mit den Buchstaben APIPA abgekürzt. Recherchiere im Internet wozu und wo das APIPA-Protokoll eingesetzt wird.

Persönlichkeitsrecht:

Ein grundlegendes Persönlichkeitsrecht ist das Recht am eigenen Bild (der Abbildung einer Person). Im Kunsturheberrechtsgesetz (§ 22 KunstUrhG) ist festgelegt, dass Bildnisse nur mit Einwilligung des Abgebildeten verbreitet oder veröffentlicht werden dürfen. Du darfst z. B. ein Foto, das einen deiner Mitschüler zeigt, nicht im Internet oder in anderen Medien verbreiten. Es ist die Einwilligung der Person und bei Minderjährigen auch die der Eltern unbedingt erforderlich.

12. Ausnahmen sind im § 23 des KunstUrG geregelt. Informiere dich darüber im Internet.

> Ohne Einwilligung der abgebildeten Personen darfst du keine Fotos verbreiten oder veröffentlichen.

Computergrafik zeichnen

Ein Logo nach eigenen Entwürfen erstellen z. B. für einen YouTube-Channel, die Schülerzeitung, Schulhomepage oder euer Wahlfach, war deine Ausgangsidee. Eventuell hast du dafür bereits erste Skizzen zu Papier gebracht. Schnell merkst du, dass die Pfade deines Entwurfs viel komplexer werden als du sie mit einfachem Manipulieren von Grundformen erreichen könntest. Wie kannst du nun deine Papiervorlage nutzen und in Inkscape mit freien Vektorpfaden nachzeichnen?

Kurven-Werkzeug:

Um glatte Kurven zu zeichnen reicht das einfache Freihandlinien-Werkzeug nicht mehr aus, da es Pfade mit extrem vielen Knoten erzeugt, die kaum noch zu steuern sind. Für Pfade mit sauberen Krümmungen nimmt man daher das Kurven-Werkzeug.

Werkzeugleiste [3a]: Kurvenwerkzeug   (oder Umschalt + F6)

Unten siehst du zwei Methoden, um mit dem Kurvenwerkzeug einen geschlossenen Pfad zu zeichnen.
Bei A erzeugte jeder Klick mit der Maustaste eine Ecke ohne Vektoren. Unter B wurde bei jedem Klick die Maustaste gedrückt gehalten, während durch Ziehen zwei gegenüberliegende Vektoren für eine Rundung erzeugt wurden.
Beide Methoden können auch beim Zeichnen eines Pfades im beliebigen Wechsel angewendet werden.

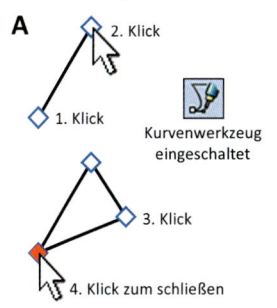

Handhabung:

Ein einfacher Mausklick mit dem Kurvenwerkzeug erstellt einen Ecken-Knoten. Möchtest du eine Kurve zeichnen, musst du die Maustaste gedrückt halten und durch Verschieben der Maus einen Vektor aus dem Knoten ziehen. Danach platzierst du genauso den zweiten Knoten deiner Kurve, usw. bis du deine Form zuletzt genau über dem ersten Knoten schließen kannst.

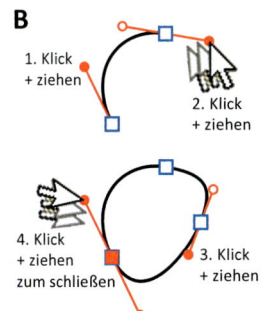

Übung 3: Schlangenwindungen

Bevor wir weiter zum Importieren deiner gescannten Entwurfsskizze für dein Logo voranschreiten, kannst du zunächst deine Fingerfertigkeit im Umgang mit dem Kurvenwerkzeug an dieser kleinen Übung trainieren.

13. Zeichne mit dem Kurvenwerkzeug eine Schlange mit mehreren Windungen in beliebiger Größe und Farbe.

14. Finde heraus, wie man im Ebenenfenster Ebenen umbenennen kann.

Tipp: Im Ebenenfenster kannst du mit dem blauen Plus eine neue Ebene hinzufügen und mit dem blauen Minus aktive (markierte) Ebenen löschen.
Mit den grünen Pfeilen lassen sich die Ebenen in ihrer Anordnung zueinander verschieben. Der grüne Pfeil nach oben mit Balken bringt die aktive Ebene ganz nach oben und der nach unten gerichtete mit Balken bringt sie ganz nach unten. Die grünen Pfeile ohne Balken sind dazu da, die aktive Ebene nur eine Position weiter nach oben bzw. nach unten zu verschieben.
Aber im Ebenenfenster lassen sich nur die Ebenen selbst verschieben, aber nicht deren Inhalte von einer in eine andere Ebene.

15. Suche im Menü [1] nach Funktionen, mit denen man Objekte und Pfade zwischen den Ebenen hin und her tauschen kann.

gescannte Bleistiftskizze eines frühen Entwurfs

Vorlage importieren

Dein Vorlagenbild legst du am besten in eine eigene Ebene, die du sperren und damit ein unbeabsichtigtes Verschieben verhindern kannst. Die Ebenen liegen wie ein Stapel transparenter Folien übereinander, die dabei unterschiedliche Inhalte aufnehmen können. Sie lassen sich getrennt bearbeiten und verschieben. Die oberste Ebene liegt im Vorder- und die unterste im Hintergrund.

Ebenen:
Das Ebenenfenster öffnest du wie folgt:

Im Menü [1]: Ebene → Ebenen… (oder Umschalt + Strg + L)

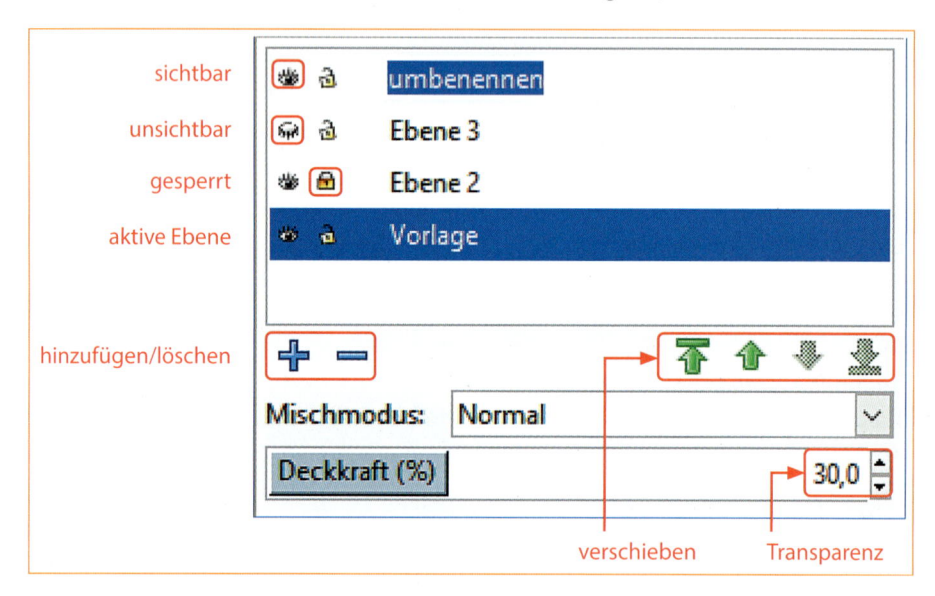

Mit Ebenen zu arbeiten hat viele Vorteile. Du kannst Ebenen hinzufügen und löschen, sie umbenennen, schrittweise oder ganz nach oben oder unten verschieben. Die jeweils aktive Ebene lässt sich auch gegen Bearbeitung schützen und wieder aufsperren, unsichtbar und wieder sichtbar schalten oder in ihrer Deckkraft zu einem bestimmten Anteil durchsichtig machen.

Pixelbild importieren:
Lege eine neue Ebene an und benenne sie mit dem Namen Vorlage. Achte beim folgenden Importieren darauf, dass deine Ebene Vorlage die aktive Ebene ist.

Im Menü [1]: Datei → Importieren… (oder Strg + I)

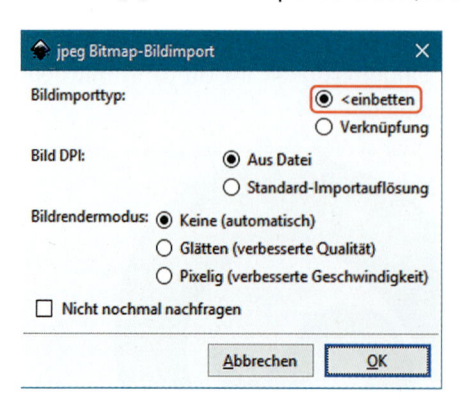

Wähle im Dialogfenster für die Art des Bildimports „einbetten". Damit lässt sich deine gescannte Vorlage innerhalb der Inkscape-Datei mitspeichern.

Platziere die Skizze wie gewünscht auf der Seite und sperre danach die Ebene Vorlage. Durch Mindern der Ebenendeckkraft, kannst du beim Nachzeichnen klarer einen Unterschied zwischen den skizzierten Linien und den Pfaden sehen.

Logo erstellen

Nun kannst du mit dem Kurvenwerkzeug aus der Werkzeugleiste [3a] dein Logo nachzeichnen. Dazu solltest du in einer neuen Ebene arbeiten, die über der Ebene Vorlage liegt.

Beispiel „Chess Knights":
Die Schülerinnen und Schüler des Wahlfachs Schach, die sich die „Chess Knights" nennen, wollen im folgenden Beispiel ihr neu entworfenes Logo als Vektorgrafik erstellen, um es später auf T-Shirts, Kutten, Plakate und in der Schülerzeitung bzw. auf der Schulhomepage verwenden zu können.

gescannte Vorlage **Chess Knights**
Design: Wieland N. Stelzer

Schritt 1
Achte beim Nachzeichnen mit dem Kurvenwerkzeug darauf, so wenig Knoten wie möglich zu verwenden. Im Beispiel sind Ohr und Kopf zwei Pfade, die mit Vereinigung (im Menü [1]: Pfad) noch verschmolzen werden. Dafür sollten sich beide Formen ein wenig überschneiden.

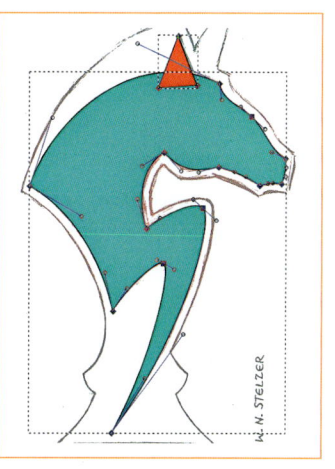

Schritt 2
Eine Außenhülle kann man mit der Funktion Verbundener Versatz (im Menü [1]: Pfad) beginnen. Am Ziehpunkt lässt sich manuell die Größe einstellen.

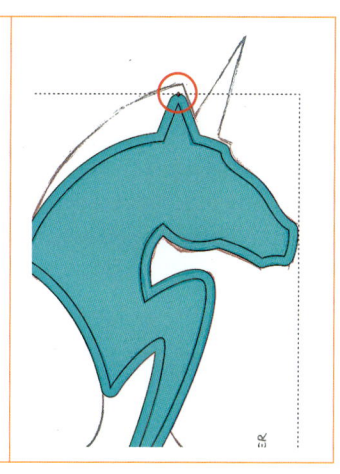

Schritt 3
Das neue Objekt Versatz wird in einen Pfad umgewandelt, damit er über Knoten zur Außenhülle gestaltet werden kann. Nachdem dann das Horn gezeichnet ist, wird es durch Vereinigung (im Menü [1]: Pfad) mit der Außenhülle verschmolzen.

Schritt 4
Der Fuß wird mit zwei Kreisen begonnen, die bis zur Mitte rechteckig erweitert werden.
Der obere Teil bekommt einen Versatz wie in Schritt 2, der dann auch in einen Pfad umgewandelt wird.

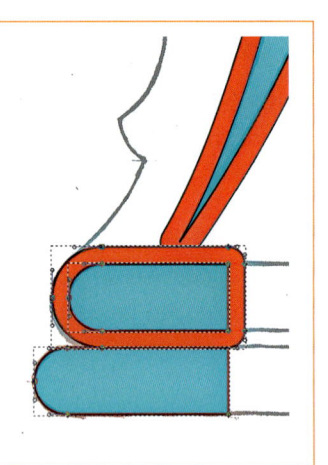

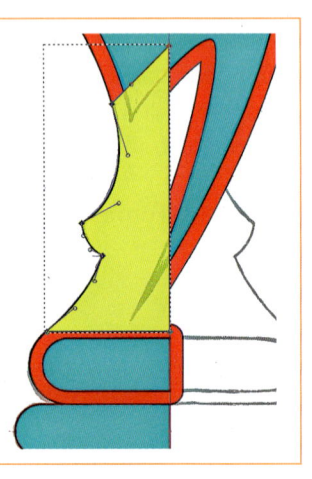

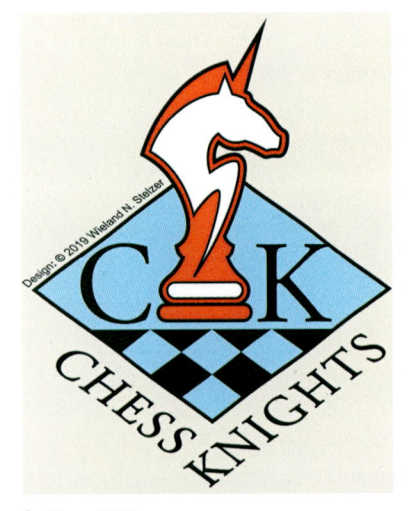

fertiges CK-Logo:
© 2019 Wieland N. Stelzer

Schritt 5
Die Hälfte des Mittelfußes wird mit so wenig Knoten wie möglich mit dem Pfadwerkzeug gezeichnet, um danach mit dem Versatz aus Schritt 4 durch Vereinigung verschmolzen zu werden.

Schritt 6
Der halbe Mittelfuß wird dupliziert, gespiegelt und das Duplikat nach rechts verschoben. Vor der Vereinigung beider Mittelfußteile wird durch verschieben einzelner Knoten eine Überschneidung erzeugt.

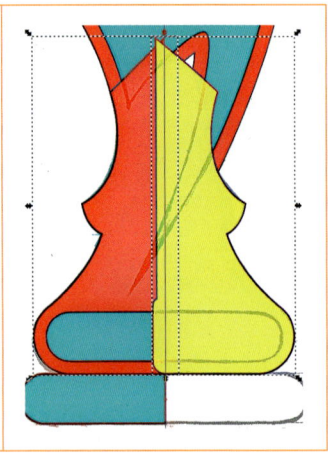

Schritt 7
Mit den unteren Fußelementen wird genauso verfahren wie mit dem Mittelfuß in Schritt 6. Dieser kann dann durch Vereinigung mit der Außenhülle des Kopfs verschmolzen werden.

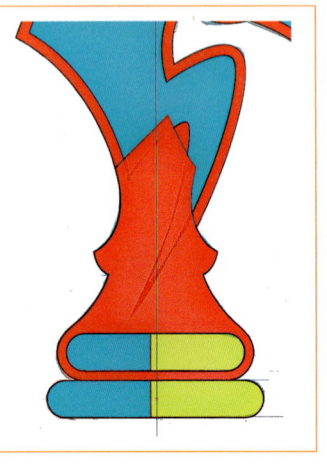

Bild exportieren

Verwendungszweck:
In Inkscape und anderen Vektorgrafikprogrammen ist es üblich, Vektordateien im Format SVG (Scalable Vektor Graphics) zu speichern. Diese SVG-Dateien können z. B. direkt von jedem Internet-Browser wie Firefox, Chrome usw. dargestellt werden. Deshalb ist es für Webdesigner unkompliziert eine Vektorgrafik im SVG-Dateiformat auf einer Internetseite einzubinden. Doch für gedruckte Plakate, Broschüren, Werbe-Flyer und ähnliche Erzeugnisse ist es häufig notwendig eine Vektorgrafik zusätzlich als Pixelbild zu haben. Hier kommt die Funktion zum Exportieren von Bitmap-(Pixelraster-)Bildern zum Einsatz.

In Inkscape findest du sie im Menü [1]: Datei → PNG-Bild exportieren…

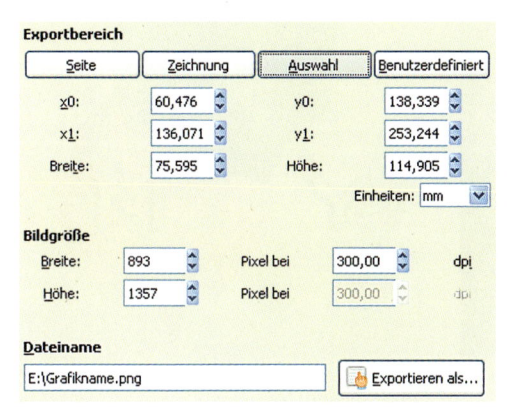

Im Export-Fenster kannst du den Exportbereich festlegen.
Bereich Seite: Alles, was sich auf ihr befindet.
Bereich Zeichnung: Alles, auf der kompletten Leinwand.
Bereich Auswahl: Nur das, was im Feld deiner zuvor getroffenen Auswahl liegt.

Außerdem kannst du im gleichen Fenster die Größe für das Pixelbild festlegen und unter Dateiname den Pfad angeben, wohin es gespeichert werden soll, sowie dem Bild einen Namen geben.

Dateiformate für Bilder

Pixelformate:

Format	Speicher-methode	Kompression	Qualität	Datei-größe	Verwendungszweck
TIFF	Pixel-raster	keine bis gering	verlust-frei	groß	Fotos in RGB oder CMYK für den Druck
PNG	Pixel-raster	hoch	verlust-frei	mittel	Grafiken in RGB, keine Animationen, Transparenz möglich
JPEG	Pixel-raster	hoch bis sehr hoch	Verlust	klein	Fotos, Web
GIF	Pixel-raster	hoch bis sehr hoch	Verlust, max. 256 Farben	klein	2-D-Grafiken und Animationen im Web, Transparenz möglich

Vektorformat:

Format	Speicher-methode	Kompression	Qualität	Datei-größe	Verwendungszweck
SVG	Vektor	keine	verlust-frei	sehr klein	2-D-Grafiken skalierbar in alle Größen

16. Erörtere den Zusammenhang von Kompression, Qualität und Dateigröße eines Dateiformats. Vergleiche Kompression, Qualität und Dateigröße von PNG mit denen der anderen Formate.
Diskutiere die Vor- und Nachteile der Unterschiede mit deinen Mitschülerinnen und Mitschülern.

Kompression = Reduzierung der Datenmenge. Um digitale Bilder in ihrem Bedarf an Speicherplatz kleiner zu bekommen, werden bei den meisten Kompressionsarten alle Pixel mit ähnlichen Farben nun mit derselben Farbe gespeichert. Zugunsten der kleineren Datenmenge gehen viele Farbtöne unwiderruflich verloren.

Grundwissen

- **Urheberrecht**
  Eine gefundene Grafik oder ein gefundenes Foto darfst du privat oder in einer Unterrichtsstunde nutzen, aber nicht bei Veranstaltungen von Schulen oder öffentlichen Präsentationen verwenden.

- **Farbmodelle**

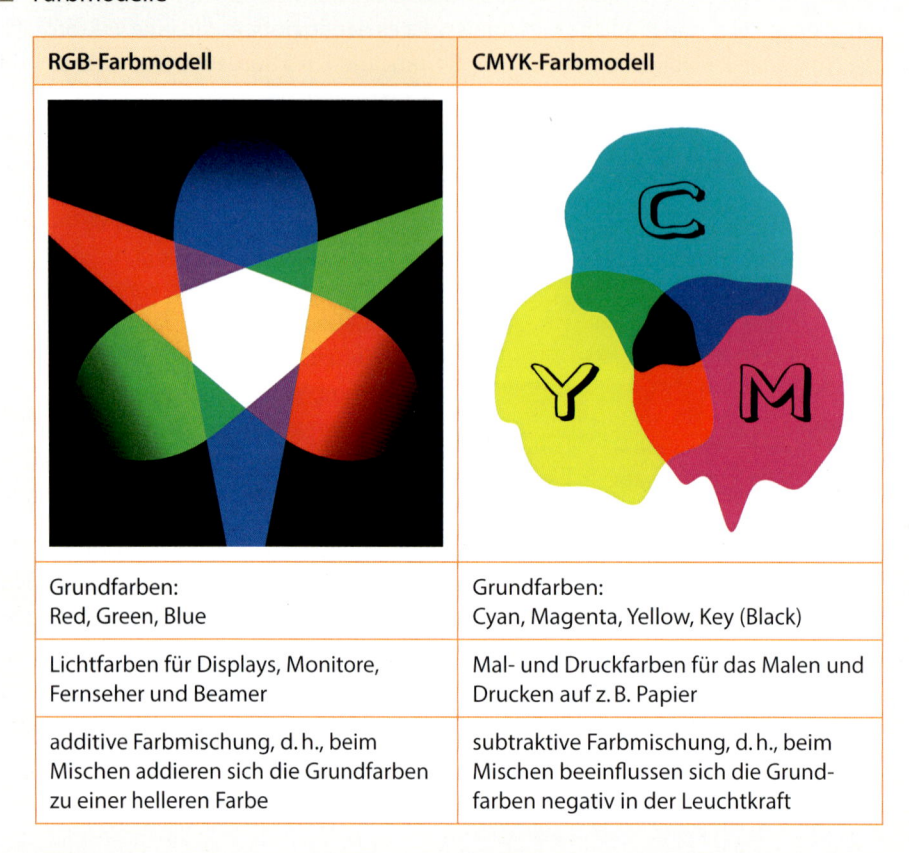

RGB-Farbmodell	CMYK-Farbmodell
Grundfarben: Red, Green, Blue	Grundfarben: Cyan, Magenta, Yellow, Key (Black)
Lichtfarben für Displays, Monitore, Fernseher und Beamer	Mal- und Druckfarben für das Malen und Drucken auf z. B. Papier
additive Farbmischung, d. h., beim Mischen addieren sich die Grundfarben zu einer helleren Farbe	subtraktive Farbmischung, d. h., beim Mischen beeinflussen sich die Grundfarben negativ in der Leuchtkraft

Da sich bei Mal- und Druckfarben aus den Grundfarben CMY nur im Idealfall ein tiefes Schwarz mischen lässt, ist es notwendig eine Farbe aus schwarzen Pigmenten als Schlüsselfarbe K (Key) hinzuzufügen.

- **Merkmale**

	Pixelgrafik	Vektorgrafik
Speicherkonzept	gespeichert wird die Lage und Farbe jedes der vielen tausend Pixel in einem Raster	gespeichert werden die wenigen Knoten, Vektoren, Füllfarben und Konturen
Skalierbarkeit	wird schnell unscharf, pixelig und verliert an Details	wird neu berechnet, Formumrisse und Details bleiben in allen Größen glatt und scharf
Verwendung	räumliche und realistische Darstellungen wie z. B. Fotos und 3-D-Grafiken	2-D-Grafiken wie Illustrationen, Infografiken, Marken- und Schriftzeichen und Logos
Programme	Affinity Photo, Photoshop, Artweaver, GIMP	Affinity Designer, Illustrator, Corel Draw, Inkscape
Dateiformate	PNG, TIFF, JPEG, GIF	SVG

Zeig was du kannst

1. In der unten aufgeführten Tabelle fehlen die entsprechenden Attributwerte.
   a) Übertrage die Tabelle in ein Tabellenkalkulationsprogramm.
      Zum Mischen der Farben kannst du z. B. ein Vektorgrafik- oder ein Bildbearbeitungsprogramm verwenden.

Rot-Kanal	Grün-Kanal	Blau-Kanal	Farbergebnis
0	0	0	Schwarz
255	255	255	
			Rot
			Magenta
255	255	0	
			Cyan
128	0	128	
128	128	128	
255	170	0	

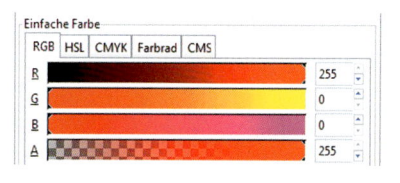

   b) Mische drei weitere Farben, die noch nicht vorkommen, und notiere dir die RGB-Farbcodes. Nenne einem Mitschüler die Werte, die er in ein Grafikprogramm eingeben soll und lass dir von ihm die Farbe nennen.

2. a) Erstelle ein Dekor aus sich wiederholenden Mustern für eine Tapete oder einen Kleiderstoff in einem Vektorgrafikprogramm.
   b) Speichere dein Dekor in einem geeigneten Dateiformat.
   c) Notiere im Anschluss in ein Textverarbeitungsprogramm alle verwendeten Formen mit ihren jeweiligen RGB-Farbcodes und die Werkzeuge, die du zum Erstellen verwendet hast.

3. Zeichne eine humoristische Bearbeitung eines bekannten Marken-Logos oder Firmensignets in einem Vektorgrafikprogramm.
   a) Suche dir als Vorlage im Internet ein Pixelbild des Logos, das du bearbeiten möchtest und speichere es.
   b) Importiere das Pixelbild in eine eigene Ebene deines Vektorgrafikprogramms. Setze die Deckkraft der Ebene mit der Vorlage auf einen Wert von ca. 30 % und sperre sie gegen unbeabsichtigtes Bearbeiten.
      Füge danach eine zweite Ebene über der ersten hinzu, in der du deine Vektorzeichnung erstellen wirst.
   c) Nutze das Kurven-Werkzeug und die Werkzeugsteuerungen des Pfadwerkzeugs, um das Logo nachzuzeichnen, abzuändern und auf humorvolle Weise zu bearbeiten. Vergiss nicht von Zeit zu Zeit, dein Zwischenergebnis im SVG-Dateiformat zu speichern.
   d) Verändere das Originallogo weitgehend und zielgerichtet, und passe auch die Farbtöne an die Idee deiner Abwandlung an.
   e) Schalte die Ebene mit der Vorlage unsichtbar, speichere dein Endergebnis im SVG-Format und exportiere es zusätzlich auch als Pixelbild in einem geeigneten Dateiformat.

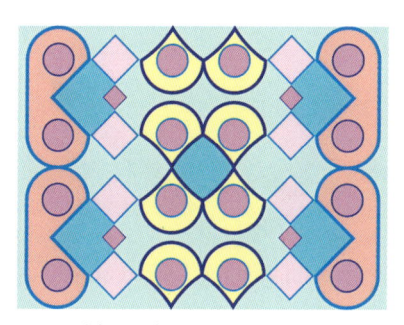

Beispiel für Aufgabe 2. a)

Beispiel für Aufgabe 3.

Beispiel für Aufgabe 4.

4. Erfinde und erstelle ein Wappen für ein Fantasieland bzw. für einen Fantasiestaat oder ein eigenes fantastisches Familienwappen – hier ist fast alles möglich.
   a) Fertige auf Papier verschiedene kleine Skizzen zu deiner Idee. Wähle eine geeignete aus und erstelle davon auf einem DIN A4-Blatt eine saubere und genaue Linienzeichnung. Achte darauf, dass die Linien deutlich zu sehen sind.
   b) Scanne deinen Entwurf als Pixelbild mit einem Flachbettscanner ein.
   c) Importiere in ein Vektorgrafikprogramm deinen gescannten Entwurf als Vorlage in eine eigene Ebene. Setze die Deckkraft der Ebene mit der Vorlage auf einen Wert von ca. 30 % und sperre sie gegen unbeabsichtigtes Bearbeiten. Füge danach eine zweite Ebene über der ersten hinzu, in der du deine Vektorzeichnung erstellen wirst.
   d) Zum Erstellen von Schrift kannst du auch das Textwerkzeug und die Funktionen in seiner Werkzeugsteuerung verwenden. Im Beispiel wurde der Name Astros zusätzlich durch die Funktion Verbundener Versatz im Menü: Pfad mit einer Außenhülle versehen. Auch beim Stern kam diese Funktion zum Einsatz.
   e) Selbstverständlich kannst du auch in mehreren Ebenen arbeiten. Achte beim Nachzeichnen deiner Vorlage mit dem Kurvenwerkzeug darauf, so wenig Knoten wie möglich zu verwenden. Vergiss nicht von Zeit zu Zeit, dein Zwischenergebnis im SVG-Dateiformat zu speichern.
   f) Schalte die Ebene mit der Vorlage unsichtbar, speichere dein Endergebnis im SVG-Format und exportiere es zusätzlich auch als Pixelbild in einem geeigneten Dateiformat.

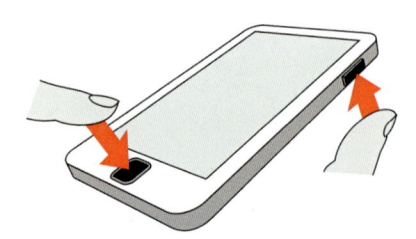

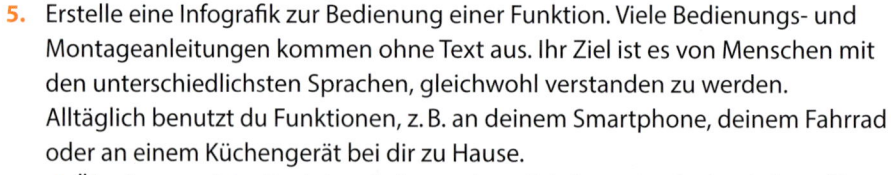

Beispiel für Aufgabe 5: Screenshot

5. Erstelle eine Infografik zur Bedienung einer Funktion. Viele Bedienungs- und Montageanleitungen kommen ohne Text aus. Ihr Ziel ist es von Menschen mit den unterschiedlichsten Sprachen, gleichwohl verstanden zu werden. Alltäglich benutzt du Funktionen, z. B. an deinem Smartphone, deinem Fahrrad oder an einem Küchengerät bei dir zu Hause.
   a) Überlege, welche Funktion du in wenigen Schritten durch eine Infografik anschaulich erklären kannst. Auch eine erdachte Funktion an einer fantastischen Maschine aus deiner Vorstellung ist möglich oder eine besondere Art seine Schnürsenkel zu binden. Mache dir zu deinem Projekt Notizen und Skizzen.
   b) Suche dir im Internet Bildmaterial oder fotografiere und skizziere selbst was du als Vorlagen für deine Infografik brauchst. Montiere in einem Vektorgrafikprogramm aus deinem Material eine Collage, die deiner Idee entspricht in einer Ebene.
   Setze die Deckkraft der Ebene auf einen Wert von ca. 30 % und sperre sie gegen unbeabsichtigtes Bearbeiten. Füge darüber eine zweite Ebene hinzu, in der du deine Vektorzeichnung erstellen wirst. Fahre danach wie in 4. e) und f) fort.

Herzog-Otto-Schule
Design: Wieland N. Stelzer

6. Kopiere euer Schullogo oder entwickle ein neues Design für deine Schule. Gehe dabei wie in den Aufgaben 3., 4. und 5. vor.

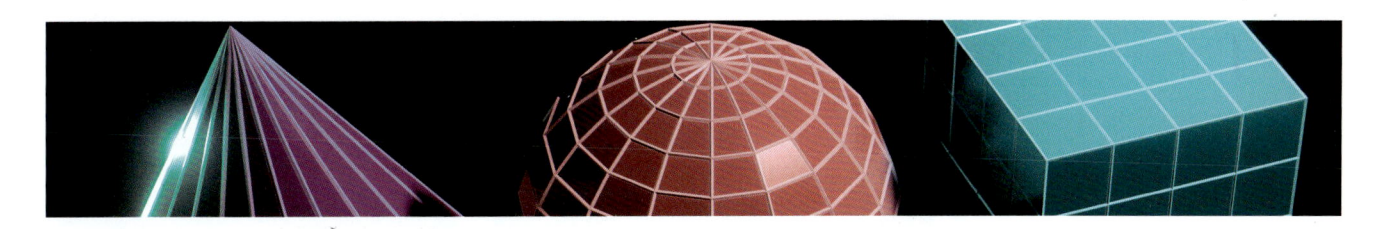

2 Computeranimation

Im folgenden Kapitel lernst du wie du aus einer Vektorgrafik ein 3-D-Modell machen kannst, das sich zudem animieren lässt.
Animationen sind nicht nur im Kino und Fernsehen zu sehen, sondern auch in besonderer Häufigkeit im Internet. Vor allem auf YouTube findest du sie in 2-D und 3-D, die fast immer von ihren Schöpfern am Computer kreiert wurden.

1. Suche im Internet nach der Wortbedeutung Animation und vergleiche dein Ergebnis mit dem deinen Mitschülerinnen und Mitschülern.

Animiertes Intro – Wie geht's?

Ihr wollt vielleicht für euren *YouTube-Channel* ein individuelles und einzigartiges Intro erstellen, bzw. für das Video der *Schüler-Nachrichtensendung auf eurer Schulhomepage,* oder wie die Schülerinnen und Schüler des Wahlfachs Schach, die sich die „Chess Knights" nennen, ein Intro auch für euer *Wahlfach* animieren. Okay, was musst du dafür wissen und können?

3-D-Logo Design: Wieland N. Stelzer

Zwei unterschiedliche Konzepte:
Computeranimationen unterteilt man in Einzelbild- und Vektoranimationen. Bei der Einzelbildanimation muss eine *Abfolge vieler Einzelbilder,* die sich Bild für Bild voneinander unterscheiden, erstellt und gespeichert werden. Dagegen wird bei der Vektoranimation die Veränderung eines Objekts in wenigen Schlüsselpositionen definiert zwischen denen der Computer interpoliert. Dabei werden mithilfe von mathematischen Algorithmen die Zwischenphasen berechnet. Gespeichert werden aber nur die Schlüsselpositionen und ein *Vektorpfad als Steueranweisung für die Interpolation.*

Vorteile von Einzelbildanimation:
Die Einzelbildanimation ist vor allem dafür geeignet, in unserer wirklichen Welt der realen Gegenstände, z.B. Spielzeug, so in einer Abfolge von Einzelbilder zu fotografieren, dass beim schnellen Hintereinanderbetrachten der Fotos die Illusion von Bewegung und Leben entsteht. Auch Zeichnungen auf Papier oder Folien sind reale Gegenstände, weshalb auch der klassische 2-D-Zeichentrickfilm zu den Einzelbildanimationen gehört. Zur Computeranimation wird er nur dadurch, weil die Fotografien am Computer nachbearbeitet und zu einem Video zusammengefügt, berechnet und gespeichert werden.

Das Daumenkino ist eine Einzelbildanimation ohne Computer-Einsatz.

Tipp: Kurze kleinformatige Animationen für das Internet werden meist als Einzelbildanimationen erstellt und im Dateiformat Animated-GIF gespeichert. Mehr darüber erfährst du in diesem Kapitel unter „Einzelbildanimation mit Fotos".

Vorteile von Vektoranimation:
Vektoranimationen sind geeignet, um virtuelle Objekte wie die am Computer erstellten zweidimensionalen Vektorgrafiken oder CAD- und 3-D-Modelle zum Leben zu erwecken. Ein besonderer Vorteil ist, wie schon bei der Vektorgrafik, die auflösungsunabhängige Skalierbarkeit der Objekte. Ein weiterer Vorteil sind auch hier die geringen Dateigrößen. Denn anstatt viele Einzelbilder mit Pixelraster zu speichern, wird jedes Vektorobjekt nur einmal mit dessen Schlüsselpositionen und Vektorpfad gespeichert.

> **Einzelbildanimation** eignet sich für reale Gegenstände, **Vektoranimation** für virtuelle Objekte.

3-D-Navigation und Manipulation

Blender ist ein 3-D-Animationsprogramm, mit dem du professionelle Vektoranimationen erstellen kannst und das, obwohl man es kostenlos aus dem Internet herunterladen und benutzen darf.

1	Menüs
2	Toolbar
3a	3-D-View
3b	3-D-View Header
4	Outliner
5	Properties
6	Timeline

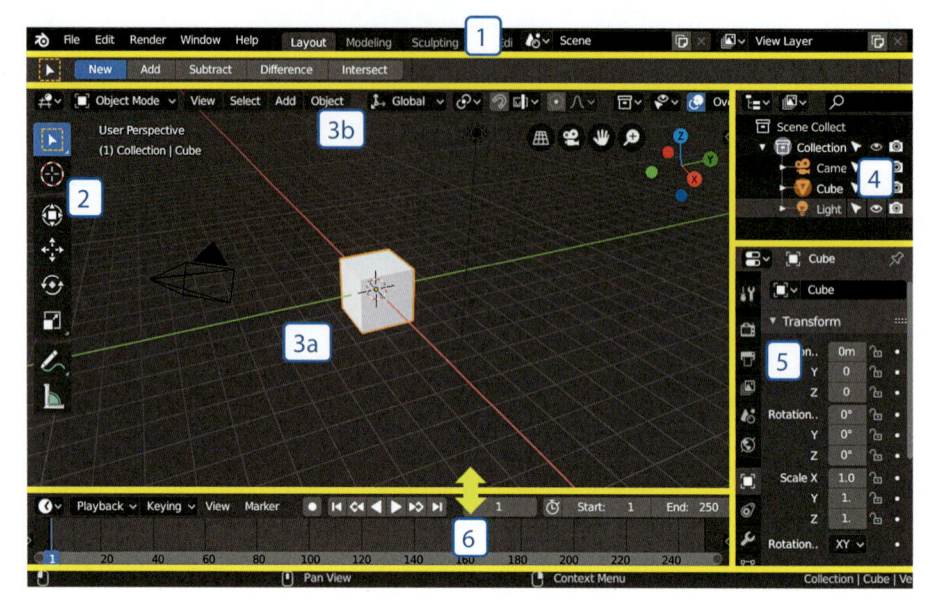

Die Oberfläche von Blender ist in Editoren unterteilt (hier gelb eingerahmt)

Navigation im 3-D-View:
Der Mauszeiger muss sich über dem 3-D-View [3a] befinden!

Drehen der Ansicht:	MMT (Mittlere Maustaste) gedrückt
Zoomen der Ansicht:	MMR (Mausrad drehen)
Verschieben der Ansicht:	Umschalt + MMT gedrückt

Tipp: „Umschalt" meint hier die Umschalttaste, mit der du auch Großbuchstaben schreibst.

Umschalttaste (Shift-Taste)

Objekte löschen und hinzufügen:
Der Mauszeiger muss sich über dem 3-D-View [3a] befinden!

Objekt auswählen → Entf-Taste = entfernen
3-D-View Header [3b]: Add → Mesh ▶ Auswahl treffen

Objekt manipulieren:
Das betreffende Objekt muss ausgewählt sein!

Verschieben des Objekts	Toolbar:		Move-Manipulator mit Ziehachsen *(Pfeile)*	
Drehen des Objekts	Toolbar:		Rotate-Manipulator mit Ziehachsen *(Ringe)*	
Skalieren des Objekts	Toolbar:		Scale-Manipulator mit Ziehachsen *(Würfel)*	

Tipp: Rückgängig = Strg + Z oder Menüs [1]: Edit → Undo

Computeranimation — Kapitel 4

Ansichten des 3-D-Views:
Die verschiedenen Ansichten wie z. B. von oben oder der Seite findest du im
3-D-View-Header [3b]: View → Viewpoint ▶, oder schneller über Tasten:

Ansicht	Taste	
Kamera	0	
User Perspektive ←→ Orthogonal	5	
Vorderansicht	1	auf dem **Nummernblock**
Rechts	3	
Draufsicht	7	
Alles in die Ansicht einpassen	Pos1	

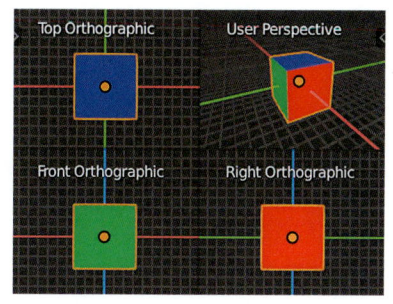

Quad View: Strg + Alt + Q

Vektorpfade in 3-D

Für das folgende Beispiel mit der Schachfigur aus dem Kapitel Computergrafik ist es günstig, wenn ihr Origin (= Ursprung) direkt im Fuß liegt. Dadurch lässt sich der Springer während des Animierens viel besser steuern.

Im Vektorgrafikprogramm Inkscape werden dazu die Dokumenteneinstellungen angepasst.
Inkscape-Menü [1]: Datei → Dokumenteneinstellungen …

Tipp: Die Manipulatoren von Blender setzen immer am Origin (= Ursprung) des 3-D-Modells an.

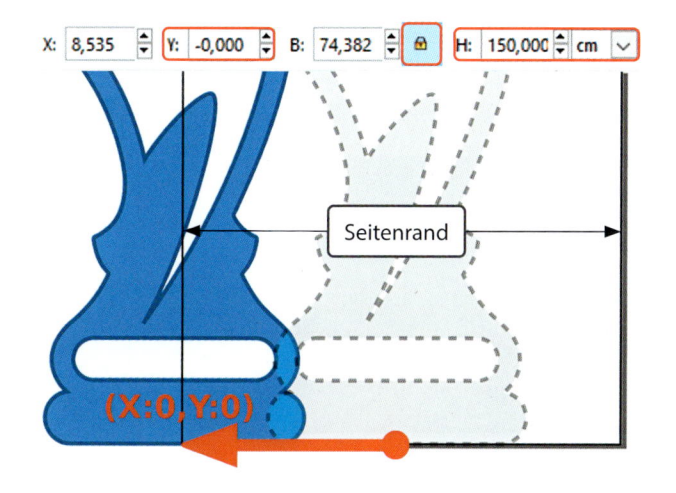

2. Diskutiere mit deinen Mitschülerinnen und Mitschülern. darüber, bei welchen Objekten der Ursprung in der Mitte, am Fuß (s. roten Pfeil im Bild unten) oder außerhalb liegen sollte, um sie besser steuern zu können.

Anzeigeeinheit und Benutzerdefinierte Einheit müssen auf px = Pixel stehen…
…und die Skalierung der Benutzereinheit auf 1,0 Pixel.

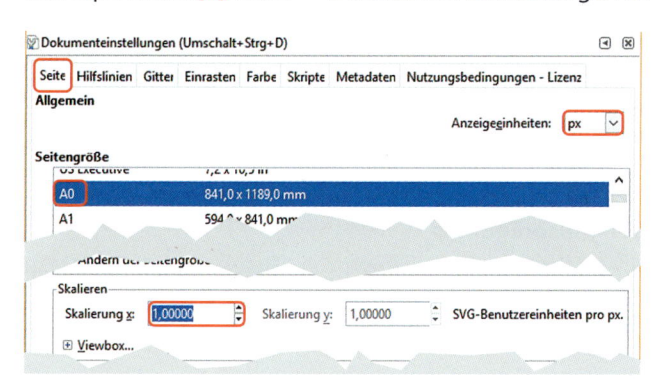

Da Blender Größen in Meter besser darstellt, kann man die Grafik bereits in Inkscape entsprechend vergrößern. Deshalb wird hier für die folgende Skalierung der Grafik zuvor noch die Seitengröße auf DIN A0 eingestellt.

Die Skalierung und Platzierung der Grafik wird dann in Inkscape vorgenommen:
Inkscape-Werkzeugleiste [3a]: Auswahl → Werkzeugsteuerung [3b]:

Wenn das Schloss gesperrt ist, erfolgt die Skalierung von B und H proportional.
Eine Höhe von 150 cm ist nur eine Annahme und kann später in Blender geändert werden.
Die Platzierung der skalierten Grafik erfolgt mit Y: 0…
…und durch das Verschieben in der X-Achse, bis die Mitte des Fußes auf der linken unteren Ecke des Seitenrands steht (= Ursprung der Seite).

In Blender lassen sich SVG-Dateien, die z. B. in Inkscape erstellt wurden schnell und einfach importieren.

Vektorgrafik-Datei importieren:
Blender-Menus [1]: File → Import → Scalable Vector Graphics (.svg)

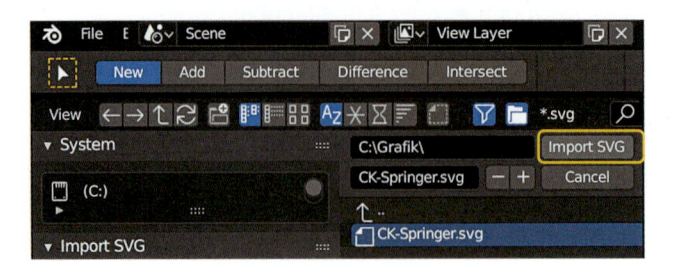

Aufstellen der Grafik in Blender:
Nach dem Importieren sieht man nun die Grafik flach auf dem Gitternetz liegen. Bei Körpern, die ganz oder stellenweise exakt den gleichen Platz einnehmen, kommt es selbstverständlich zu Farbüberlagerungen. Im Outliner erscheint eine neue „Collection" (Ebene). Sie enthält alle „Curves" (Vektorpfade) der Grafik.

Zum Aufstellen der Grafik geht man wie folgt vor:
Im Outliner [4] → die neue „Collection" öffnen → Curve der Grafik auswählen

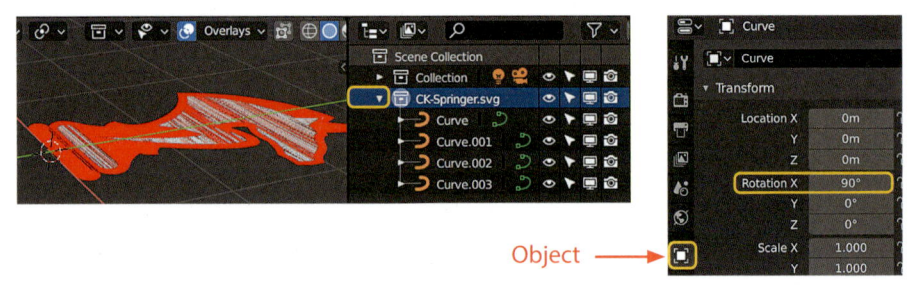

Properties [5] → links: Register „Object" öffnen → „Transform" Panel → Rotation X: 90° → für alle Curves wiederholen

Von 2-D zu 3-D: Extrudieren (Ausprägung):
Die Grafik der Schachfigur wird in die dritte Dimension (Tiefe) ausgeprägt. Dazu werden die Curves nacheinander im jeweils gewünschten Wert extrudiert.
Properties [5]: links: Register „Object Data" → „Geometry" Panel → Extrude

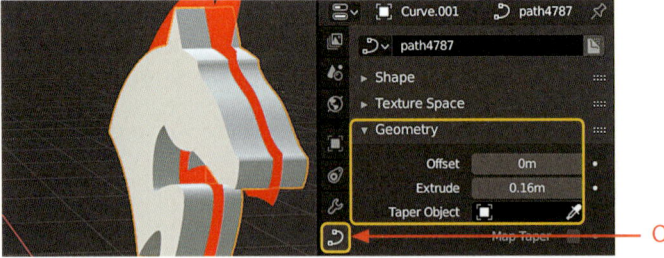

3-D-Modell: Wieland N. Stelzer

Tipp: Materialfarben sichtbar machen: Im 3-D-View Header [3b]: rechts unter „Shading" ▼ Color: Material
Farbe für ein ausgewähltes Curve-Objekt ändern: Properties [5]: unter „Material" → Base Color (Basisfarbe)

Bevel (abgeschrägte Kante):
Properties [5]: Register „Object Data" → „Geometry" Panel → Bevel: Depth (Tiefe)

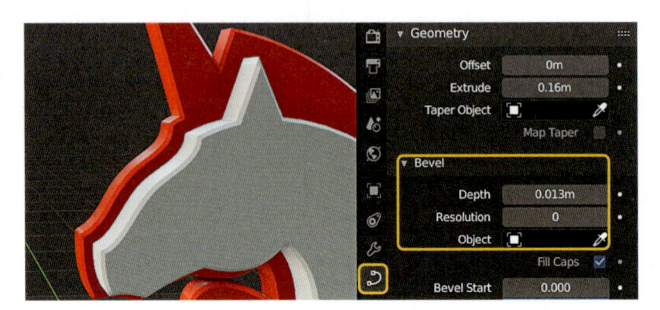

Computeranimation Kapitel 4   127

Speichern einer Blender-Datei:
Menus [1]: File → Save As… (Umschalt + Strg + S)

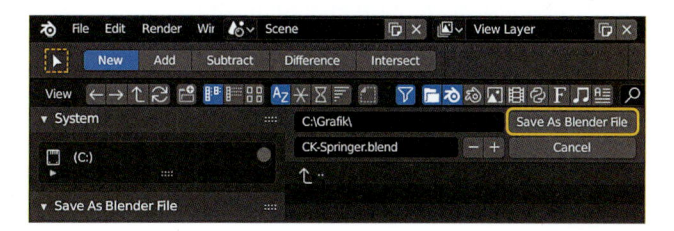

Bewegungsabläufe planen

Storyboard:
Animationen werden häufig in der Form von Storyboards geplant. Ursprünglich waren es Pinnwände, an die man Skizzen nur der aussagekräftigsten Momente einer animierten Story gehängt hat. Darunter befestigte man in Textform kurze Beschreibungen der Geräusche und des Dialogs aus dem Drehbuch und evtl. Anweisungen für Kameraeinstellungen und -bewegungen.
Auch du kannst z. B. dein animiertes Intro in einem kleinen Storybord auf wenigen DIN A4-Papierbögen planen.

Nachdem du dir durch das Storyboard einen Gesamteindruck und -überblick über dein Projekt gemacht hast, solltest du nun jede Szene einer detaillierten Planung unterziehen. Denn die Qualität einer Animation hängt ganz besonders von der Beherrschung und Umsetzung allgemeingültiger Prinzipien ab.

Animationsprinzipien:
Die für jede Art und Form von Animation allgemeingültigen zwölf Prinzipien wurden bereits in den 1930er-Jahren von den Animatoren der Walt-Disney-Studios entdeckt. Auch heute, im Zeitalter der Computeranimation, sind die Animationsprinzipien unverzichtbares Fachwissen und artistisches Handwerkszeug eines Animators.
Im Folgenden soll auf drei der Animationsprinzipien eingegangen werden, mit denen du bereits in der Planungsphase besonders schnell und sehr weitgehend deine Animationen in der Qualität steigern und glaubwürdiger machen kannst.

Animationsprinzip „Pose-zu-Pose":
Pose-zu-Pose nennt man in der Kunst der Animation eine Methode, mit einfachen Skizzen den Aufbau einer Szene zu planen. Dabei unterscheiden wir die Schlüsselbilder (Keyframes) in **Extremes**, **Passing Positions** und **Breakdowns**.
Im Beispiel der Schachfigur soll der Springer eine hüpfende Vorwärtsbewegung machen.

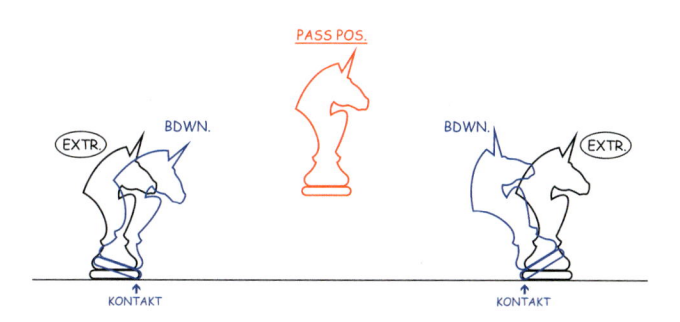

Am Anfang und Ende eines Hüpfers sind die Extremes. Auf ca. halbem Weg die Passing-Position und die Breakdowns sind in diesem Fall der letzte und erste Bodenkontakt. Dazwischen könnte man den Computer interpolieren lassen.

3. Zeichne dir in einem Textverarbeitungsprogramm zwei bis vier kleine leere Bildrahmen auf eine Seite und unter oder neben jeden ein paar Zeilenlinien.
Diese Vorlage kannst du nun beliebig oft ausdrucken und mit deinen Skizzen und Anmerkungen füllen.

Skizze aus dem Storyboard

4. Probiere für deine Planung der Bewegungsabläufe aus, ob du mit handgezeichneten Skizzen oder, ähnlich wie im Beispiel, mit deiner Vektorgrafik im Vektorgrafikprogramm einfacher und schneller Ergebnisse erzielen kannst.

Extremes = Schlüsselbilder (Keys) am Anfang und Ende einer Bewegung oder einer Teilbewegung.
Passing Position = Schlüsselbild (Key) auf ca. halbem Weg zwischen den Extremes.
Breakdowns = Schlüsselbilder (Keys), die Wendepunkte oder sehr markante Posen innerhalb der Bewegung bzw. Teilbewegung sind.

Der Begriff „interpolieren" wird auf Seite 131 erklärt.

Animationsprinzip „Stauchen und Strecken":
In der Kunst der Animation wurde schnell entdeckt, dass man durch Stauchen und Strecken eine lebendigere und flüssigere Bewegung erzeugen kann.

Wichtig ist, dass stets das **gleiche Volumen** erhalten bleibt. Die gestauchte Pose des Springers geht deshalb in der Breite auseinander und die gestreckte Pose muss sichtbar dünner werden. Das ist vergleichbar mit einem luftgefüllten Plastikball. Die Luftmenge bleibt bei jeder Verformung gleich. Der Ball wird dabei nicht kleiner oder größer, nur die Verteilung der Luft im Inneren ändert sich.

✏️ **5.** Recherchiere im Internet über die Fotografien des Pioniers der Fototechnik EADWEARD MUYBRIDGE und begründe, warum diese Arbeiten auch für die Animatoren von heute noch so eine besondere Hilfe sind.

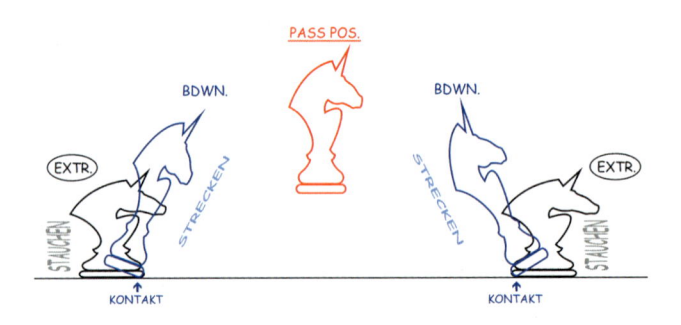

Das Prinzip Stauchen und Strecken wird in die Planungsskizze eingearbeitet. Beim Auftreffen auf den Boden staucht es den Springer durch sein Eigengewicht. Dies gibt ihm zudem die nötige Sprungkraft zum Hochschnellen, vergleichbar mit einer Spiralfeder. In der Aufwärtsbewegung streckt es den Springer in die Länge und erst im Zenit der bogenförmigen Bewegung erreicht er seine normale Form. Doch danach streckt er sich schon wieder für die Landung aus, um das Auftreffen abfedern zu können.

Animationsprinzip „Timing":
Wie viel Zeit für eine Bewegung einzuplanen ist, ist für den Animator eine der wichtigsten Entscheidungen. Sie hängt von den Faktoren Gewicht des Objekts oder der Figur, von dem, was sie will, aber auch von der Persönlichkeit und Stimmung der Figur ab. Ist das Timing zu langsam oder zu gleichförmig, wirkt die Animation nicht glaubwürdig oder gar langweilig. Andererseits, wenn die Figur in ihrer Vorbereitung auf die Bewegung und das Ergebnis zu kurz zu sehen sind, kann der Zuschauer nicht wahrnehmen, was vor sich geht. Die Reaktionen sind Verwirrung und Ablehnung. Das gute Gespür eines Animators für das richtige Timing basiert auf seinen Beobachtungen realer Vorgänge und seiner Erfahrung.

> Animationsfilme haben meist die **Standardbildrate** von 24 Bilder/Sekunde.

🪄 **Tipp:** Ein echter Richtwert lässt sich an jemandem, der mit zusammengehaltenen Beinen hüpft, beobachten und mit einer Stoppuhr messen.

Wenn die Springer-Figur in zwei Sekunden drei Hüpfer machen soll, sind das für einen Hüpfer 16 Bilder.

✏️ **6.** Miss die Zeit, die für einen Schritt beim Gehen benötigt wird.

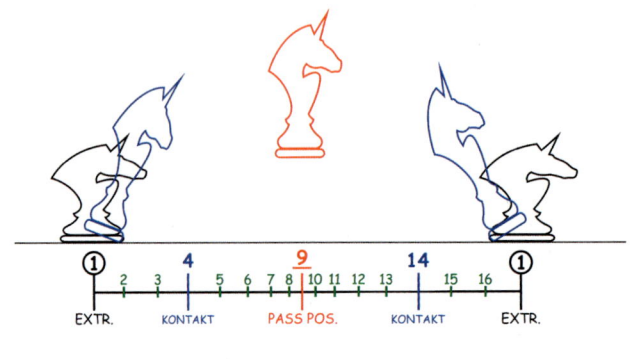

🪄 **Tipp:** Die Pose bei Bild 17 gleicht der von 1 und wird als Beginn des nächsten Hüpfers gezählt.

Die (Inbe-)tweens können wir vom Computer in Blender interpolieren lassen.

Vektoranimation mit Keyframes

Objekte des 3-D-Modells auswählen:
Toolbar [2]: Select Box → Auswahlrechteck um das 3-D-Modell aufziehen, so dass alle Teile, die in die Bewegung einbezogen werden sollen, eingerahmt sind. Während des Animierens muss das vollständige Modell ausgewählt bleiben.

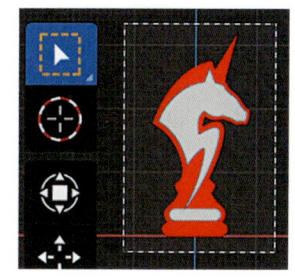

SelectBox-Tool

Schritt 1:
In der Timeline [6] befinden sich Bedienelemente zum Abspielen, Vorwärts-springen usw. wie bei einem Videoplayer. Hier wird das End-Frame auf 17 ein-gestellt. Wenn du die Zahl anklickst, kannst du sie überschreiben.
Du kannst in der Timeline den Ausschnitt von 1–17 zoomen (Mausrad) und verschieben (Mittlere Maustaste). Der blaue Time-Cursor lässt sich mit der rechten Maustaste verschieben.

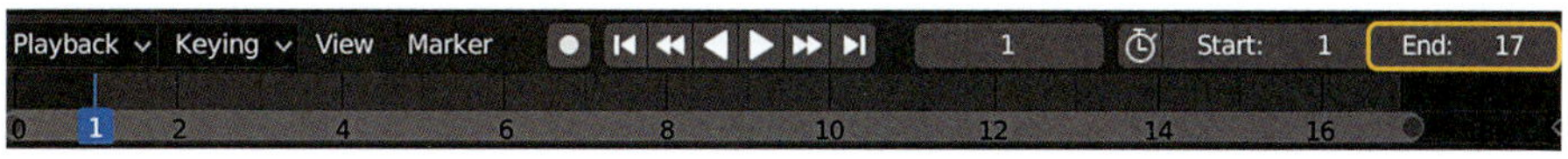

Ergebnis Schritt 1

Schritt 2:
Im 3-D-View [3a] wird die Vorderansicht (Nummernblock Taste 1) eingestellt, um die Sprungweite und -höhe besser einschätzen zu können.
Ist die Figur ausgewählt ohne sie zu verändern, kann der erste Key (Schlüsselbild) auf Frame 1 für Location, Rotation und Scale eingefügt werden:
Time-Cursor auf 1, dann muss sich der Mauszeiger über dem 3-D-View [3a] befinden: Taste I (für Insert) → Insert Keyframe Menu: LocRotScale auswählen
Das Gleiche wird danach für einen weiteren Key auf Frame 4 wiederholt.

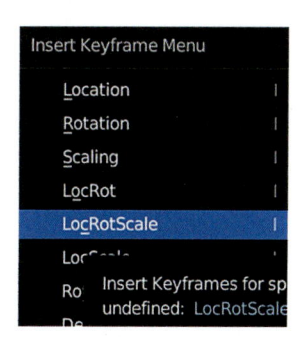

Taste I drücken öffnet das **Insert Keyframe Menu** wenn sich der Mauszeiger dabei über dem 3-D-View [3a] befindet.

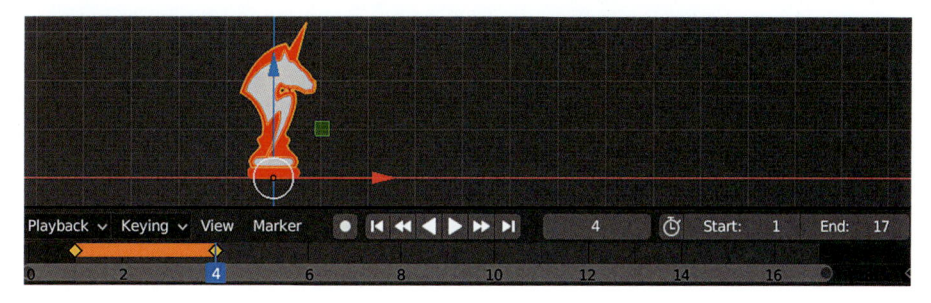

Tipp: Wenn beim selben Objekt von einem Key zum nächsten Key auf der Timeline keine Veränderung in der Position, Form, Drehung usw. stattfindet, wird von Blender zwischen ihnen ein oranger Balken angezeigt.

Ergebnis Schritt 2

Schritt 3:
Nun zur Animation der Sprungweite. Der Time-Cursor wird erst auf Frame 14 gestellt, dann der Springer mit dem Move-Manipulator (Toolbar [2]) verschoben. Seine Position soll auf Frame 14 bereits die gleiche wie auf Frame 17 sein.
Bei Frame 14 wird, wie in Schritt 2 beschrieben, ein Key (LocRotScale) eingefügt.
Das Gleiche wird sodann für einen weiteren Key auf Frame 17 wiederholt.

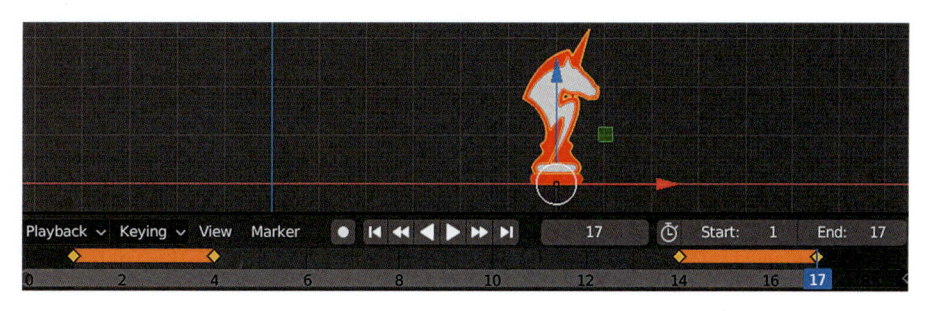

Ergebnis Schritt 3

Schritt 4:

Jetzt ist die Sprunghöhe dran. Wenn der Time-Cursor auf Frame 9 gezogen wird kann man den Springer bereits fahren sehen.

Nachdem der Time-Cursor auf Frame 9 platziert ist, wird der Springer in die Höhe verschoben und ein Key (LocRotScale) eingefügt.

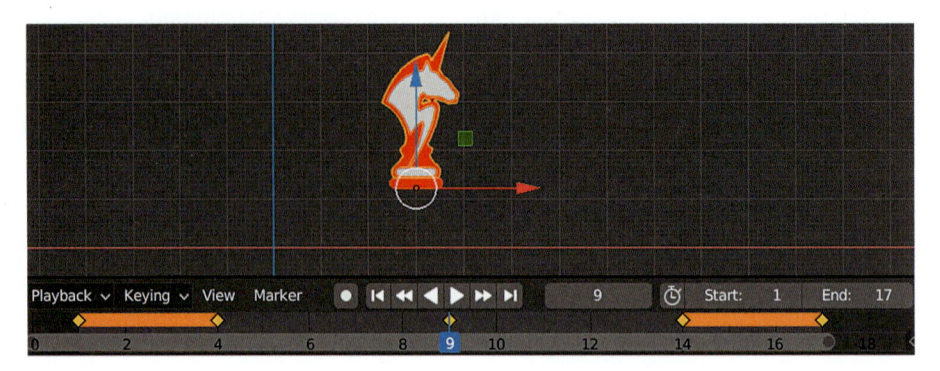

Ergebnis Schritt 4

Schritt 5:

In diesem Schritt soll der Springer auf Frame 1 und 17 gestaucht werden.

Zunächst wird der Time-Cursor auf Frame 1 gestellt, dann der Springer mit dem Scale-Manipulator (Toolbar [2]) kleiner aber dafür breiter skaliert. Danach wird für den bereits vorhandenen Key ein neuer Key (LocRotScale) eingefügt.

Anschließend wird das Gleiche für einen neuen Key auf Frame 17 wiederholt.

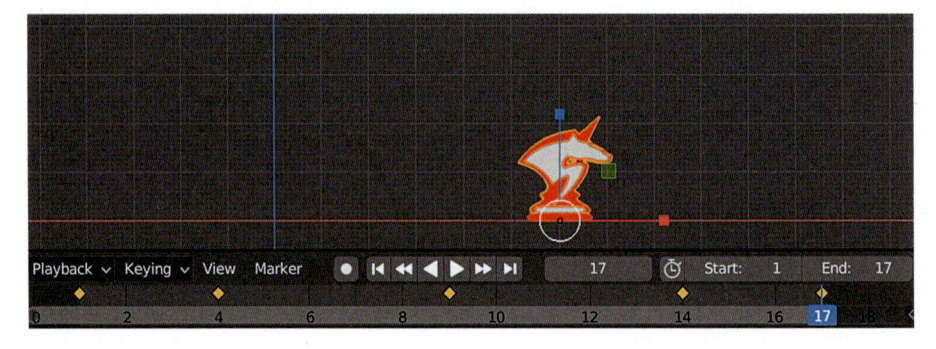

Ergebnis Schritt 5

Schritt 6:

Nun wird auf Frame 4 und 14 der Springer gestreckt.

Der Time-Cursor wird auf das Frame 4 gezogen, dann der Springer mit dem Scale-Manipulator (Toolbar [2]) größer aber dafür dünner skaliert. Auch hier muss für den bereits vorhandenen Key ein neuer Key (LocRotScale) eingefügt werden.

Nachfolgend wird das Gleiche für einen neuen Key auf Frame 14 wiederholt.

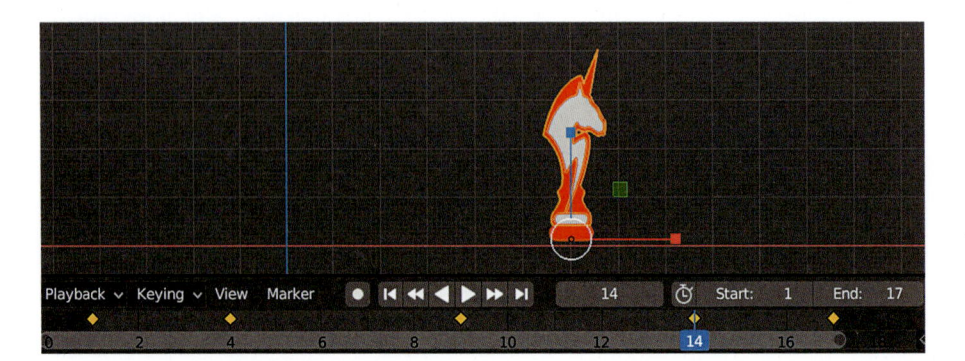

Ergebnis Schritt 6

Schritt 7:
In den letzten beiden Schritten muss der Springer noch gedreht werden.
Nachdem der Time-Cursor auf Frame 4 gebracht ist, wird der Springer mit dem Rotate-Manipulator (Toolbar [2]) in Sprungrichtung gedreht und soweit angehoben (Move-Manipulator), dass er gerade noch Bodenkontakt hat. Danach wird für den bereits vorhandenen Key ein neuer Key (LocRotScale) eingefügt.

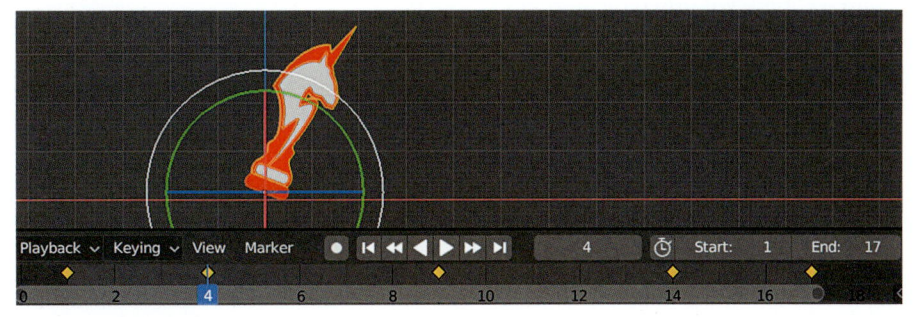

Ergebnis Schritt 7

Schritt 8:
Zuletzt wird der Springer auf Frame 14 mit dem Rotate- und Move-Manipulator so in Pose gebracht, dass er wieder ersten Bodenkontakt hat und für den bereits vorhandenen Key ein neuer Key (LocRotScale) eingefügt.

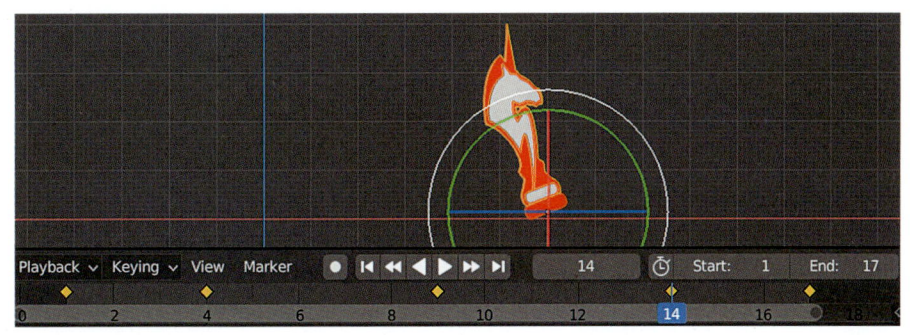

Ergebnis Schritt 8

Animationsprinzip „Beschleunigen und Verlangsamen":
Ein Animationsprogramm interpoliert zwischen den Keys. Damit ist das automatische Einfügen von Zwischenbildern (Inbetweens) zwischen den markanten Posen und Wendepunkten (Keys) einer Bewegung gemeint. Beim klassischen, handgezeichneten Trickfilm legte der Animator fest, wie sehr sich die Zwischenbilder mehr der einen oder der anderen Key-Pose ähneln sollen, weil das der Bewegung einen bedeutenden Unterschied gibt.

Tipp: 3-D-Animationsprogramme wie Blender interpolieren in ihrer Standardeinstellung eine Bewegung langsamer, je näher sie an einem Key (davor und danach) ist. Doch manchmal braucht man den umgekehrten Fall, z. B. eines explosiven Abspringens weg von einem Key wie beim Hüpfen. Deshalb wurde im Beispiel (Springerfigur) nach der Pose auf Frame 1 eine weitere Pose eingefügt (Frame 4), die sich sehr stark von der auf 1 unterscheidet. Der Abstand von 3 Frames ist so gering, dass die automatische Verlangsamung durch den Computer kaum Wirkung entfalten kann aber der starke Unterschied in den Posen die Illusion einer Beschleunigung entstehen lässt.

Natürliche Bewegungen beginnen und enden meist nicht abrupt. Bei einer Beschleunigung aus einer Key-Pose heraus haben die nachfolgenden Zwischenposen von Bild zu Bild zunehmend weitere Abstände voneinander. Zur nächsten Key-Pose verringert man die Abstände der Zwischenposen, um die Bewegung bis zum Halt weich auslaufen zu lassen.

Die Bühne

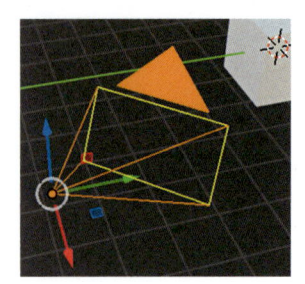

Bildausschnitt suchen:
Die Kamera lässt sich im 3-D-View [3a] auswählen und mit den Manipulatoren aus der Toolbar [2] verschieben, drehen und neigen.
Für die Feineinstellung wollen wir wie ein Kameramann den Bildausschnitt festlegen während wir durch die Kamera schauen.

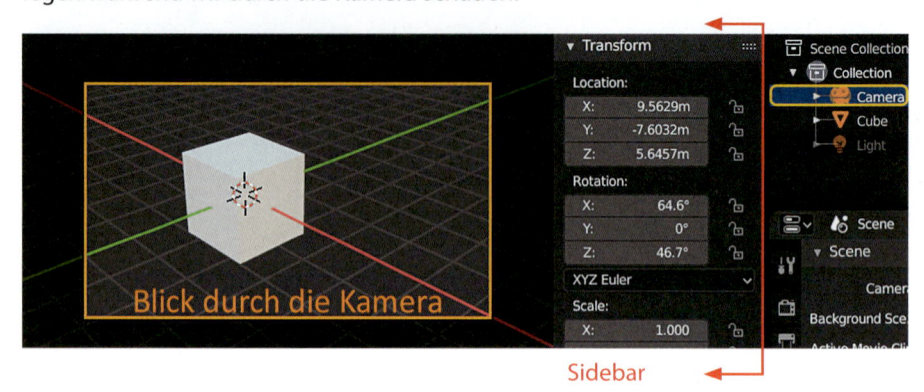

Kamera ist ausgewählt

Sidebar

Stelle im 3-D-View als Ansicht die Kamera ein: Mauszeiger über dem 3-D-View! → Nummernblock Taste 0.
Wähle ggf. im Outliner [4] aus der Collection die „Camera" aus → öffne die Sidebar durch drücken der Taste N (Mauszeiger über dem 3-D-View!) → „Transform" Panel → über die Achsen X, Y und Z für Location und Rotation die Kamera steuern = mit der linken Maustaste auf die Zahl der betreffenden Achse drücken und bei gedrückter Taste die Maus ziehen oder schieben.
Die Kamera lässt sich über das Einfügen von Keys animieren.

Tipp: Die Sidebar lässt sich mit der Taste N auch wieder schließen.
Die Toolbar [2] kann man mit der Taste T öffnen und schließen.

Tipp: Die Linse der Kamera lässt sich bei ausgewählter Kamera in den Properties [5] einstellen → links: Register „Object Data" der Kamera öffnen

Raum und Requisiten:
Eine sehr schnelle Möglichkeit, eine Raumillusion zu erzeugen, ist es, einfach nur eine große Bodenplatte einzufügen.
Im 3-D-View Header [3b]: Add → Mesh ▶ Plane
Toolbar [2]: Scale-Manipulator → Plane skalieren

Mit Planes (Flächen) können auch Wände, z. B. für eine Raumecke, erstellt werden. Oder du entwirfst deine Wände als Vektorgrafiken in einem Vektorgrafikprogramm. Achte dabei auf die Position des Ursprungs, bevor du sie in Blender importierst. Eine weitere gängige Methode ist es, aus Würfeln Wände und andere Gegenstände zu formen. Die anderen Grundformen, die du unter Mesh findest, können ebenfalls zum Erstellen von Requisiten sehr nützlich sein.

Materialfarbe:
Die Funktion, einem ausgewählten Objekt ein Material mit einer bestimmten Farbe zu geben, findest du hier:
Properties [5] → links: Register „Material" öffnen → (New: wenn noch kein eigenes Material vorhanden ist → „Surface" Panel → Use Nodes) → Base Color

Materialfarben im 3-D-View [3a] sichtbar machen:
3-D-View Header [3b]: rechts unter „Shading" ▼ Color: Material

Rendering

In einem Programm für 3-D-Animation nennt man **Rendering** das Errechnen des fertigen Bildes oder Videos.

Vorschau:
Mit der Render-Engine „Eevee" hat Blender einen Realtime-Renderer, d.h., wir können uns in Echtzeit im 3-D-View [3a] anzeigen lassen wie das fertige Bild aussehen wird. Das hilft uns vor allem, die Beleuchtung der Szene interaktiv durchzuführen und auf dem Weg, Entscheidungen spontan treffen zu können.
Die Vorschau kannst du folgendermaßen einschalten:

3-D-View Header [3b]: Anzeigesymbol rechts → **Rendered**

Die Einstellungen für die Render-Engine lassen sich hier anpassen:
Properties [5] → links: Register „Render" öffnen

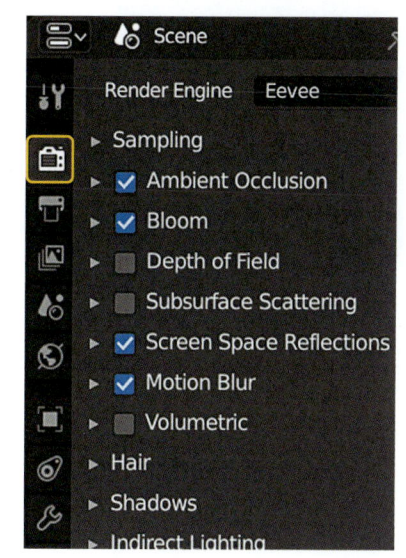

Properties Register „Render"

Beleuchtung:
Ohne Licht bliebe auch die virtuelle 3-D-Welt in tiefschwarzem Dunkel. Damit eine Szene optimal ausgeleuchtet werden kann, sind in einem 3-D-Animationsprogramm immer ganz unterschiedliche Arten von Lichtern vorhanden, die man entweder alleine oder in Kombination miteinander verwenden kann.
3-D-View Header [3b]: Add → Light ▶ Auswahl treffen

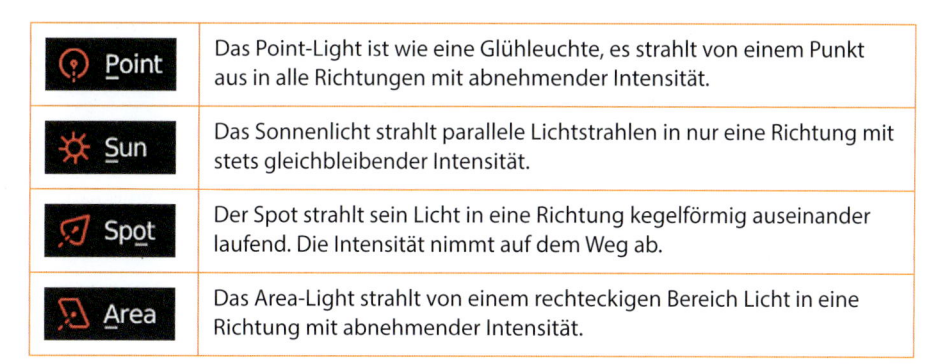

Point	Das Point-Light ist wie eine Glühleuchte, es strahlt von einem Punkt aus in alle Richtungen mit abnehmender Intensität.
Sun	Das Sonnenlicht strahlt parallele Lichtstrahlen in nur eine Richtung mit stets gleichbleibender Intensität.
Spot	Der Spot strahlt sein Licht in eine Richtung kegelförmig auseinander laufend. Die Intensität nimmt auf dem Weg ab.
Area	Das Area-Light strahlt von einem rechteckigen Bereich Licht in eine Richtung mit abnehmender Intensität.

Alle Lichter lassen sich in Ihren Positionen, Ausrichtungen und Bewegungen *genauso wie bereits das Logo* mit Keys animieren.

Des Weiteren lassen sich auch Zu- und Abnahme der Helligkeit sowie Farbwechsel und langsame Farbübergänge animieren. Die Keys für solche Attribute werden aber im Properties-Editor gesetzt.
Time-Cursor auf das gewünschte Frame (Bild) bringen → das Licht auswählen → Properties [5] → links: Register „Object Data" des Lichts öffnen → „Lights" Panel → links neben dem Attribut (z. B. Color) durch Klick auf den weißen Punkt den Key für das Frame setzen

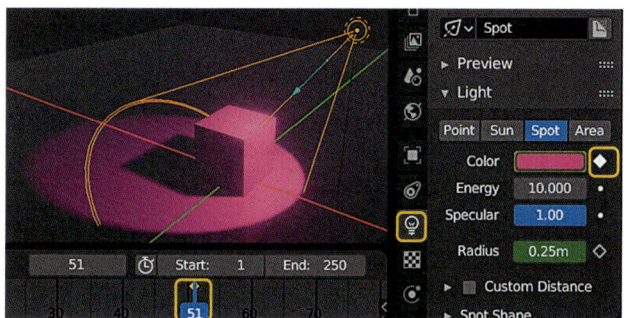

Key auf aktuellem Frame
ohne Key
Key auf anderem Frame

Das Spot-Light strahlt farbiges Licht auf weiße Gegenstände.

7. Komponiere mehrere Spot-Lights so aneinander, dass sie eine bunte Discobeleuchtung simulieren können und animiere deine Lichtgestaltung für drei oder vier Sekunden. Füge in deine Szene eine Bodenplatte ein, auf der du das Lichtspiel sehen kannst.

Ausgabeoptionen:

Ist deine Animation der Szene abgeschlossen, haben alle Objekte, Lichter und die Kamera ihre endgültige Bewegung? Bist du auch mit der Vorschau und den getroffenen Bildausschnitten zufrieden? Dann ist es an der Zeit, dein Video oder deine Stills (Einzelbilder) zu rendern.

Was für ein Seitenverhältnis und welche Bildauflösung soll deine Ausgabe bekommen? In welchem Dateiformat soll wohin gespeichert werden? Diese Einstellungen und mehr lassen sich im Properties-Editor machen.

Properties [5] → links: Register „Output" öffnen →

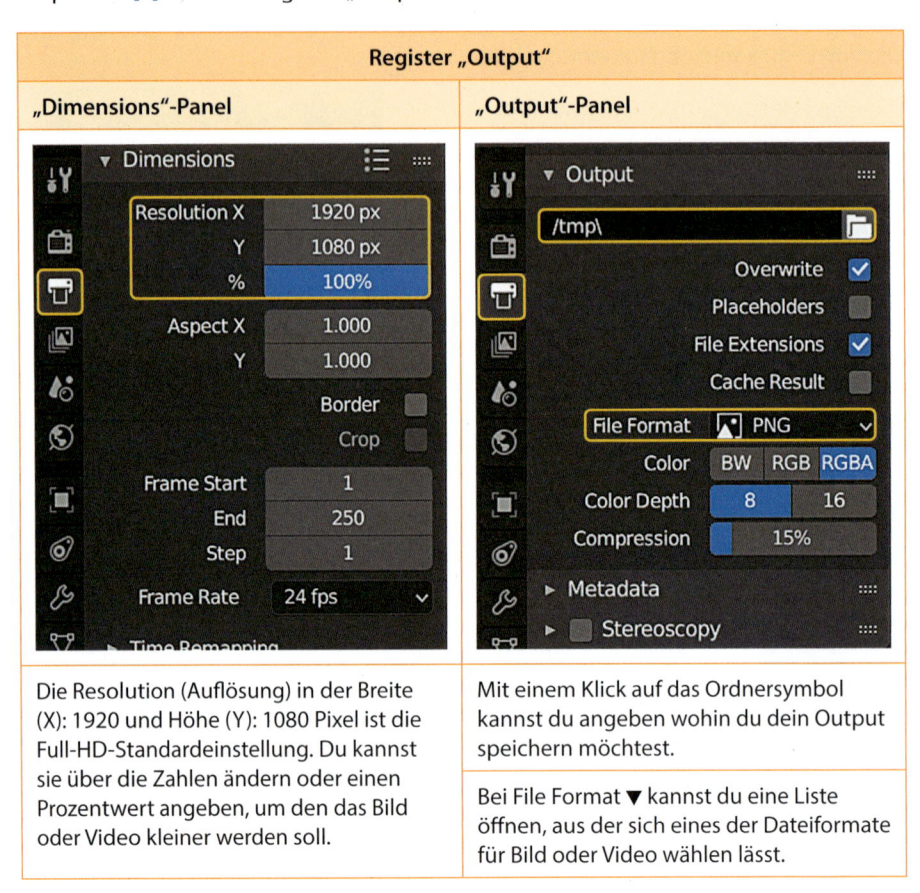

Register „Output"	
„Dimensions"-Panel	„Output"-Panel
Die Resolution (Auflösung) in der Breite (X): 1920 und Höhe (Y): 1080 Pixel ist die Full-HD-Standardeinstellung. Du kannst sie über die Zahlen ändern oder einen Prozentwert angeben, um den das Bild oder Video kleiner werden soll.	Mit einem Klick auf das Ordnersymbol kannst du angeben wohin du dein Output speichern möchtest.
	Bei File Format ▼ kannst du eine Liste öffnen, aus der sich eines der Dateiformate für Bild oder Video wählen lässt.

Es ist ratsam Animationen in einer Abfolge von einzelnen, unkomprimierten Bildern zu rendern und nachfolgend in einem Programm für Videobearbeitung importiert als Video auszugeben. Das hat den Vorteil, dass bei technischen Problemen wie etwa einem Absturz des Systems während des Rendervorgangs trotzdem jedes bereits gespeicherte Bild erhalten bleibt. Während ein Videorendering in solch einem Fall vollständig verloren wäre. Bei kurzen Videos mag das nicht ins Gewicht fallen, aber bei längeren können hier sehr lange Rechenzeiten ergebnislos bleiben.

Dateiexport:

Für ein Einzelbild:
Menus [1]: Render → Render Image (oder F12)
Renderfenster-Menüs: Image → Save As... (oder Umschalt + S)

Für eine Animation (Video oder Bilderfolge):
Menus [1]: Render → Render Animation (oder Strg + F12)
Das Video oder die Bilderfolge wird umgehend an den Ort gespeichert, der im Register „Output" unter dem „Output" Panel angegeben ist.

> **Rendering** nennt man das Errechnen der fertigen Bilder oder des Videos.

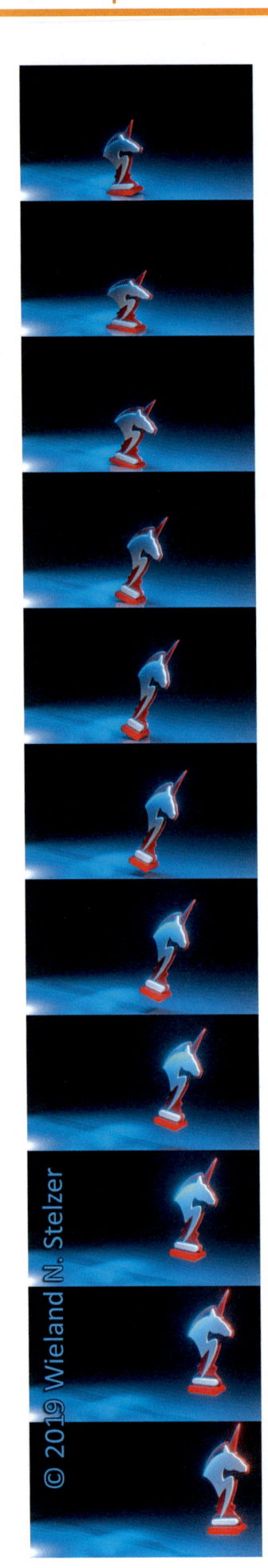

Design: Wieland N. Stelzer

Einzelbildanimation mit Fotos

Kurze kleinformatige Animationen mit realen Gegenständen werden als Einzelbildanimationen erstellt. Solche wirklichen Objekte können z.B. Papierblätter mit Zeichnungen, Spielzeug oder Figuren aus Knetgummi sein. Diese werden Bild für Bild digital abfotografiert und in einem Bildbearbeitungsprogramm zu einer Animation zusammengefügt. Häufig werden Einzelbildanimationen speziell für eine Präsentation im Internet gestaltet und im Dateiformat Animiertes-GIF gespeichert. Dieses Grafikformat kann mehrere Ebenen speichern und sie in einer Abfolge hintereinander abspielen. Man nennt Animated GIFs auch „digitale Daumenkinos" und vergleicht sie gerne mit ihren analogen Vorläufern aus Papier.

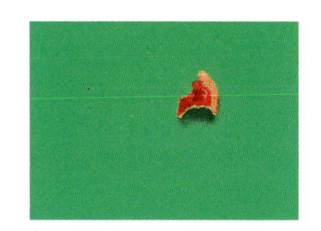

Bildbearbeitungsprogramme wie Affinity Photo, Photoshop, aber auch kostenlose Freeware wie GIMP und Artweaver Free haben in der Regel eine Arbeitsumgebung mit Ebenen und bieten die Möglichkeit Animated GIFs zu speichern.
Da **Artweaver Free** in seinem Funktionsumfang nicht überladen und leicht zu erlernen ist, aber trotzdem in seiner Bedienung sehr den professionellen Programmen in der Medienbranche gleicht, soll hier exemplarisch mit ihm der Weg zu einer digitale Einzelbildanimation gezeigt werden.

Ebenen organisieren:
Für das Beispiel mit dem Marmeladentoast, der auf 14 Bildern von einem Geist aufgegessen wird, werden die ersten zwei Fotos in Artweaver Free geöffnet.
Menü: Datei → Öffnen… (oder Strg + O)

Foto 02 wird in die Zwischenablage kopiert:
Foto 02 im Vordergrund → Menü: Auswahl → Alle (oder Strg + A) → Menü: Bearbeiten → Kopieren (oder Strg + C)

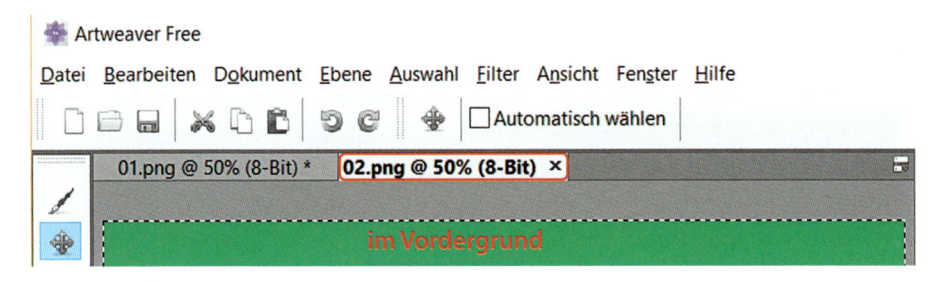

Der Inhalt der Zwischenablage wird als Ebene in Foto 01 eingefügt:
Foto 01 im Vordergrund → Menü: Bearbeiten → Einfügen (oder Strg + V)

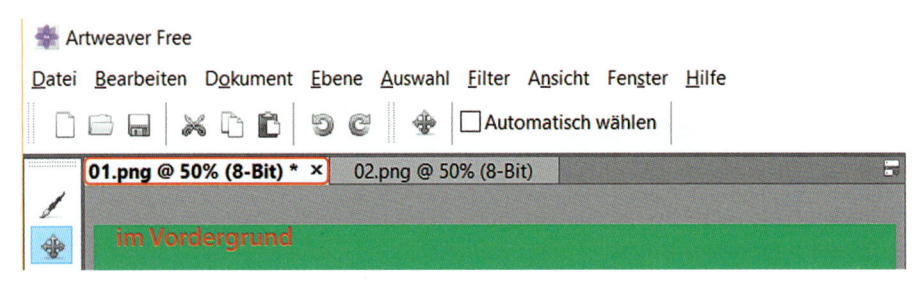

Jedes weitere Foto für die Animation wird geöffnet und ebenso als Ebene in Foto 01 eingefügt wie oben beschrieben.

Die Fotografien müssen in den Ebenen nach ihrer logischen Abfolge von unten nach oben angeordnet werden. Das entspricht der späteren Abspielrichtung.

Jede Ebene, die in der Animation zu sehen sein soll, muss sichtbar geschaltet sein (offenes Augensymbol im Ebenenfenster links neben der Ebene). Das Symbol lässt sich mit einem Mausklick schalten.

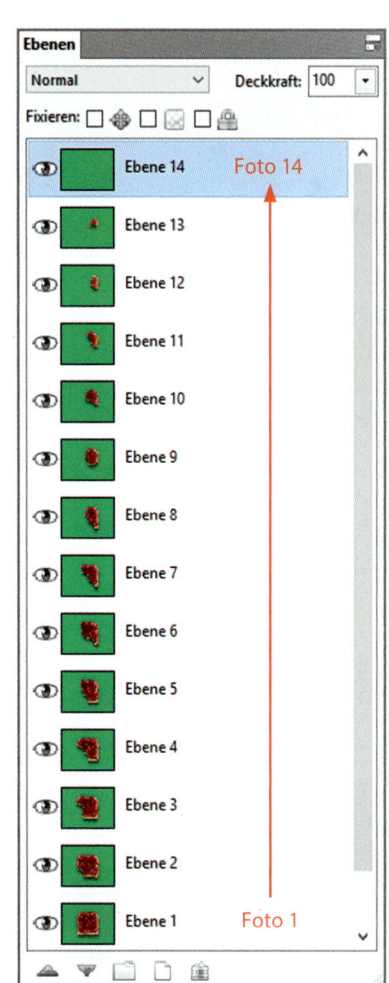

Dateiexport:
Beim Speichern in Artweaver Free muss man zwischen Dateiname und Dateityp unterscheiden. Der fertigen Arbeit kann man beim Speichern einen beliebigen Dateinamen geben aber es muss der Dateityp: GIF ausgewählt werden, wenn man ein Animated GIF erstellen möchte.
Menü: Datei → Speichern unter…

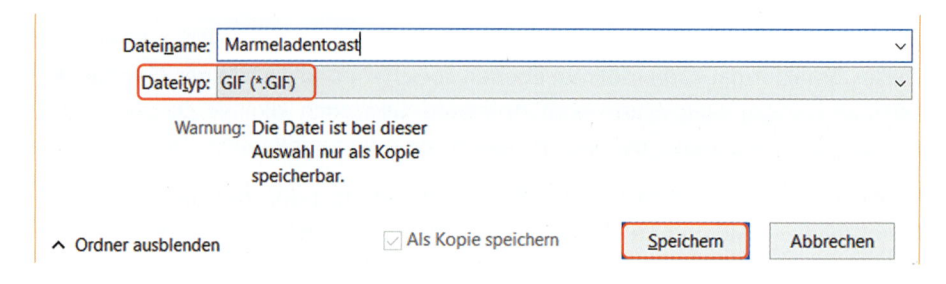

Die folgende *Information*, dass das Attribut Ebenen nur teilweise gespeichert wird, muss mit OK bestätigt werden.

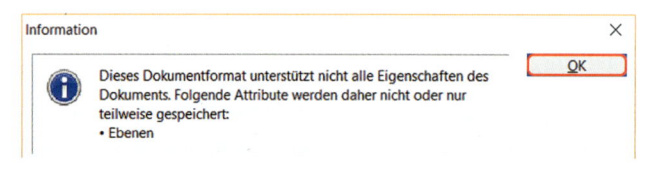

Danach öffnet sich das Dialogfenster: GIF-Optionen.
Den Haken setzen bei: ☑ Zusätzliche Optionen einblenden → dann den Haken bei:
☑ Als Animation speichern

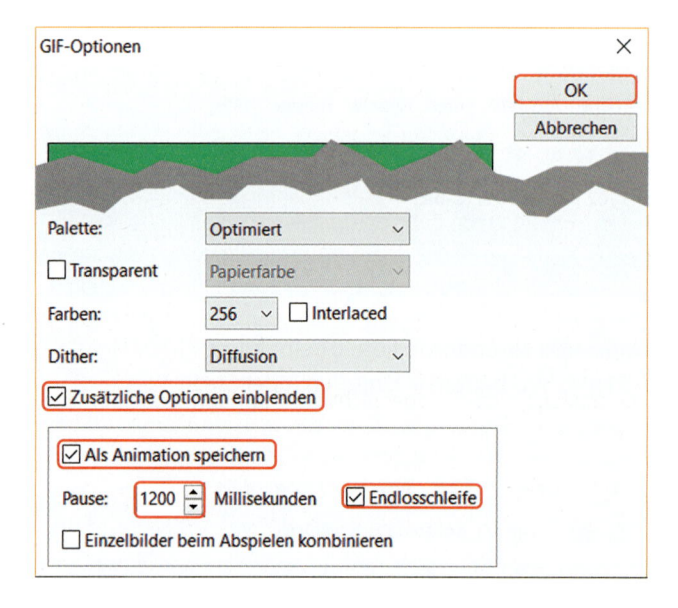

Mit dem Zahlenwert bei Pause kannst du festlegen, wie lange jede Ebene in der Animation zu sehen ist (1000 Millisekunden sind eine Sekunde). Endlosschleife bedeutet, dass die Animation stets automatisch wiederholt wird.
Mit der Schaltfläche OK wird das Rendering gestartet und die Ausgabe gespeichert.

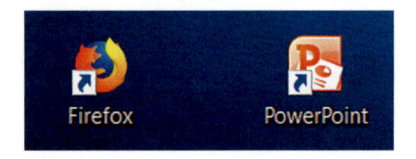

Willst du nun die Animation deines Animated GIFs betrachten, öffnest du es einfach mit einem Internetbrowser, wie z. B. Firefox oder du fügst sie in ein Präsentationsprogramm ein, z. B. MS PowerPoint oder Impress von LibreOffice.

---

8. Die deutsche Scherenschnittkünstlerin LOTTE REINIGER (*1899 bis †1981) erschuf einen der weltweit ersten Animationsfilme in abendfüllender Spielfilmlänge: „Die Abenteuer des Prinzen Achmed", der 1926 in Berlin Premiere hatte. Die Figuren für diesen 65 Minuten langen Scherenschnitt-Silhouettenfilm aus 96 000 Einzelbildern animierte Lotte Reiniger alleine in 3 Jahren.
Suche im Internet Ausschnitte aus dem Film von LOTTE REINIGER und seht sie euch in der Klasse gemeinsam an. Analysiert dabei, wo die Scherenschnittfiguren ihre Gelenke zum animieren hatten.

9. Recherchiere wie Spielfiguren für Silhouetten- und Legetrickfilme gemacht werden.

Grundwissen

Die 12 Prinzipien der Animation	*nach den Beschreibungen der ehemaligen Disney-Animatoren FRANK THOMAS und OLLIE JOHNSTON*
Stauchen und Strecken	Bereits durch Muskeln, Gewebe, Gewicht und äußere Kräfte verändert sich die Form während der Bewegung. Ein weiteres Beispiel ist das in die Hocke ducken in Kontrast zum folgenden Strecken in den Sprung. Doch auch wenn sich die Form verändert, müssen Gestalt und Gesamtvolumen der Figur stets gleich bleiben.
Vorhaben	Die Zuschauer müssen vor der Aktion einer Figur deren Vorhaben deutlich und lange genug sehen können, um die Geschehnisse in der Animation verstehen zu können. Das Vorhaben zeigt sich meist in einer Gegenbewegung vor der Hauptbewegung. Ein Beispiel ist das Schwung- oder Ausholen vor einem Sprint oder Wurf.
Inszenierung	Die Inszenierung kommt aus dem Theater. Es ist die Präsentation der Ideen des Autors oder Regisseurs in unmissverständlicher und vollkommener Klarheit. Wenn eine Handlung inszeniert wird, muss sichergestellt sein, dass jeweils nur eine Aktion zu sehen ist und sie darf nicht durch die Ausstattung oder einen falschen Blickwinkel undeutlich werden.
Pose-zu-Pose oder Fortlaufend	Es hat Vorteile eine Szene gut zu planen, notwendige Posen festzulegen, sie in der Handlung aufeinander abzustimmen und dabei zwischen ihnen hin und her zu springen, um den jeweils stärksten und klarsten Ausdruck zu suchen. Doch manchmal ist es angebracht, vom ersten Bild ganz spontan gerade drauflos bis zum letzten zu animieren. Man muss aber wissen, dass diese Spontaneität auf Kosten der Kontrolle geht und die Animation sich kaum noch ändern lässt.
Durchschwingen und Überlagerungen	Wenn alles gleichzeitig startet und zum Halt kommt, dann wirkt das steif und unnatürlich. Wenn z. B. eine Figur sich zum gehen wendet überlagern sich die Bewegungen der Körperteile. Es beginnen zuerst der Kopf, dann der Oberkörper und zuletzt das Becken mit den Beinen sich in die angestrebte Richtung zu drehen. Kommt die Figur dann an ihrem Zielort an, schwingen ihre Arme noch durch obwohl sie schon steht.
Beschleunigen und Verlangsamen	Natürliche Bewegungen beginnen und enden meist nicht abrupt. Bei einer Beschleunigung aus einer Schlüsselpose heraus, haben die nachfolgenden Zwischenposen von Bild zu Bild zunehmend weitere Abstände voneinander. Zur nächsten Schlüsselpose verringert man die Abstände der Zwischenposen, um die Bewegung weich auslaufen zu lassen.
Bögen	Die allermeisten Lebewesen führen ihre Bewegungen bogenförmig aus. Die Gliedmaßen drehen sich dabei um die Gelenke, z. B. wenn man mit der Hand ein Taschentuch von der Hosentasche zur Nase führt.
Unterstützende Bewegungen	Eine Aktion einer Figur besteht meist aus einer Hauptbewegung und einer oder mehr unterstützenden Bewegungen. Ein Beispiel ist eine traurige Figur, die sich wegdreht (Hauptbewegung) und dabei eine Träne von der Wange wischt. Solche unterstützenden Bewegungen geben einer Animation mehr Charakter. Sie dürfen aber nicht die Hauptbewegung dominieren oder in Konflikt mit ihr stehen.
Timing	Die Anzahl der Frames (Bilder), die für eine Bewegung verwendet wird entscheidet wie viel Zeit sie einnimmt. Das Timing einer Bewegung hängt sehr stark vom Gewicht der Figur ab. Leichtgewichte können z. B. hochschnellen, wo Schwergewichte einen langsameren Anstieg haben.
Übersteigerung	Übersteigerung ist nicht nur unterhaltsam, sie ist oft überzeugender und berührt den Zuschauer stärker. Deshalb unterstützt Übersteigerung insbesondere die Glaubwürdigkeit einer Animation, solange die Bewegungen ihr Fundament in der Realität haben.
Räumlichkeit	Die Posen und Blickwinkel sollten eine Figur nicht hölzern oder zweidimensional wirken lassen, sondern dem Körper einen Ausdruck von Räumlichkeit, Plastizität und Masse geben. Dabei sind symmetrische Posen zu vermeiden, wo beide Arme oder beide Beine exakt das Gleiche tun.
Reiz	Reiz meint hier alles was ein Mensch gerne sieht: Charme, ansprechendes Design, Einfachheit, Botschaft und Anziehung. Einer schwachen Pose fehlt es an Reiz, einer die kompliziert oder schwer zu verstehen ist. Schlechtes Design, plumpe Formen, ungeschickte Bewegungen, alldem mangelt es an Reiz. Zuschauer genießen es, etwas zu beobachten, das sie reizt, sei es ein Ausdruck, ein Charakter, eine Bewegung oder eine ganze Situation.

Bei den sogenannten Brikfilmen werden Spielzeugsteine animiert.

Tipp: Die oben abgebildeten Spielzeugsteine lassen sich auch einfach in einem Vektorgrafikprogramm in einer Ansicht von oben zeichnen und die Grafik dann in ein 3-D-Animationsprogramm importieren, um daraus 3-D-Modelle zu extrudieren. Auf diese Weise ließe sich ein Brikfilm als Vektoranimation mit Keyframes realisieren.

Zeig was du kannst

1. Animiere in Einzelbildanimation ein kurzes Animated GIF; evtl. mit Spielzeug oder anderen realen Gegenständen.
    a) Entwickle eine Idee für die Handlung. Hilft es dir, ein Storyboard zu zeichnen? Schreibe aber deine Idee mindestens in Stichpunkten auf.
    b) Überlege und notiere, was du für die Erstellung der Einzelbilder alles brauchst.
    c) Animiere und fotografiere die Einzelbilder.
    d) Wähle für die folgenden Schritte ein Bildbearbeitungsprogramm, das Animated GIFs speichern kann.
    e) Füge deine Fotos in eine Datei ein, so dass sich jedes in einer eigenen Ebene befindet. Achte dabei auf die richtige Reihenfolge.
    f) Speichere deine Datei im Dateiformat Animated GIF bzw. als GIF mit der Einstellung für Animation.
    g) Füge dein fertiges Animated GIF in ein Präsentationsprogramm ein und präsentiere es vor der Klasse.

2. Gestalte und animiere ein Intro (evtl. in 3-D) aus einer Vektorgrafik. Verwende dazu ein Programm für Vektoranimation.
    a) Visualisiere die kurze Handlung deines Intros (3 bis 4 Sekunden) in einem Storyboard. Versuche so hart wie möglich, deine Inszenierung in den Skizzen zu optimieren. Bildausschnitte und Blickwinkel sollen die Handlung klar und unmissverständlich zeigen. Wo ist der Reiz für den Betrachter an der Handlung und den Bewegungen? Ein gutes Storyboard macht die Antwort auf diese Frage in den Bildern anschaubar.
    b) Plane komplexere Bewegungen indem du für alle Schlüsselbilder (Keyframes) einfache Skizzen zeichnest. Unterscheide dabei die Posen in **Extremes**, Passing Positions, und Breakdowns.
    c) Achte bereits in der Planungsphase auf die spätere Qualität deiner Animationen und versuche deshalb immer, die Animationsprinzipien in deine Arbeit einfließen zu lassen.
    d) Lege für jede Bewegung in deinem Intro das Timing fest. Suche und beobachte vorher gleiche oder ähnliche Bewegungen in der Realität und messe ihre benötigte Zeit.
    e) Unterziehe deine fertige Planung einem Qualitäts-Check anhand der 12 Animationsprinzipien. Hast du u. a. auf Stauchen und Strecken, Bögen sowie Durchschwingen und Überlagerungen geachtet?
    Präsentiere deine Planung vor der Klasse, deine Mitschülerinnen und Mitschüler werden dich gerne auf Unklarheiten in der Inszenierung oder auf zu schwache Posen hinweisen. Optimiere dann deine Planung wo es noch notwendig ist.
    f) Importiere die Vektorgrafik. Extrudiere evtl. die einzelnen Curves (Vektorpfade) zu einem 3-D-Modell und schräge mit Bevel die Kanten ab.
    g) Erstelle die Requisiten oder füge sie hinzu.
    h) Animiere deine Vektorgrafik bzw. dein 3-D-Modell mit Keyframes anhand deiner Planung. Lege ebenfalls mit Keyframes parallel dazu die Kamerafahrt, die Blickwinkel und Bildausschnitte fest.
    i) Gestalte mit festen und animierten Lichtern die atmosphärische Tiefe.
    j) Stelle vor dem Dateiexport die Ausgabeoptionen ein und entscheide, in welchem Dateiformat dein Video bzw. deine Abfolge von Einzelbilder gespeichert werden soll.

3 Audio und Video

Du hast gelernt, Audio- und Video-Dateien in Präsentationen einzubauen. In diesem Kapitel wollen wir Audio und Video näher untersuchen und die IT-Grundlagen erkunden.

Wenn es die Lehrkraft erlaubt, drehe ein paar Videoclips als Interview oder nimm sie als Ton auf. Diskutiere, wie der Film oder der Ton auf dich wirkt, was dir auffällt und was du erkennst. Damit daraus ein Interview in Form eines Audio- oder Video-Beitrags wird, sind entsprechende Programme notwendig.

Audio

Die Klasse der Audio-Objekte erscheint eigentlich nicht sehr kompliziert, wenn du die **Attribute** (Eigenschaften) eines Audio-Objekts betrachtest. Es ist besser von **Audio-Objekten** als von Audiodateien zu sprechen, da diese ja nicht immer nur als Audiodatei existieren, sondern auch per Internet, Funk oder Bluetooth als Datenstrom im Browser, Receiver oder Player abgespielt werden.

Interessant wird es, wenn man versucht, Audiodateien abzuspielen. Das funktioniert nicht mit jedem Audioplayer bei jeder Datei. Daher ist es wichtig auf die Dateierweiterung zu achten. Bei Windows-Rechnern wird häufig das Audio-Format **WMA** verwendet. Ein anderes Format ist **MP3**, das beispielsweise die MP3-Player nutzen.

Beispiel für die Attribute und Attributwerte eines Objekts der Klasse AUDIO:

Name ▲	Titel	Typ	Bitrate	Größe
♪ Test_Audio.mp3	Rosa Rauschen	MP3-Audioformat	182 kBit/s	1.337 KB
♪ Test_Audio.wav	Rosa Rauschen	Wavesound	1411 kBit/s	10.337 KB

→ Attribute
→ Attributwerte

> **Attribute der Klasse AUDIO** sind insbesondere **Name** (der Datei), **Typ** (erkennbar an der Dateierweiterung), **Länge, Bitrate** und **Größe.**
> Die Attributwerte der Größe werden meist in KB angegeben, die der Länge in h und die der Bitrate in kBit/s.

Ein wichtiges Attribut ist die Bitrate, sie bestimmt die Qualität der Audio-Aufnahme. Es gibt verschiedene Bitraten in Abhängigkeit des verwendeten „**Codec**". Je nach Codec wird die Datei mit einer entsprechenden Dateierweiterung abgespeichert.

> **Codec** bezeichnet ein Algorithmen-Paar zur **Co**dierung und **Dec**odierung des Datenstroms.

Die Grundlage dafür sind **Kompressionsverfahren,** d.h., der ursprüngliche Datenstrom wird durch geeignete Algorithmen so überarbeitet, dass sich wiederholende Elemente nur einmal gespeichert und eventuelle Maximal- bzw. Minimalwerte beschränkt werden, um Platz zu sparen (▶ auch Seite 119).
Die Länge des Audiofiles bleibt gleich, aber die Größe und Gesamtbitrate ändert sich.

---

1. Erkläre, was Attribute und Attributwerte eines Objekts sind.

2. Zeichne eine Klassenkarte AUDIO.

Bei Audio sind folgende Dateierweiterungen häufig zu finden:
.wav, .wma, .mp3.
Bei Video sind es **.wmv, .mov, .mpg, .mp4.**

3. Betrachte mit einem Datei-Explorer die Datei mit ihrer Dateierweiterung.
Schreibe die Attribute und ihre Werte auf. Welche Unterschiede erkennst du?

Zur Erinnerung:
Byte ist die Bezeichnung für mehrere Bits, die ein Wort bilden.
Bit ist die kleinste Speichereinheit mit den Werten **0** oder **1**.

Um weitere Attributwerte einer Datei im Datei-Explorer zu sehen, kannst du unter Windows mit der rechten Maustaste die Attribute auswählen oder bei der Datei mit der rechten Maustaste ein Menü öffnen und die Eigenschaften anklicken. Beim Reiter „Details" siehst du z. B. die Bitrate.

Wenn eine Datei mit einem verlustfreien Codec erzeugt wurde, ist der Attributwert des Attributs „Größe" sehr viel höher, als wenn ein verlustbehafteter Codec verwendet wird.

Dateierweiterung	Codec	Eigenschaften
.wav	WAV	2-Kanal; verlustfrei (lossless); erzeugt sehr große Dateien; Bitrate hoch; gut für Musik und zur weiteren Bearbeitung
.mp3	MP3	2-Kanal; vor allem in digitalem Audio-Player; sehr kleine Dateigröße; Bitrate niedrig
.m4a	AAC	eingesetzt in Internetradio, iTunes, DivX; mittlere Dateigröße; Bitrate variabel
.ogg	OGG	offenes lizenzfreies Format; wird von vielen Browsern unterstützt

> Es gibt verschiedene Kompressionsverfahren, um die Größe einer Audiodatei zu reduzieren. Ein Verfahren ist die Kompression nach MPEG III (MP3).
>
> **MP3** wurde in Deutschland vom Frauenhofer-Institut entwickelt und von der **M**oving **P**ictures **E**xperts **G**roup international standardisiert.

Zur Erinnerung:
Die **Klasse** ist der Bauplan für Objekte mit gleichen Attributen. Sie beschreibt auch die Methoden zur Bearbeitung der Objekte.
Objekte einer Klasse haben gleiche Attribute. Nur durch ihre Attributwerte und den Objektnamen unterscheiden sie sich.
Als **Methoden** bezeichnet man die Fähigkeiten der erzeugten Objekte. Sie lassen Objekte etwas „tun" oder verändern deren Zustand.

Mit **Methoden** für Audio-Objekte sind **Aufnehmen, Wiedergeben** und **Verändern**. Die Bearbeitung der Audio-Objekte ist, genauso wie in der Textverarbeitung, mit den grundlegenden Methoden wie **Ausschneiden, Einfügen, Kopieren** und **Löschen** durchzuführen.

Um aus Audio-Objekten z. B. ein Interview zu gestalten, nutzen wir eine entsprechende Software, die Audio-Objekte erzeugt, einen **Recorder.** Um die verschiedenen Audio-Objekte dann zusammenzuführen und zu verändern, benötigen wir eine Sammlung von **Methoden** zur Bearbeitung von Audio-Objekten. Diese werden als Software in Programmen, wie zum Beispiel einem **Audioeditor** bzw. Schnittprogramm realisiert.

Als Einstieg gelingt das am besten mit selbstgemachten Aufnahmen.

Mikrofonaufnahmen

Am einfachsten ist es natürlich, selbst eine Audiodatei mit einem Mikrofon herzustellen. Im Betriebssystem deines Computers, Smartphones oder Tablets findest du einen Sprachrecorder oder Audiorecorder. Die Aussteuerung der Aufnahme sollte, wenn keine automatische Aussteuerung vorliegt, zwischen 6 und 0 dB liegen, um Rauschen und Übersteuerung zu vermeiden.

4. Nenne Mikrofone, die du kennst.

Zur **Sprechtechnik:**
Es ist wichtig, deutlich, in gleichbleibender Lautstärke und möglichst nahe am Mikrofon zu sprechen. Mache Pausen zwischen den Abschnitten. Die Sätze sollen möglichst einfach sein.
Um eine gute Aufnahme zu erzeugen, ist es wichtig, das richtige Mikrofon zu wählen. Es gibt für die unterschiedlichen Situationen spezielle Charakteristiken der Mikrofone.

Die **Kugelcharakteristik** ist bei Aufnahmen einer Gesamtsituation oder Geräuschkulissen ideal. Das Mikrofon nimmt dabei den Schall, der von vorne kommt, genauso laut auf, wie den Schall, der von der Seite kommt.

Man kann auch eingebaute Mikrofone oder Headsets verwenden.

Um einen Sprecher möglichst ohne Nebengeräusche aufzunehmen, ist ein Mikrofon mit **Richtcharakteristik** vorteilhaft. Es nimmt vor allem den Ton auf, der direkt in Richtung Mikrofon liegt. Bei Stereoaufnahmen nimmt man zwei Richtmikrofone und stellt sie im 45°-Winkel zueinander auf. Damit erreicht man bei der Wiedergabe eine gute Stereo Wirkung.

Tipp: Bei einer Mikrofonaufnahme ist die Umgebung sehr wichtig. Um eine Sprachaufnahme auch in einer lauteren Umgebung (Straße) zu machen, ist ein Mikrofon mit Richtcharakteristik zu nehmen, damit hauptsächlich der Sprecher aufgenommen wird.

Du kannst aber auch mit dem Smartphone oder einem Headset deine Aufnahmen machen. Sprachmemos auf dem Smartphone werden häufig auch im Format **M4A** aufgezeichnet.

5. Nimm einen einfachen Text mit dem Mikrofon auf und speichere ihn. Dann betrachte mit einem Dateiexplorer die Datei mit ihren Attributen und Dateierweiterung.

Spezielle **Voice-Recorder** bieten noch mehr Möglichkeiten. Mit ihren eingebauten Mikrofonen und mit externen Mikrofonen können sie schon bei der Aufnahme die verschiedenen Quellen mischen. Die Aufnahmen kannst du dann in einem Audioformat wie z. B. Windows Media Audio (WMA) von Microsoft oder MP3 zur weiteren Bearbeitung importieren.

Da man die Charakteristik einstellen kann, sind gleichzeitig Aufnahmen mit Richtcharakteristik und Kugelcharakteristik möglich. Diese Form der Aufnahme nennt sich **Surround-Sound 5.1** und wird bei Filmen häufig verwendet, damit der Zuschauer den Eindruck gewinnt, dass auch Geräusche von hinten kommen. Der Ton kommt dabei aus einem zentralen und auf jeder Seite einem vorderen und hinteren Lautsprecher.

Tipp: Um Nebengeräusche durch den Atemstrom wie Plopp- und Zischgeräusche zu verringern, kannst du auf dem Mikro einen Windschutz verwenden oder vor dem Mikro einen Spritz-Schutz (z. B. Taschentuch) installieren.

Audioimport

Die Übernahme von Audio-Objekten erfordert oft eine Anpassung für die weitere Verarbeitung. Wenn das Audio-Objekt in einem Format abgespeichert wurde, das z. B. von deinem Player oder Audioeditor nicht akzeptiert wird, kannst du versuchen, es in ein anderes Audioformat zu konvertieren.

Im Internet findest du z. B. den *online-audio-converter.com* oder du nutzt ein Programm auf dem PC. Der freie Mediaplayer VLC eignet sich dafür sehr gut. Du kannst damit auch mehrere Audio-Objekte in ein neues Format umwandeln und einem anderen Format abspeichern lassen.

6. Importiere verschiedene Audio-Objekte. Untersuche die Qualität und betrachte die Attributwerte. Begründe deine Einschätzung.

Der Import von Audio-Objekten kann auch als Stream erfolgen. Das Ergebnis wird dann als Datei gespeichert. Der Videoplayer kann den „Ton" eines Audio-Objekts von einer Webseite als Datenstrom (Stream) empfangen und als MP3-Datei abspeichern.

Da das Ausgabe-Format nicht von jedem Medienplayer unterstützt wird, kannst du es wieder mit dem VLC-Media-Player öffnen und auch konvertieren. Grundsätzlich unterscheidet man bei der Umwandlung zwischen **verlustfreier Konvertierung,** wenn keine Informationen verlorengehen und **verlustbehafteter Konvertierung** wie sie z. B. beim Umwandeln von WAV nach MP3 entsteht.

Beachte auch die technischen Voraussetzungen. Nicht jede Software für Präsentationen oder Internet (Browser) akzeptiert jeden Codec. Dann musst du die Objekte **konvertieren.** Mit dem Audioeditor kannst du auch durch neuen Import und anschließendem Export mit neuem Codec die Audio-Objekte konvertieren. Eigene Programme für deinen Rechner sind sinnvoll, wenn eine größere Anzahl von Audio-Objekten auf einmal (Batch) verarbeitet werden soll. Mit dem universellen und freien **Mediaplayer VLC** kannst du das machen.

Um die Daten einer CD als Audio-Objekt zu übernehmen, kann eine spezielle Software **CD-Ripper** oder Audio-Grabber, aber auch ein Mediaplayer genutzt werden. Bei einer CD liegt das Audiomaterial als Datenstrom vor. Das Programm liest diesen Datenstrom (rippt) und wandelt ihn dann in ein Dateiformat wie MP3 um. Dieses Verfahren wird auch als **Digital Audio Extraktion** (DAE) bezeichnet. Die Qualität der erzeugten Audio-Objekte ist oft schlechter, als die der Original-Musik der CD.

Tipp: Auch beim Rippen müssen die Urheberrechte beachtet werden. Man darf aber für den Konsum im privaten Umfeld (Familie, Freundeskreis) ohne Zustimmung des Rechte-Inhabers Kopien von Musik-CDs, DVDs oder Fernsehsendungen herstellen.

7. Lass ein Audio-Objekt von „Stumm" bis zur vollen Lautstärke anschwellen (Aufblenden) und dann zum Schluss immer leiser ausklingen (Ausblenden)

8. Verbinde mehrere Audio-Objekte durch Überblendung.

Audiobearbeitung

Um ein Audio-Objekt zu bearbeiten, gibt es Methodensammlungen (Werkzeuge, Effekte), die in einem Programm, einem **Audioeditor,** realisiert werden.
Prinzipdarstellung eines Audio Editors:

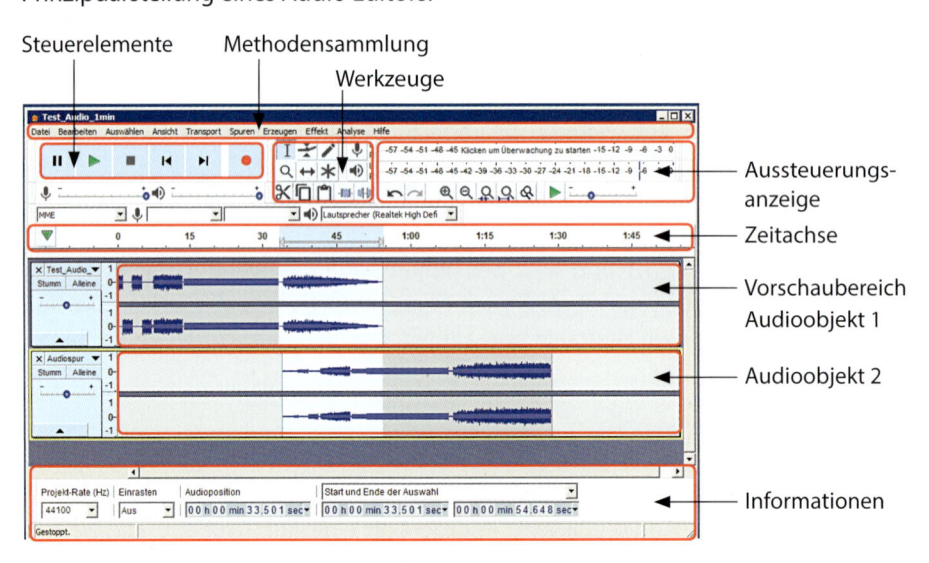

Steuerelemente   Methodensammlung
                          Werkzeuge

– Aussteuerungsanzeige
– Zeitachse
– Vorschaubereich Audioobjekt 1
– Audioobjekt 2
– Informationen

Ein beliebtes Programm ist der Audio-Editor *Audacity*, weil es unter freier Lizenz verfügbar ist. Es hat eine Vielzahl von Methoden, um Audio-Objekte zu verändern. Mit ihm kann man per Mikrofon auch direkt aufnehmen und das Ergebnis als Audio-Objekt speichern. Zur erneuten Bearbeitung ist der Import des Audio-Objekts notwendig. Meist werden die Frequenzen als Wellenbild dargestellt, so dass du schon optisch feststellen kannst, wo sich Lücken befinden.

Tipp: Nutze die Möglichkeit, deine Arbeitsschritte mit dem Audio-Editor zur Weiterbearbeitung als **Projekt** zu speichern. Vergiss aber nicht, auch das Ergebnis deiner Bearbeitung als Audio-Objekt abzuspeichern. Wenn du weitere Bearbeitungsschritte planst, solltest du einen verlustfreien Codec auswählen.

Der Begriff „Schneiden" kommt noch aus der Zeit, als analoge Aufnahmen auf Magnetband aufgenommen, dann zerschnitten und neu zusammengeklebt wurden, um beispielsweise unerwünschte Geräusche zu entfernen.
Mit dem Audioeditor kannst du per Mausklick Teile deines Audio-Objekts **(Takes)** abschneiden **(Trimmen)** und mit **Cut and Paste** das Teilobjekt an die richtige Stelle ziehen **(Montage).** Der Audioeditor verfügt über eine Vielzahl von Methoden (Werkzeuge), um Audio-Objekte zu verändern.

9. Exportiere deine Arbeitsschritte als Projekt.

Es gibt noch weitere Methoden, die speziell für Audio-Objekte bestimmt sind.
- So kann man die Lautstärke langsam lauter (**Aufblenden,** engl. **fade in**) oder leiser (**Abblenden,** engl. **fade out**) werden lassen.
- Aus zwei oder mehr Audio-Objekten kann man auch die Datenströme mischen, z. B. in Form einer **Überblendung** (engl. **crossfade**). Dabei werden die Objekte (engl. **clips**) eine Weile in verschiedener Lautstärke miteinander vermischt. In der analogen Welt verwendet man dazu ein Mischpult.

Es gibt weitere Methoden wie Filter und Effekte, um bestimmte Frequenzen zu beeinflussen, indem man sie verstärkt oder sogar löscht. Eine besonders hilfreiche Methode ist das **Normalisieren.** Damit kann man die Lautstärke von mehreren Audio-Objekten angleichen, d. h., leisere Clips werden verstärkt und zu laute abgeschwächt. Je nach Audio-Editor gibt es noch weitere Methoden, um die Audio-Objekte zu verändern.

Am Ende der Bearbeitung soll das Ergebnis natürlich erhalten werden. Der Audio-Editor hat die Möglichkeit, das, was bisher gemacht wurde, als Projekt zu speichern. Um die neue Audiodatei zu verwenden, muss sie noch exportiert werden. Hier kommen wieder die verschiedenen Codecs ins Spiel.

Wenn du ohne Qualitätsverluste das Ergebnis speichern möchtest, ist es wichtig einen verlustfreien Codec zu wählen, wie z. B. bei Windows das WAV-Format. Möchtest du aber möglichst kleine Dateigrößen haben, so bietet sich das MP3-Format an. Um später die Audio-Objekte weiter zu bearbeiten, sollte man möglichst lange eine verlustfreie Speicherung wählen. Beim Export der Audio-Objekte erkennst du, dass je nach Typ die Dateigröße bei gleicher Länge des Objekts sehr unterschiedlich sein kann.

Beispiel für unterschiedliche Formate der inhaltlich gleichen Audio-Objekte:

Dateierweiterung	Größe in KB	Bitrate in KBit/s	Länge
.wav	10.337	1411	00:01:00
.wma	951	128	00:01:00
.mp3	940	128	00:01:00

Bei der Gestaltung eines eigenen Werkes kannst du selbst Urheberrechte geltend machen, z. B. wenn du ein Musikstück komponierst und es als Audio-Objekt speicherst. Bei den Eigenschaften eines Audio-Objekts kann man auch den Autor und andere Copyright-Attribute mit Attributwerten wie deinem Namen und das Jahr füllen.

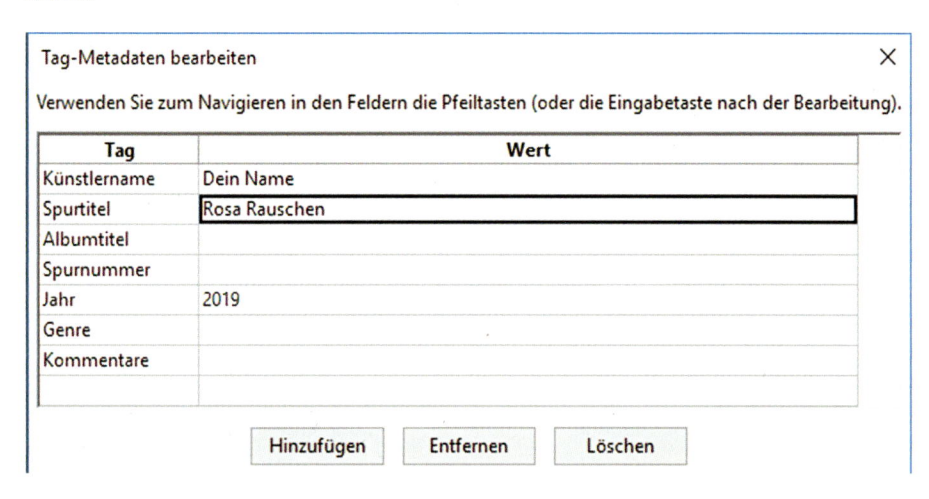

10. Exportiere das neue Audio-Objekt mit dem optimalen Codec für dein Zielgerät und begründe die Wahl des Codecs.

11. Finde Methoden in deinem Audioeditor, mit denen du dein Audio-Objekt so verfremden kannst, dass die gleiche Stimme wie von unterschiedlichen Personen klingt.

Tipp: Mit der Methode Hall kannst du eine Geisterstimme erzeugen.

12. Exportiere dein Audio-Objekt in verschiedenen Formaten.

13. Nenne Informationen, die dir der Dateiexplorer liefert.

14. Überprüfe, ob du für deine Audio-Objekte die Rechte zur Veröffentlichung besitzt oder ob du zumindest die Quelle angegeben hast.

Tipp: Beachte beim Einsatz von Audiodateien im Internet oder in Präsentationen die rechtlichen Voraussetzungen.

Tag	Wert
Künstlername	Dein Name
Spurtitel	Rosa Rauschen
Albumtitel	
Spurnummer	
Jahr	2019
Genre	
Kommentare	

Tag-Metadaten bearbeiten
Verwenden Sie zum Navigieren in den Feldern die Pfeiltasten (oder die Eingabetaste nach der Bearbeitung).

Hinzufügen Entfernen Löschen

Video

Die Klasse der Video-Objekte besitzt zusätzliche Attribute, deren Werte vom verwendeten **Codec** zur Komprimierung des Datenstroms und seinen Videoformaten abhängen. Anhand der Dateierweiterung erkennt man zwar, um welche Art der Komprimierung es sich handeln kann, aber die eigentliche Information steckt hier im Detail.

15. Nenne Attribute und Attributwerte eines Audio-Objekts.

16. Untersuche die Eigenschaften einer Video-Datei nach ihren Attributen und Attributwerten. Modelliere die Klasse VIDEO.

Mit **Videoformat** bezeichnet man in der Videotechnik die Zusammenfassung der audiovisuellen Spezifikationen eines Videos:
- Bildauflösung (Gesamtzahl der Bildpunkte oder Anzahl der Spalten = Bildbreite und Anzahl der Zeilen = Bildhöhe) und das abgeleitete Seitenverhältnis
- Bildwiederholrate bzw. Einzelbildrate (Anzahl der Einzelbilder pro Sekunde, je mehr Bilder, desto flüssiger der Eindruck für das menschliche Auge)
- Farbtiefe (Anzahl der möglichen Farben)
- Tonspur/Audio (beim analogen Film der die Tonaufzeichnung enthaltende Teil des Filmstreifens/beim digitalen Film bezeichnet man damit synchron aufgezeichnete Teile einer Audiodatei)

Die Informationen, die in einem Videoformat gespeichert sind, werden als Codec für Bild und Ton in einem **Containerformat** gespeichert. Aus der Dateierweiterung ist dies nicht vollständig zu erkennen. Daher sind die Informationen zum Video-Objekt bei den Attributen als entsprechende Attributwerte abgelegt.

> Unterschiedliche Komprimierungen erlauben die Erstellung und Darstellung von Video-Objekten auf Geräten unterschiedlicher Leistung mit angepasster Qualität.

Auch bei Videos bezeichnet **Codec** ein Algorithmen-Paar zur Codierung und Decodierung des Datenstroms. **MPEG-2** wurde für die DVD Player standardisiert.
Mit **MPEG-4** (MP4) wurde ein neuer Standard eingeführt, um Videos mit besserer Auflösung zu erhalten. Durch die Verarbeitung als Objekte im Datenstrom (z. B. werden vom Gesicht eines Sprechers nach einer Gesamtaufnahme nur die Veränderungen von Augen und Mund gespeichert) wird eine noch höhere Komprimierung erreicht, und so die Aufnahme und Wiedergabe auch in Fotokameras und Smartphones ermöglicht.

Beispiele für Videoformate:

Dateierweiterung	Codec	Eigenschaften
.avi	AVI DivX	verlustfreie Speicherung möglich; viele Formate; sehr gut zur Weiterbearbeitung geeignet; sehr große Datenmenge
.mpg, oder .m2ts .vob	MPEG-2 H.262	sehr verbreiteter Standard für DVD, HDTV (720 p) oder DVB-T2 und Blu-Ray
.mp4 oder .3gp	MPEG-4 H.264	sehr starke Komprimierung; häufig bei Mobiltelefon, Kameras, HDTV (1080 i)
.wmv	WMV	Microsoft Mediaformat; verschiedene Profile
.mp4	HEVC H.265	Ultra-HD; hochauflösendes Format mit 4 K Auflösung
.mov	MOV	Apple Quicktime Videoformat; bei Tablets und Smartphones häufig

Es gibt heute viele Möglichkeiten und Geräte, um Videoaufnahmen zu machen. Die modernen Aufnahmegeräte (Kamera) verfügen über integrierte Methoden zur Aufnahme, Bearbeitung und Wiedergabe von Video- und Audio-Objekten.

Recorder → Editorsoftware → Player

Kameraaufnahmen

Filme sind „Kommunikation". Für diese Kommunikation verwendet der Film verschiedene Mittel, um seine Wirkung beim Zuschauer zu erzielen. Wenn wir uns also die Filmsprache anschauen, betrachten wir diese Mittel, um sie dann zielgerichtet in unseren eigenen Filmprojekten einzusetzen.

Die Grundlagen der Filmsprache sind Kameraaufnahmen, Schnitt und Tongestaltung.

Einstellungsgrößen:

Einstellungsgröße und Einstellung werden unterschieden:
- Eine **Einstellung** ist die kleinste Einheit im Film.
- Die **Einstellungsgröße** zeigt die Nähe, bzw. Distanz zwischen der Kamera und dem aufgenommenen Subjekt/Objekt auf.

Die Nähe und Distanz zum gefilmten Subjekt/Objekt ergibt einen jeweils anderen Bildausschnitt und damit eine andere Wirkung.

	Einstellung	Eigenschaften und Wirkung
	Weit oder **Panorama**	Größter Bildausschnitt, Personen sieht man, wenn überhaupt, nur als Strich. Geographischer Ort wird in Gänze dargestellt, Atmosphäre schaffend. Wird oft als Establishing Shot zur Orientierung verwendet.
	Totale	Vermittelt einen Überblick über den Schauplatz, Menschen meist klein erkennbar. Wird ebenfalls häufig als Eröffnungsszene verwendet.
	Halbtotale	Der Schauplatz ist noch immer sichtbar, Menschen und Gegenstände sind gut erkennbar. Der distanzierte Zuschauer wird zum Beobachter. Er sieht mehr.
	Halbnah	Gestik und Mimik des Gefilmten sind sehr gut erkennbar, der Gefilmte ist ab der Hüfte aufwärts zu sehen.
	Nahe	Brust und Kopf sind zu sehen, die Mimik ist deutlich erkennbar. Gute Einstellung für Dialogszenen.
	Großaufnahme	Hier kann man Gefühle im Gesicht klar erkennen, leichte Gefühlsregungen sind schon sichtbar. Sie schafft Nähe.
	Detail	Die Aufmerksamkeit wird auf ein bestimmtes Detail gelenkt, z. B. Auge, Ohrring, Hand, Vase. Von der Umgebung ist nichts mehr zu sehen

Tipp: Bevor du jemanden zu filmen beginnst, vergewissere dich, dass du auch die Erlaubnis von ihm hast. Wenn er einverstanden ist, kannst du ihn einfach bitten, das vor der Kamera zu wiederholen. Beim Schnitt kannst du diese Aussage rausschneiden und für die Dokumentation deines Filmprojekts aufbewahren.

17. Prüfe, welche Geräte für Videoaufnahmen zur Verfügung stehen und probiere die Technik z. B. mit einer Kamera, einem Tablet oder einem Smartphone an einem eigenen Videoclip aus.

18. Filme z. B. ein paar deiner Klassenkameraden und verwende die unterschiedlichen Einstellungsgrößen dabei. Achte darauf, nicht zu zoomen.

19. Vergleiche die Eigenschaften deiner Video Clips mit Beispielen von anderen.

Ein **Establishing shot** (dt. Eröffnungsszene) ist die erste Einstellung einer Szene und erlaubt dem Zuschauer sich ein Bild von der Situation zu machen.

Der Begriff der **Kameraführung** beschreibt, auf welche Art und Weise eine Kamera verwendet wird, um eine Geschichte zu erzählen.

Perspektiven:
Aus unterschiedlichen Kamerawinkeln kann eine jeweils andere Wirkung erzielt werden. Der Kamerawinkel zeigt die „Blickrichtung" der Kamera auf das gefilmte Subjekt und Objekt und ist gleichzeitig stellvertretend für deinen Blick und die Aussage, die du treffen willst.

20. Überlege, wie du am besten ein Gespräch darstellen kannst, in dem der eine unter-, bzw. der andere überlegen ist. Filme zwei Klassenkameraden und benutze dabei die beschriebenen Perspektiven.

Normalsicht: Die Kamera ist auf Augenhöhe. Diese Einstellung wird am häufigsten verwendet. Sie unterstützt die beobachtende Position des Zuschauers oder gibt den Blick des Protagonisten wieder.

Vogelperspektive: Du filmst mit der Kamera Personen und Gegenstände von oben, wie von einem Hochhaus aus. Wirkung: Das gefilmte Objekt/Subjekt wirkt verloren und einsam. Der Betrachter fühlt sich überlegen.

Weniger extrem ist die **Aufsicht,** so, als ob man im Stehen mit der Kamera von einem Stuhl herabschaut. Am extremsten ist der **Top Shot,** die Kamera ist in einer Drohne und filmt aus der Luftperspektive.

Froschperspektive: Man macht sich mit der Kamera klein wie ein Frosch und filmt nach oben. Wirkung: Das Gefühl von Unterlegenheit, der Größere wirkt dominant, mächtig. Weniger extrem ist die **Untersicht,** ein kleines Kind schaut zu einem größeren Kind/Erwachsenen empor, das ruft ebenfalls das Gefühl einer Rangordnung hervor.

Tipp: Achte darauf, dass niemand durchs Bild läuft, dessen Einwilligung du nicht hast.

> Mit der richtigen **Perspektive** erzeugst du einen zusätzlichen Eindruck beim Betrachter, wie beispielsweise Überlegenheit oder Unterlegenheit.

Kamerabewegungen:
Die Kamera kann auch bewegt werden und hat dabei unterschiedliche Wirkungen. Man unterscheidet:

- **Horizontalschwenk:** Dabei dreht sich die Kamera horizontal um einen festen Punkt. Hierbei können sehr gut Landschaften dargestellt und Personen in ihren Bewegungen verfolgt werden.
- **Vertikalschwenk:** Dabei wird die Kamera gekippt, z. B. um Gebäude in ihrer vollen Größe darzustellen, Kirche oder Burg beispielsweise, oder auch eine Person von Fuß bis Kopf.
- **Kamerafahrt:** Hier bewegt die Kamera sich parallel zur Person/zum Objekt, auf eine Person/auf ein Objekt zu oder von einer Person/einem Objekt weg, der Bildwinkel verändert sich nicht.
- **360° Umkreisung:** Die Kamera fährt auf einer Kreisbahn um das Objekt oder Person herum. Damit können Angst/Trauer/Wut oder Glücksgefühle sehr gut dargestellt werden.
- **Parallelfahrt:** Die Kamera wird neben dem gehenden oder laufenden Objekt/der Person bewegt.

21. Diskutiere die Wirkung deiner Aufnahmen mit deinen Mitschülern und Mitschülerinnen.

22. Filme eine deiner Klassenkameradinnen oder einen Klassenkameraden und eure Schule von außen. Verwende dabei möglichst alle beschriebenen Kamerabewegungen.

Planung

Die Planung eines Films und die spätere Montage gelingen leichter, wenn man sich vorher genau überlegt, was man tun möchte, um eine bestimmte Wirkung zu erzielen. Damit kann man auch die Vorbereitungen verbessern und sich z.B. die Hintergrund Musik und die Geräusche vorher schon in einem Projektordner zusammenstellen. Für größere Projekte erstellt man üblicherweise ein Drehbuch, bei kleineren Projekten genügt ein **Storyboard.**

Das Storyboard ist ein sehr wichtiges Hilfsmittel beim Film, um seine Idee und die damit verbundenen Einstellungen zu kommunizieren und sichtbar zu machen. Darin wird zeichnerisch festgehalten, in welcher Reihenfolge die Bilder gefilmt werden und in welcher Einstellungsgröße die gefilmten Objekte/Subjekte zu sehen sind. Der Kameramann/die Kamerafrau und der Regisseur/die Regisseurin können sich daran beim Dreh orientieren und erfahren dadurch eine enorme Arbeitserleichterung. Beim Schnitt gibt es dir vor, in welcher Reihenfolge Sounds und Clips einzusetzen sind.

> Das **Storyboard** ist das Modell deines zukünftigen Films.

Tipp: Die Verwendung von „**Schuss/Gegenschuss**", d.h., wenn beide Gesprächspartner abwechselnd gefilmt und montiert werden, macht die Situation eines Gesprächs lebendiger.

Hier siehst du ein Beispiel für ein Storyboard von einem Gespräch:

Totale	Halbtotale	Halbnah	Großaufnahme	Schuss	Gegenschuss	Totale
Originalton	Klopfen „Herein…"	„Frage zur Note…"	Textblatt „Hier…"	„Aber…"	„… ich verstehe…"	Lehrer: „… schön, dass er kämpft"
Klassraum LehrerIn sortiert	Tür öffnet	Schüler steht	Lehrer erklärt	Schüler Einwand	Lehrer prüft und korrigiert	Abgang
Aufblenden	Harter Schnitt		Übergang	Harter Schnitt	Weicher Schnitt	Abblenden

Vermeide einen **Achsensprung** beim Filmen. Beispielsweise entsteht ein Achsensprung, wenn zwei Personen, die links und rechts stehen, in der nächsten Einstellung plötzlich ihre Plätze zu tauschen scheinen, oder wenn sie plötzlich in eine andere Richtung gehen oder schauen. Dies geschieht häufig, wenn die Kamera beim Aufnehmen der Einstellung erst auf der einen und dann auf der anderen Seite der Handlungsachse gefilmt hat.

23. Zeichne ein kleines Storyboard über ein Gespräch nach dem „Schuss-Gegenschuss"-Schema.

> Eine gute **Planung** mit einem **Storyboard** ist die Voraussetzung für ein gutes Ergebnis. Wenn du eine Einstellung beim Dreh vergisst oder die Kameraführung nicht zum Bild passt, wird es beim Schnitt schwierig, das wieder auszugleichen.

24. Filme anhand des Storyboards genauso ein Gespräch zwischen zwei Klassenkameraden.

Tipp: Beim Bearbeiten von Video-Objekten unterschiedlicher Bildformate, Bildgrößen und Bildwiederholraten ist es empfehlenswert, vor der Montage die jeweiligen Clips gesondert auf eine Norm zu bringen, die der Norm des Projekts entspricht und sie erst in dieser Form in das Projekt zu integrieren.

Tipp: Beachte beim Schnitt wichtige Regeln:
Beginne mit einer Totalen als Eröffnung, damit sich der Zuschauer gleich orientieren kann.
Achte auf den logischen Zusammenhang.
Halte die Blickanschlussachse.
Vermeide einen Achsensprung, d. h. Kameraeinstellungen, die eine Beziehungslinie überspringen.

Videobearbeitung

Viele einzelne Einstellungen bilden **Szenen,** die wiederum **Sequenzen** bilden. Der **Schnitt** verbindet einzelne Einstellungen miteinander. Die Art, die Schnitte aneinander zu knüpfen, wird **Montage** genannt. Das Wort „Montage" kommt aus dem Französischen und bedeutet „Zusammenbauen". In Europa wird der Begriff oft synonym für den im Deutschen gebräuchlichen Ausdruck Schnitt verwendet. Prinzipieller Aufbau eines Videoeditors:

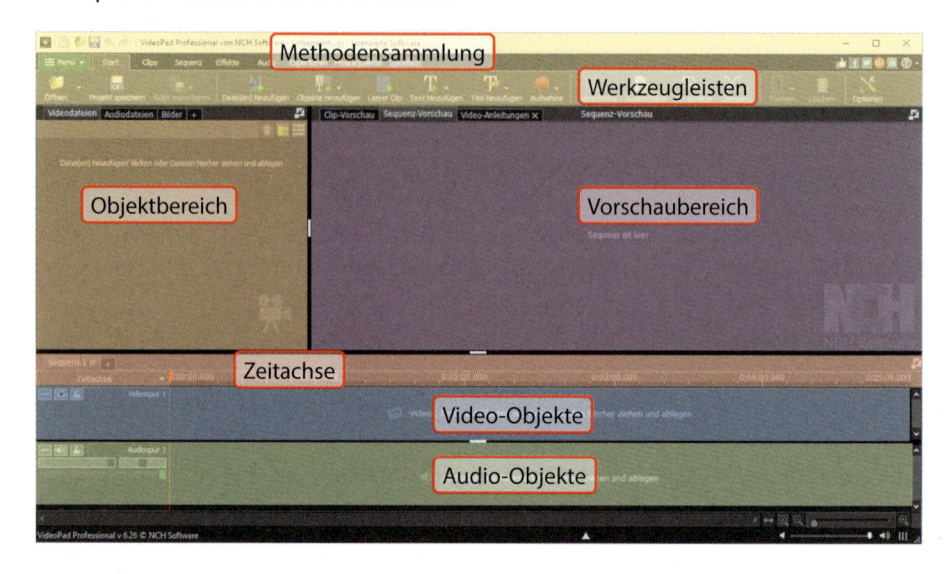

Die Montage gibt die Länge des Films, die Reihenfolge der Bilder, den Rhythmus vor und erzeugt dadurch die Wirkung des Films. Du solltest bei der Montage auf Abwechslung der Einstellungsgrößen achten. Durch die Länge der Einstellungen ergibt sich ein bestimmter Rhythmus, so braucht ein Actionfilm zum Beispiel schnelle Schnitte, während sich die Schnitte bei einem Musikclip der Musik anpassen.

> **Szene:** Folge von mehreren Einstellungen, die alle an einem einheitlichen Ort spielen.
> **Sequenz:** Mehrere Szenen folgen aufeinander, die in einem zeitlichen und/oder räumlichen Zusammenhang stehen. Die Abfolge der Szenen (Clips) in einer Sequenz bestimmt die Aussage deines Films.

Auch **Titel** und Abspann lassen sich in der Montage gestalten. So ist es wichtig, dass du dir einen passenden Titel für deinen Film überlegst und ihn an den Anfang des Filmes setzt. Im **Abspann** solltest du alle erwähnen, die mitgewirkt haben. Typisch ist hier der Rolltitel. Du kannst auch mit einer Zeichen- bzw. Präsentationssoftware oder per Handzeichnung einen Titel gestalten.

> Man unterscheidet grundlegend zwischen einem **harten Schnitt,** das ist ein nahtloser Übergang von einem Bild zum nächsten Bild und einem **weichen Schnitt,** der eine Überblendung von einem zum anderen Bild realisiert.

Es gibt unterschiedliche Arten zu montieren:
- **Ellipsen:** Auslassungen in der Geschichte, Überspringen größerer Zeiträume.
- **Rück- bzw. Vorausblende:** Ein Blick in die Vergangenheit, bzw. in die Zukunft. Der chronologische Ablauf einer Geschichte wird unterbrochen.
- **Parallelmontage:** Parallel verlaufende Ereignisse im Wechsel. Wirkung: Spannung.

Tongestaltung

Einen großen Einfluss auf die Wirkung eines Filmes hat selbstverständlich auch der Ton. Der Ausdruck **Sounddesign** bezeichnet das kreative Arbeiten mit Klängen und Tönen. So kannst du beispielsweise bei Aufnahmen in großen Räumen wie Kirchen oder Sporthallen den Eindruck durch Anwendung der Methode „Hall" verstärken.

Neben dem Originalton, den du verändern kannst (z. B. mit Methoden für **lauter, leiser, Stimmverzerrung**), stehen dir im Internet verschiedene Archive zur Verfügung, deren lizenzfreie Tonaufnahmen du dem Film hinzufügen kannst (z. B. Vogelgezwitscher, Krankenwagensirene etc.). Eingesetzte Musik hat einen dramaturgischen Effekt, so kannst du die Gefühle des Zuschauers durch spannende, traurige, lustige oder nachdenkliche Musik beeinflussen.
In einer Reportage ist beispielsweise ein ergänzender Kommentar gebräuchlich.

> Beim **Sounddesign** wendest du nochmals Methoden auf deine Audio-Objekte an, um sie der Szene anzupassen oder deren Eindruck zu verstärken.

25. Lege unter die gleiche Szene jeweils eine traurige, eine spannende, lustige oder nachdenkliche Musik.

26. Beobachte die Wirkung der Musik und notiere sie. Stimmt sie mit deiner Absicht überein?

Tipp: Zur Verwendung von Musik oder Geräuschen gibt es Archive im Internet mit lizenzfreien Tonaufnahmen. Auch Videoeditoren haben oft integrierte Ton-Archive für Geräusche und Hintergrundmusik. Beachte dabei die Urheberrechte!

Arbeitsschritte mit einem Videoeditor

- **Neuanlage eines Projekts:** Hier musst du die Bildfrequenz und Bildgröße einstellen. Am besten du übernimmst die Daten von deinen Video-Objekten. Als Speicherort wählst du den Ordner, in den du vorher schon deine Video-Objekte, Bilder und Audio-Objekte gespeichert hast. Vergib einen Namen für dein Projekt. Er wird als Voreinstellung auch für die Dateibezeichnung deiner exportierten Video-Objekte verwendet.
- **Hinzufügen von Video-Objekten:** Bei Abweichungen in Bildfrequenz oder Bildgröße wird oft eine Anpassung vorgeschlagen, akzeptiere diese. Die Mischung von Clips mit verschiedenen Bildfrequenzen kann zu Fehlern beim Rendern führen.
- **Hinzufügen von Audio-Objekten:** Hier kannst du Musik, Geräusche, Sprachaufnahmen zusätzlich hinzufügen
- **Trimmen von Video-Objekten:** Du kannst das Objekt trimmen, d. h. Teile davon entfernen. Es ist gut, das bearbeitete Video-Objekt in den Projektordner abzuspeichern.
- **Montage:** Wenn du mehrere Szenen zu einer Sequenz montiert hast und die Schnitte eingefügt hast, ist es bei größeren Projekten sinnvoll, diese als Zwischenschritt ebenfalls abzuspeichern, um sie später in einem neuen Projekt zusammenzufassen.
- **Audio-Objekte ergänzen:** Wenn deine Objekte mit Audio-Objekten ergänzt werden, z. B. als Hintergrund-Musik, kannst du die Audio-Objekte entsprechend der Szene dämpfen oder verstärken.
- **Rendern oder Exportieren:** Deinen Film musst du als neues Video-Objekt exportieren, auch Rendern genannt. Du kannst aus dem gleichen Projekt Video-Objekte mit unterschiedlicher Bildgröße, Bitrate und Audio Codec erzeugen. Beachte den zukünftigen Verwendungszweck.
- **Beenden:** Wenn du fertig bist, musst du dein Projekt abspeichern, damit deine Arbeitsschritte erhalten bleiben.

> Das Exportieren des Films wird in der Fachsprache **Rendern** genannt.

Videoimport und Videoexport

Mit einem Videoeditor werden beim Import der verschiedenen Medien auch unterschiedliche Methoden zur Bearbeitung freigegeben.
Prinzipdarstellung der Komponenten eines Editors:

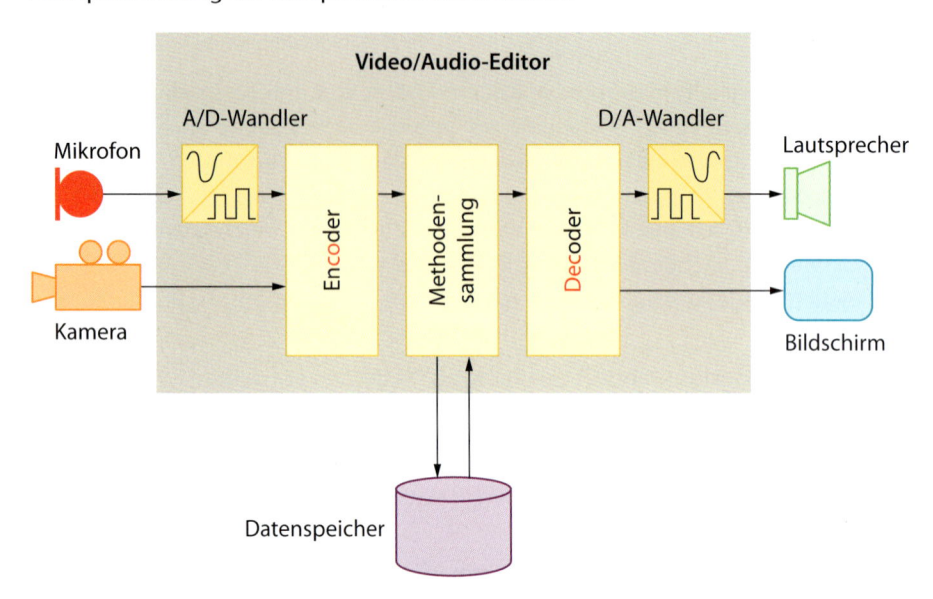

Für Video Objekte gibt es internationale **Normen für die Bildgröße und Auflösung:**
- **UHD:** 3840 × 2160 Pixel (UHD-1) bei 4K-Kameras und Fernseher
- **HD1080:** FullHD mit 1920 × 1090 Pixel für PC und Fernseher
- **HD720:** HD Ready mit 1280 × 720 Pixel für Fernseher (HD Ready), Tablets und auch bessere Smartphones.

Für **Bildwiederholraten** gilt:
- **Rechner** mit 50 bzw. 60 Bilder/s
- **PAL** mit 25 Bilder/s, europäische TV Norm
- **NTSC** mit 29,97 Bilder/s, amerikanische TV-Norm
- **Kino** mit 24 Bilder/s

Beim Export von Videosequenzen können wieder unterschiedliche Codecs eingesetzt werden, die sich in der Größe der erzeugten Datei darstellen.
Beispiel für ein Video mit 1 Minute Länge:

Dateierweiterung	Größe	Bitrate	Gesamtbitrate
.avi	141 972 KB	384 KBit/s	18 648 KBit/s
.mp4	61 007 KB	192 KBit/s	8325 KBit/s
.mov	22 120 KB	384 KBit/s	3355 KBit/s

Beachte beim Einsatz von Videodateien im Internet oder in Präsentationen die rechtlichen Voraussetzungen, besonders das Urheberrecht und das Persönlichkeitsrecht. Kennzeichne im Abspann der Videos deine Autorenschaft und das Jahr des Copyrights. Der Ort der Aufnahme und die Mitwirkenden sind auch anzugeben.

Es gibt auch *technische Voraussetzungen* zum Einsatz von Video-Objekten. Nicht jede Software für Präsentationen akzeptiert jeden Codec. Das Gleiche gilt für das Internet, denn auch hier ist die Reaktion der unterschiedlichen Browser nicht einheitlich.

Wenn die Videodateien vom Videoeditor oder Medienplayer nicht akzeptiert werden, kannst du versuchen, sie in einem anderen Format zu verwenden. Dazu gibt es im Internet Online-Konverter wie z. B. **cloudconvert.com** oder du verwendest ein Programm auf deinem Rechner wie z. B. **Virtualdub.** Auch mit deinem Videoeditor kannst du Videos konvertieren, indem du sie importierst und im neuen Videoformat exportierst.

> Es gibt beim Import/Export eines Video-Objekts eine Vielzahl von Codecs. Manche Editoren bieten Videoformate an, die für bestimmte Endgeräte optimiert sind. Wenn du unsicher bist, verwende einen **MP4-Codec.**

Filmanalyse

Die Filmanalyse wird meist im Fach Deutsch ausführlicher dargestellt. Wenn du einen Film beurteilen möchtest, hier sind einige Gesichtspunkte für deine Überlegungen:
- Sind die Einstellungen, Szenen, Sequenzen kurz oder lang?
- Ist der Wechsel ruhig oder hektisch?
- Welche Kameraperspektiven und Einstellungsgrößen kommen vor?
- Welche Wirkung haben sie für dich?
- Wie ist die Licht- und Farbgestaltung?
- Wie ist der Gesamteindruck, beispielsweise eher hell, dunkel, schattig, schwarz-weiß, bunt?
- Welche Töne (Geräusche, Musik, Interviews, Kommentare) werden verwendet?
- Wie ist der Rhythmus des Films?
- Wer sind die Protagonisten? Kannst du dich mit ihnen identifizieren?
- Worum geht es in der Geschichte? Wie wird sie erzählt?
- Verknüpfen sich Inhalt und Erzählweise?
- In welchen politischen, sozialen und historischen Kontext ist die Geschichte eingebunden?
- Erkennst du, ob der Regisseur bzw. die Regisseurin eine Botschaft hat?

27. Erkläre, wie die Schnittfolge eine Aussage im Film beeinflusst.

28. Analysiere einen Film deiner Wahl.

So könnte dein Analyse Protokoll aussehen (Filmtitel: „Reden lohnt sich")

Szene	Kameraführung	Ton
Einstiegsszene Klassenzimmer	Totale	Geräuschkulisse angenehm
Tür	Halbtotale	Anklopfen erregt Aufmerksamkeit
S. tritt ein	Halbnahe	stille Nebengeräusche, gedimmt
S. spricht	Naheinstellung	klare Stimme
Arbeitsblatt	Ganz nah	S. spricht weiter
L. antwortet	Nah, Schuss	Stimme ruhig
S. schaut skeptisch	Nah, Gegenschuss	Stimme von L. geht weiter
S. erhebt Einwand	Großaufnahme	Stimme von S. erregt, Räuspern von L.
L. checkt Arbeitsblatt	Vogelperspektive	L. gibt S. Recht
S. freut sich	Nah, Gesicht von S.	„Danke"
L. korrigiert seine Aufzeichnung	Halbtotale Ausblenden	L. murmelt „er kämpft um sein Recht, das freut mich"

Tipp: Wenn du eine Filmdatei auf deinem Rechner zur Verfügung hast, kann die Aufteilung des Films in die unterschiedlichen Szenen auch durch ein Programm erfolgen. Manche Videoeditoren verfügen über die Methode, bei einem Film automatisch die **Szenenerkennung** zu nutzen.

Fazit: Der Film zeigt, dass es sich lohnt, miteinander zu reden.

Rechtliche Bestimmungen

Die rechtlichen Bestimmungen bei der Verwendung von Audios und Videos sind, genauso wie bei Bildern, in verschiedenen Gesetzen geregelt. Da Gesetze sich weiterentwickeln, sind hier nur Hinweise möglich. Die aktuelle Rechtslage muss bei Veröffentlichungen stets geprüft werden.

Hier sind einige Hinweise dazu:
- Das **Urheberrecht** gemäß Kunsturhebergesetz (KUG) gewährt dem Ersteller eines Werkes, also auch dir, Schutz vor unerlaubter Verwendung (Copyright).
- **DRM** (Digital Rights Management) ist eine technische Lösung gegen Raubkopien.
- Das Persönlichkeitsrecht nach der **Datenschutzgrundverordnung** (DSGVO) Art. 6, Abs. 1 setzt die Erlaubnis für die Aufnahme und die Verbreitung von Bildern etc. voraus. Sie legt auch fest, dass der Zweck der Datenspeicherung angegeben werden muss und erlaubt, dass der Einwilligende später die Löschung aller Daten (auch Bilder und Videos) durchsetzen kann.
- Das **Kunsturhebergesetz** regelt mit § 22 das Recht am eigenen Bild.
- Die Darstellung von Gewalt und sexuelle Darstellungen sind nach § 14 **Jugendschutzgesetz** (JuSchuG) und § 131 Strafgesetzbuch (StGB) nicht erlaubt.
- Unterlasse die Verwendung von Symbolen verbotener Organisationen (z. B. Hakenkreuz oder Hitlergruß), da das nach § 86 a **Strafgesetzbuch** verboten ist.
- Beim Einsatz in sozialen Netzwerken sind deren Geschäftsbedingungen zu beachten.
- Weitere Infos findest du und deine Eltern bei Klicksafe.de, der EU Initiative für mehr Sicherheit im Netz unter https://www.klicksafe.de/

Einsatz von Videodateien:

Beachte beim Einsatz von Videodateien im Internet oder in Präsentationen die rechtlichen Voraussetzungen. Beim Einsatz von Videos in sozialen Netzen ist besondere Sorgfalt zum Schutz der Privatsphäre und zur Einhaltung von Urheberrechten notwendig! Durch die Verlinkung und Kopie im Netz kann schnell aus einer unvorsichtigen Veröffentlichung ein Berg von Problemen entstehen.
Ausnahme: Wenn du im privaten Umfeld Werke speicherst und bearbeitest, aber nicht weitergibst, brauchst du keine Erlaubnis.

Freie Werke sind oft mit einer **Creative Commons Licence** versehen, die die Nutzung regelt, wie z. B. Weiterverwendung unter Angabe des Autors
https://creativecommons.org/licenses/by-nc-sa/2.0/de/
Ein typisches Icon siehst du links.
„BY" bedeutet: Der Urheber des Werkes muss genannt werden.
„SA" bedeutet: Das Bild kann unter gleichen Bedingungen weitergegeben werden.

Im schulischen Umfeld reicht meist die **Quellenangabe,** diese ist aber sehr sorgfältig zu machen:
- *Werke aus dem Internet:* Internetadresse, Datum der Recherche, Name der Seite, Urheber, Rechte – z. B. Creative Commons Licence
- *Werke aus einem Buch:* Titel des Buches, Autor oder Urheber, Verlag, Jahr der Ausgabe, Seite

> Für deine Video- und Audio-Objekte solltest du die **Rechte zur Bearbeitung, Kopie** und **Veröffentlichung** haben. Für das schulische Umfeld reicht meist eine sorgfältige **Quellenangabe** aus.

„Die Würde des Menschen ist unantastbar"
Artikel 1 Grundgesetz

29. Erkundige dich (z. B. beim Datenschutzbeauftragten), ob und wie Audio- und Videoaufnahmen in deiner Schule geregelt werden.

30. Informiere dich im Internet über den neuesten Stand des Rechts am eigenen Bild, Copyrights und DSGVO, bevor du Dateien ins Internet stellst.

Tipp: Mit Smartphone oder Tablet kannst du sowohl Audios als auch Videos sehr gut erstellen und auch bearbeiten.

Tipp: Im schulischen Umfeld ist meist die Übernahme dieser Dateien auf die Schulcomputer zum Schutz vor Viren oder unzulässigen Inhalten nicht erlaubt. Für die Teamarbeit ist es dann einfacher in der CLOUD zu arbeiten und dort die Dateien abzulegen.

Grundwissen

- **Video-Projekt:**
Du hast gelernt, mit welchen Methoden eines Audioeditors Audio-Objekte zu bearbeiten sind, wie Lautstärke-Änderungen, Trimmen und Zusammenführen beeinflusst werden.
Der **Export** und die **Konvertierung** der Audio-Objekte erfordert genaue Kenntnisse über die zukünftige Verwendung, um den richtigen Codec auszuwählen.
Bei Video-Objekten ist die Beschreibung in Form eines **Storyboards,** in dem **Kameraführung, Ton** und **Szenerie** beschrieben werden, für die erfolgreiche Umsetzung deiner Idee in einen Film sehr wichtig.
Nach der Erstellung der Videoclips werden diese im **Videoeditor** als Szenen **überarbeitet, getrimmt** und **neu arrangiert.** Durch Übergänge wie Auf-, Ab- und Überblenden gibst du dem Schnitt seinen Charakter.
Wenn deine Szenen zu Sequenzen montiert sind, kannst du deinen Film exportieren **(rendern).** Dabei wählst du für die zukünftige Verwendung den richtigen Codec.

Erstelle ein Storyboard

Erstelle die Videoclips.
Stelle die Audioclips bereit.

Bearbeite im Videoeditor.
Rendere den Film.

Überprüfe die Rechte Dritter.
Sichere deine Rechte.

- Beispiel für die wechselnden Attributwerte von Audio- und Video-Objekten
mit 1 Minute Länge beim Export mit verschiedenen Codecs. Die Bitrate gibt Auskunft über die Qualität, das heißt je höher desto besser.

Attribut/Codec	WAV	MP3	WMV	MP4
Dateiendung	.wav	.mp3	.wmv	.mp4
Dateigröße in KB	10 377	940	38 389	61 007
Bitrate kBit/s	1411	128	192	192
Gesamtbitrate kBit/s	2822	192	5242	8325
Bildhöhe			720	720
Bildbreite			1280	1280
Einzelbildrate			25	25

- Wichtige Begriffe:
  - **Kompressionsverfahren (Codec): Codec** sind Algorithmen-Paare für die Kompression (**Co**dierung) von Audio und Video-Objekten. Ohne sie kann die Editor Software nicht komprimieren. Ebenso wird das Objekt durch den Codec zur weiteren Bearbeitung und zur Darstellung auf einem Bildschirm dekomprimiert (**dec**odiert).
  - **Audioeffekte:** Bereits bei der Aufnahme entstehen durch die Ausrüstung mit einem **Richtmikrofon** andere akustische Eindrücke, als mit einem **Mikrofon mit Kugelcharakteristik.** Im Audioeditor können die Audio-Objekte weiter verändert werden z. B. mit dem Effekt „Echo" oder Veränderung der Frequenzen, um neue Stimmlagen zu bekommen („Mickey Mouse" oder „Grabesstimme").
  - **Import/Export:** Audio- und Video-Objekte, die ein Aufnahmegerät erzeugt, werden in die Arbeitsumgebung des Editors importiert. Nach Bearbeitung werden sie als neue Objekte exportiert.
  - **Konvertieren:** Konvertierung ist die **Umsetzung** eines Audio-Objekts von einem Codec wie beispielsweise vom WAV-Format in andere Codec-Formate, zum Beispiel nach MP3 und umgekehrt.
  - **Schnitt Montage:** Beim Schnitt werden mehrere **Szenen** zu **Sequenzen** zusammengefügt. Aus mehreren Sequenzen und den eingesetzten Blenden und Effekten wird ein neues Video-Objekt in der **Montage** gebildet.
  - **Videoeffekte:** Effekte verändern den Inhalt eines Video-Objekts, zum Beispiel durch **Farbveränderung.**
  - **Blenden:** Die Methoden des **Aufblendens, Überblendens** und **Abblendens** sind Standardmethoden.
  - **Rendern:** Der Videoeditor exportiert die Bildfolgen und Audioelemente anhand des ausgewählten Codecs.

Zeig was du kannst

1. **Filmanalyse**
   Analysiere, wie im Abschnitt Filmanalyse empfohlen, einen Film. Beschreibe die Szenen, Kameraführung und Vertonung. Beurteile danach, was dir gefällt oder du besser machen würdest.

2. **Filmreife Vorlage**
   Erstelle nach deiner Idee ein Storyboard. Überlege dir genau, mit welchen Methoden der Kameraführung du deine Aussage unterstützen kannst. Auch welche Geräusche und welche Musik dir geeignet erscheinen. Für den Schnitt kannst du dir auch erste Gedanken machen.

3. **Audiobearbeitung**
   Erweitere deine Videoproduktion durch geschickten Einsatz von Kommentar, Geräuschen oder Musik. Beschreibe die Wirkung. Erzeuge eigene Geräuscharchive.

4. **Video**
   Kombiniere in Form einer Kollage aus Bildern, Filmclips und Kommentaren deine Video- und Audiokenntnisse. Stelle dabei, z. B. für ein Referat in Kunst, deine Präsentation, anstatt in einer Folien Präsentation, als Video Kurzfilm dar.

5. **Kurzfilm über ein Gespräch**
   Erstelle einen Kurzfilm über ein erfolgreiches Gespräch. Beachte die Wirkung deiner Kameraeinstellungen bei Schuss/Gegenschuss und Nahaufnahme. Verstärke deine Aussagen durch Einsatz verschiedener Perspektiven.

6. **Interview**
   Eine interessante Idee ist, ein Interview mit Mitschülerinnen und Mitschülern, Lehrkräften oder der Schulleitung zu drehen.
   Dabei musst du dir natürlich vorher gute Fragen überlegen. Wichtig ist vor allem, dass du Abwechslung in den Einstellungsgrößen und zwischen Interviews und Impressionen hast. Der Zuschauer sollte Wissenswertes erfahren, aber auch in einen ästhetischen Genuss kommen, denn dazu ist die Kamera ja da.

7. **Reportage**
   Auch eine Reportage zu drehen macht sehr viel Spaß. Ob du etwas über deine Eltern, einen Lehrer, einen Freund, deine Klasse, deine Stadt, deinen Lieblingssee, deinen Fußballverein, die Schulbibliothek oder über die Schule machen willst: Wichtig ist nur, dass du dich für ein Motiv entscheidest. Reportagen werden oft durch Sprecherkommentare ergänzt.

Filmprojekte:

Dein Grundwissen für ein Videoprojekt wurde im Bereich Idee/Storyboard und Produktion vertieft. Zur erfolgreichen Durchführung eines Videoprojekts gehören auch eine gute Planung und die Beachtung der Regeln bei einer Veröffentlichung:

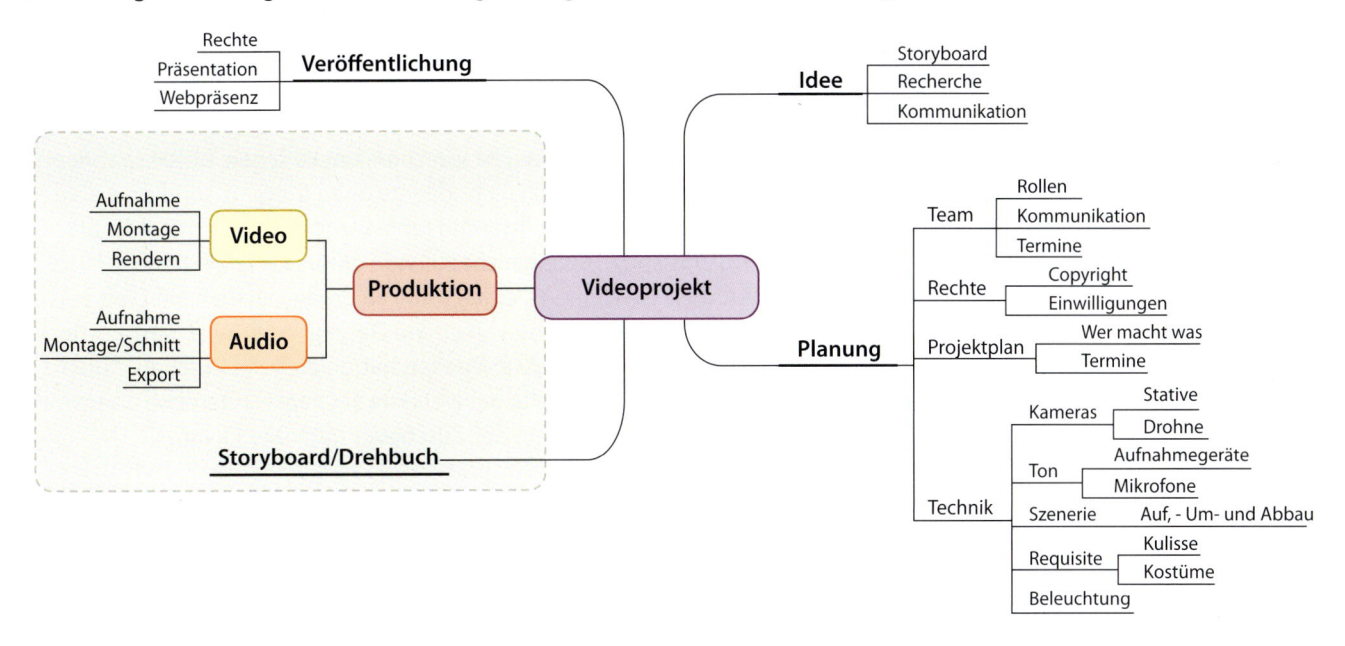

```
Veröffentlichung                    Idee
  - Rechte                            - Storyboard
  - Präsentation                      - Recherche
  - Webpräsenz                        - Kommunikation

Produktion                          Planung
  Video                               Team
    - Aufnahme                          - Rollen
    - Montage                           - Kommunikation
    - Rendern                           - Termine
  Audio                               Rechte
    - Aufnahme                          - Copyright
    - Montage/Schnitt                   - Einwilligungen
    - Export                          Projektplan
                                        - Wer macht was
Storyboard/Drehbuch                     - Termine
                                      Technik
                                        Kameras
                                          - Stative
                                          - Drohne
                                        Ton
                                          - Aufnahmegeräte
                                          - Mikrofone
                                        Szenerie
                                          - Auf-, Um- und Abbau
                                        Requisite
                                          - Kulisse
                                          - Kostüme
                                        Beleuchtung
```

8. **Filmprojekt „Meine Schulbibliothek"**
   Wenn du zum Beispiel über deine Schulbibliothek einen Film drehen willst, ist für den Zuschauer später interessant:
   - Wer hält sich dort auf?
   - Warum lesen Schüler und Schülerinnen gern?
   - Warum sind die Schüler und Schülerinnen dort?
   - Was gefällt ihnen an Büchern?
   - Wie funktioniert das Ausleihsystem?
   - Dürfen die Schüler und Schülerinnen hier noch etwas anderes machen außer lesen?
   - Welchen Stellenwert hat Lesen im gesamten Schulsystem?

   Vielleicht kann dir eine Lehrkraft für Deutsch oder für Fremdsprachen Auskunft über die Nutzung geben.
   Du solltest auf jeden Fall Schnittbilder drehen oder fotografieren, die du später integrierst. Drehe zum Beispiel einen Schwenk über die Bücherregale, eine Detailaufnahme vom Scanner des Ausleihsystems oder eine halbnahe Einstellung von lesenden SchülerInnen. Diese Szenen kannst du im Schnitt mit einem Interview oder mit einem von dir gesprochenen Kommentar unterlegen.
   So sieht der Zuschauer mehr, als „Talking Heads" der Interviewten und bekommt so einen Eindruck von der Atmosphäre in der Schulbibliothek.

   Tipp: Wenn du in der Schulbibliothek filmst, musst du darauf achten, dass du keine Bücher darstellst, da die Bildrechte des Umschlags beim Verlag liegen!
   Auch Kundendatenbanken dürfen nicht gefilmt werden.

9. **Filmprojekt „Schulalltag"**
   Eine Geschichte im Klassen- und Schulkontext mit einem ernsten Thema, wie Mobbing oder Suchtmittel, ist spannend und mit Fingerspitzengefühl zu machen.

   Wichtige Fragen sind hierbei:
   - Wer soll mitspielen?
   - Welche Kostüme brauchst du?
   - Wer führt die Kamera?
   - Wer führt Regie?
   - Welche Lehrkraft begleitet das Projekt und achtet darauf, dass niemand bloßgestellt oder in seinen Gefühlen verletzt wird?

   Tipp: Achte darauf, dass niemand in seinen Persönlichkeitsrechten, auch durch Dritte, beinträchtigt wird, indem z. B. Gerüchte verbreitet werden.

Projekte für Fortgeschrittene

10. Filmprojekt „Spielfilm"

Wenn du einen fiktionalen Film, also einen Spielfilm, drehen willst, ist es notwendig ein Storyboard zu zeichnen und deine Idee auf Papier festzuhalten, damit du mit deinem Team eine Grundlage für gute Kommunikation hast. Für einen längeren Film reicht das Storyboard nicht mehr aus. Hier solltest du ein richtiges Drehbuch schreiben.

Deine Idee kannst du mit anderen besprechen, um zu sehen, ob sie spannend und logisch ist. Überfordere dich nicht mit etwas zu Großem, sondern wähle eine Geschichte, die du auch vollständig umsetzen kannst. Nichts ist für alle Beteiligten frustrierender, als ein nicht zu Ende geführtes Projekt!

Vielleicht hast du ja Lust, einen kleinen Krimi zu drehen, in dem ein Dieb beispielsweise ein Handy stiehlt und von einem Detektiv überführt wird. Lustig wird es, wenn der Detektiv ein paar Macken hat, so dass der Zuschauer über ihn lachen muss. Außerdem sollte der Detektiv ein paar Hindernisse überwinden, bis er den Dieb findet, damit der Zuschauer mitfiebern kann.

Tipp: Drehbuch schreiben funktioniert fast genauso wie ein Storyboard. Allerdings ist ein Drehbuch viel umfangreicher, da es die genauen Texte der Darsteller sowie genaue Regieanweisungen, Anweisungen für die Kameraeinstellungen, Ton und die Szenerie enthält.
Rechne damit, dass für 1 min Film ca. 1 Seite Drehbuch notwendig ist.

11. Dokumentation „ÖKO und Umwelt"

Für Filme zu Umwelt und Ökologie wird als Stilmittel die Form der Dokumentation eingesetzt. Hier ist es wichtig, vor der Dreharbeit bereits eine Faktensammlung anzulegen. Im Storyboard oder Drehbuch werden zu den Fakten dann die entsprechenden Videoclips, Reportagen, Statistiken, Bilder, Interviews zugeordnet und geplant. Hier könnt ihr im Team als Jahresprojekt gute Ergebnisse erzielen.

Tipp: Beachtet alle Ge- und Verbote beim Betreten von Naturschutzgebieten wie beispielsweise das Wegegebot oder das Betretungsverbot während der Brutzeit von Vögeln.

12. Filmprojekt „Inklusion"

Ein wichtiges Anliegen beim Filmen ist es, auch den Menschen, die nicht so gut sehen oder hören können, die Möglichkeit zu bieten, den Film selbst zu erleben und sie daran teilhaben zu lassen.

Um den Film auch bei Sehbehinderung zu verstehen, kann man die Szenen in einem Kommentar als Audiodeskription zusätzlich beschreiben. Bei einer Hörbehinderung ist der eingeblendete Sprachtext als Untertitel ein wichtiges Hilfsmittel, um den Film zu verstehen.

13. Filmprojekt „Integration"

Die Sprache der Bilder ist international. Besonders bei der Zusammenarbeit mit mehreren Nationalitäten in einem Filmprojekt ist es möglich, den anderen besser kennenzulernen. Aus Respekt voreinander ist es durchaus sinnvoll, auch einmal die Muttersprache des anderen zu nutzen. Gerade bei der Übersetzung erlebt man die kulturelle Verschiedenheit und Gemeinsamkeit besonders gut. Damit aber jeder auch verstehen kann, was hier gesprochen wird, sollte man die fremden Laute als Untertitel in das Projekt einfügen.

Tipp: Bevor du ein solches Filmprojekt beginnst, erkläre allen Teilnehmern, am besten schriftlich, worum es geht. Hole die Erlaubnis von jedem der im Film vorkommen soll vorher ein. Achte darauf, dass sich niemand diskriminiert fühlt.

4 Webdesign

Jeden Tag öffnest du unzählige Seiten in einem Browser, um dich in deine sozialen Netzwerke einzuloggen, deine E-Mails zu schreiben und zu versenden und Informationen zu erhalten. Dabei werden die Daten und Services übersichtlich und anschaulich dargestellt. Als Grundlage dient dazu aber nicht ein Textverarbeitungs- oder Präsentationsprogramm, sondern eine ganz eigene Sprache, die für diese Aufgabe entwickelt wurde: HTML.
In diesem Kapitel beschäftigst du dich mit den Grundlagen von HTML und wie man mit Hilfe geeigneter Werkzeuge Webseiten ansprechend gestalten kann.

Anforderungen an eine Webseite

Inhaltsvermittlung ist einer der wichtigsten Aspekte, die eine Webseite erfüllen muss. Damit ein Benutzer eine Webseite also wieder besucht und sich dort wohlfühlt gibt es einige Punkte zu beachten:
Die **Bedienbarkeit (Usability)** einer Seite spielt eine große Rolle. Seiten, auf denen Informationen nur schwer zu finden sind, oder die generell einen schlecht organisierten Eindruck hinterlassen, werden in Zukunft mit hoher Wahrscheinlichkeit vom Nutzer nicht mehr aufgerufen. Auch mehrdeutige Menüpunkte oder schlecht sichtbare Buttons tragen hierzu bei. Bei der Bedienbarkeit ist es wie mit einem Witz: *Wenn du die Bedienung erklären musst, ist sie wahrscheinlich nicht besonders gut.*

1. Besucht verschieden Webseiten zum Thema Tastschreiben. Findet Unterschiede in der Bedienbarkeit und im generellen Eindruck, den die Seiten hinterlassen.

Barrierefreiheit ist nicht nur für Menschen mit Behinderung ein wichtiger Aspekt. Er betrifft auch Nutzer mit technischen Einschränkungen wie z.B. langsames Internet, Textbrowser oder Menschen mit altersbedingten Einschränkungen wie Hör- oder Sehschwächen. Dabei ist es mit der heutigen Technik besonders leicht, auch für diese Menschen Inhalte so aufzubereiten, dass sie problemlos am digitalen Leben teilnehmen können.
Dabei sollte auch immer die Plattformunabhängigkeit gewahrt bleiben, also dass jeder Nutzer, unabhängig mit welchem Gerät oder welchem Betriebssystem bzw. Programm er online geht, den gleichen Zugang zu den Informationen erhält.

2. Erkläre verschiedene Arten, wie man digitale Informationen aufbereiten kann, um einen barrierefreien Zugang für jeden zu gewährleisten.

Corporate Identity ist das Selbstbild eines Unternehmens. Dieses sollte wichtige Punkte des Unternehmens hervor- und sie von anderen abheben. Eine gut funktionierende Corporate Identity führt dazu, dass ein Unternehmen als Person wahrgenommen wird. Dies führt dazu, dass Personen besser mit dem Unternehmen als Ganzes interagieren können.
Corporate Identity setzt sich aus vielen Einzelpunkten zusammen, zu den wichtigsten im Rahmen von Webdesign gehören folgende:

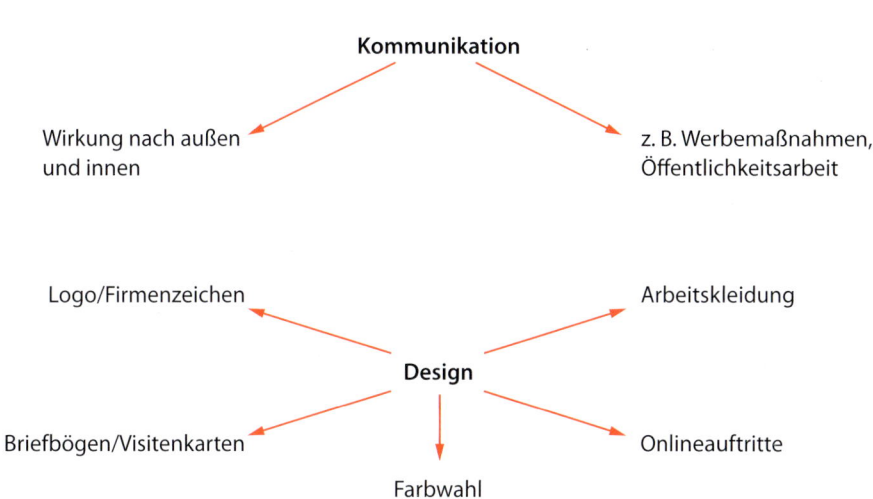

Kommunikation
- Wirkung nach außen und innen
- z. B. Werbemaßnahmen, Öffentlichkeitsarbeit

Design
- Logo/Firmenzeichen
- Arbeitskleidung
- Briefbögen/Visitenkarten
- Onlineauftritte
- Farbwahl

3. Auch Schulen besitzen eine Corporate Identity. Findet verschiedene Punkte, die eure Schule einmalig machen.

Grundlegendes zur Sprache HTML

HTML ist die Abkürzung für **H**yper**t**ext **M**arkup **L**anguage (dt. Hypertext-Auszeichnungssprache).

Ein **Hypertext** ist ein Text, der mit Hilfe von Hyperlinks, kurz Links mit anderen Texten zu einem Netz verknüpft ist. Dabei können nicht nur Texte verknüpft werden, sondern auch andere Objekte. Durch die Querverweise, die durch die Links geschaffen werden, wird die lineare Struktur aufgebrochen.

4. „Hypertext gibt es erst seit dem Internet", behauptet ein Schüler. „Nein", widerspricht ein anderer, „Bücher sind nicht zwangsläufig linear". Diskutiert beide Aussagen und findet jeweils Beispiele.

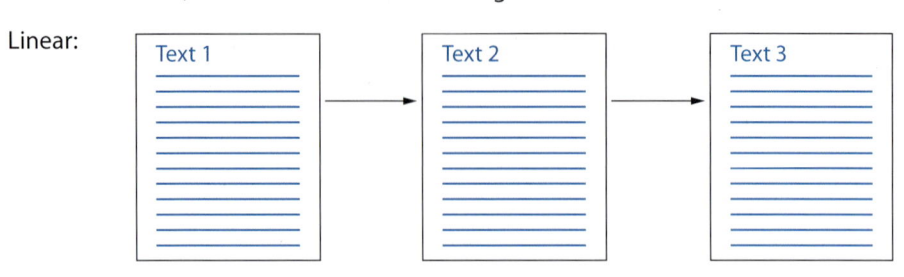

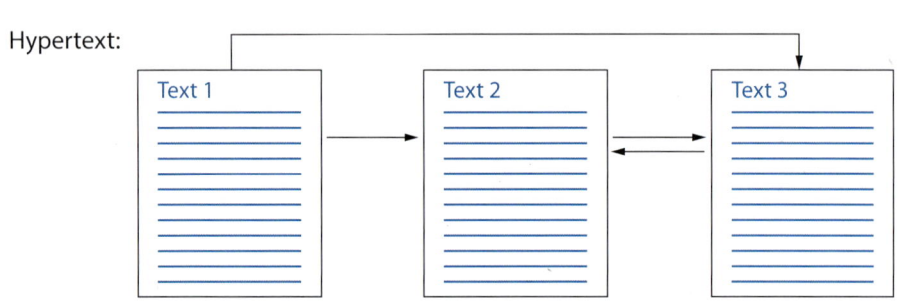

Linear: Text 1 → Text 2 → Text 3

Hypertext: Text 1 ↔ Text 2 ↔ Text 3

Markup ist der englische Ausdruck für Auszeichnung, also die Möglichkeit, mit Hilfe eines **Tags** (dt. Etikett, Schildchen, Auszeichner), etwas zu beschreiben.
Tags basieren auf englischen Wörtern oder deren Abkürzungen. Daher ist es sinnvoll sich die englischen Begriffe zu merken.

A → fett Größe 12

HTML-Code wird mit Hilfe eines **Editors** geschrieben und enthält die semantische Struktur und den Inhalt. Die Formatierung wird erst vom Browser visuell dargestellt. Deshalb kann es vorkommen, dass unterschiedliche Browser Seiten unterschiedlich darstellen, je nachdem wie sie unterschiedliche Tags umsetzen. Deshalb wird eine Webseite auf unterschiedlichen Displays mit unterschiedlichen Auflösungen und Umbrüchen dargestellt.

Im Gegensatz zu Word, Pages und Writer, die das sogenannte WYSIWYG-Prinzip verwenden, also, dass das was man am Bildschirm sieht auch genau das ist, was man bekommt, gibt es bei HTML eine klare Trennung zwischen der Entwicklersicht und der Nutzersicht:

Entwickler im Editor: `<b>Betreff</b>`

Nutzer im Browser: **Betreff**

5. Findet heraus, welche Vorteile ein spezieller HTML-Editor besitzt.

Editoren gibt es viele: Spezielle HTML-Editoren sind dabei ebenso nutzbar um HTML-Code zu schreiben wie auch der Standardeditor, der mit jedem Betriebssystem mitgeliefert wird.

Grundgerüst einer HTML-Datei

Jede HTML-Datei baut auf einem Grundgerüst auf:

```html
<html>
  <head>
    <title>Titel der Webseite</title>
  </head>
  <body>
    Inhalt der Webseite
  </body>
</html>
```

Dabei fallen mehrere Sachen auf:

`<html>`	Beginn der HTML-Datei	
`<head>`	Beginn der Informationen über die Website (= Kopf)	
`<title>Titel der Webseite</title>`	Angabe des Titels (= Angabe im Tab)	
`</head>`	Ende des Kopfes	
`<body>`	Beginn des Seiteninhalts (= Körper)	
Inhalt der Webseite		
`</body>`	Ende des Körpers	
`</html>`	Ende der HTML-Datei	

„Vergisst" man das Endtag `</title>`, so wird alles Folgende als Inhalt des Titels behandelt.

Tags treten paarweise auf: `<beginn>...</ende>`, wobei das Endtag durch einen Slash dargestellt wird. Es gibt allerdings auch ein paar Tags, die kein Endtag haben. Damit der Browser weiß, welche Sprache verwendet wird, wird die gesamte Datei von der **Dokumenttypdefinition** `<html>...</html>` umschlossen.

Tags funktionieren wie Klammern in der Mathematik und müssen deshalb auch korrekt wieder geschlossen werden:

	falsch	richtig
Mathematik:	[3 + (4 – 2] – 8)	[3 + (4 – 2) – 8]

HTML:	`<html>`
	`<head>...`
	`</html>`
	`</head>`
		`<html>`
		`<head>...`
		`</head>`
		`</html>`

Tipp: Oft wird auch eine verkehrte oder fehlende Klammerung richtig umgesetzt. Manchmal versagt diese Mechanik aber.
Gewöhne dir deshalb eine ordentliche Arbeitsweise an.

HTML-Befehle wie `html`, `head`, `title` usw. kann man groß oder kleinschreiben: `<HTML>` ist gleichbedeutend mit `<html>`.

6. Bewertet die beiden Möglichkeiten der Schreibung von HTML-Befehlen.

Einrückungen machen diese Struktur besser sichtbar und verbessern damit die Lesbarkeit und Wartungsfreundlichkeit des Codes.

```html
<html>
  <head>
    ...
  </head>
</html>
```

Tipp: Einrückungen werden mit dem Tabulator vorgenommen, so ist sichergestellt dass zum einen die Einrückungen gut erkennbar sind, und zum anderen, dass alles ordentlich ausgerichtet ist.

7. Erstelle eine HTML-Gerüstdatei in einem Editor und speichere sie als HTML-Datei ab. Öffne die Datei in einem Browser.

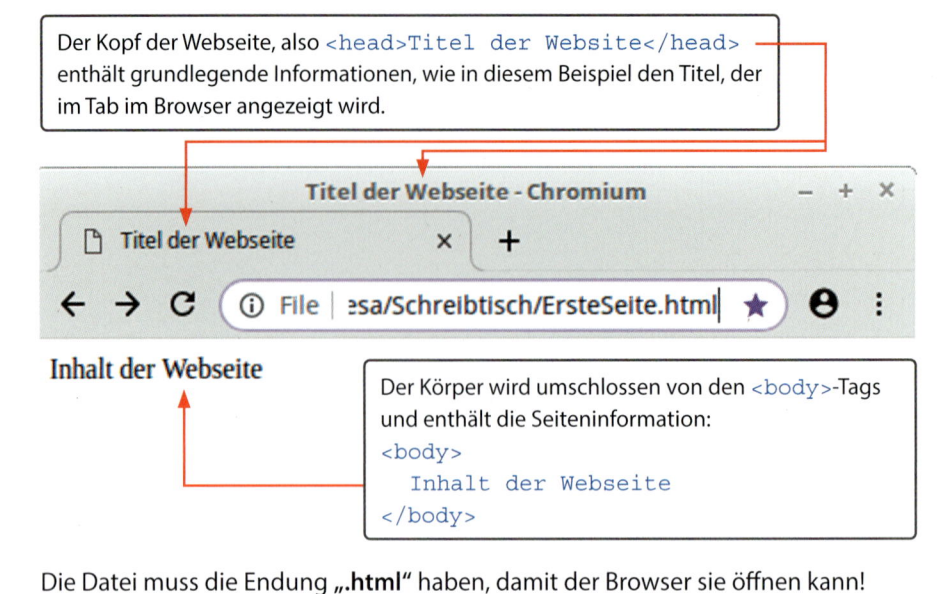

Der Kopf der Webseite, also `<head>Titel der Website</head>` enthält grundlegende Informationen, wie in diesem Beispiel den Titel, der im Tab im Browser angezeigt wird.

Der Körper wird umschlossen von den `<body>`-Tags und enthält die Seiteninformation:
```
<body>
    Inhalt der Webseite
</body>
```

Tipp: Öffne deine Datei parallel im Editor und im Browser. Wenn du Änderungen vornimmst, kannst du im Editor mit STRG + S speichern. Anschließend aktualisierst du deinen Browser mit F5 und siehst die Veränderungen.

Die Datei muss die Endung „.html" haben, damit der Browser sie öffnen kann!

HTML-Objekte und ihre Attribute

Kommentare sind Zeilen im Code, die nur im Editor sichtbar sind, nicht jedoch für den Nutzer im Browser.
Wie bei jedem Code helfen Kommentare auf vielfältige Art und Weise:
- Man kann sich selbst Erinnerungen schreiben, was man sich bei der Arbeit gedacht hat bzw. wo noch etwas fehlt.
- Man kann Code zeitweise auskommentieren, um zu testen wie eine Alternative aussieht ohne alles löschen zu müssen.
- Teamwork/Wartung: Es ist leichter, sich in ein kommentiertes, neues Projekt einzuarbeiten.
- Kommentare dienen auch der Klarstellung, warum manche Sachen auf bestimmte Art und Weise gelöst wurden.

8. Versieh deine Grundgerüstdatei mit einigen erklärenden Kommentaren.

| Anfangstag für einen Kommentar: | `<!--` | Endtag: `-->` |

Beispiele:
```
<!-- Hier mehr Informationen einfügen! -->
<!-- Das im Moment noch nicht anzeigen, erst ab 1. Mai:
Ab heute ist unsere neue Internetpräsenz zu erreichen!
</-->
```

Absätze:
Da die Bildschirme an denen Webseiten angezeigt werden sehr unterschiedlich sind, mussten die Entwickler von HTML eine Möglichkeit finden, die Inhalte auf allen Bildschirmgrößen lesbar anzeigen zu können.
Deshalb werden Absätze dynamisch umgebrochen. Die Absätze an sich bleiben jedoch erhalten. Anders als in Textverarbeitungsprogrammen, bei denen ein Enter einen neuen Absatz erzeugt, gibt es in HTML natürlich ein Tag, das bestimmt, wo ein Absatz beginnt und wo er wieder endet.

Folgender Code definiert zwei Absätze:
```
<p>Das ist mein 1. Absatz, dieser beinhaltet nur
einigen Text, um das Umbruchverhalten von Absätzen zu
demonstrieren.</p>
<p>Ein sehr kurzer 2. Absatz.</p>
```

So sieht die Ausgabe in einer breiten Anzeige aus:

> Das ist mein 1. Absatz, dieser beinhaltet nur einigen Text, um das Umbruchverhalten von Absätzen zu demonstrieren.
>
> Ein sehr kurzer 2. Absatz.

Und so derselbe Code in einer schmalen Anzeige:

> Das ist mein 1. Absatz, dieser beinhaltet nur einigen Text, um das Umbruchverhalten von Absätzen zu demonstrieren.
>
> Ein sehr kurzer 2. Absatz.

9. Listet verschiedene Möglichkeiten auf, bei denen dieser automatische Zeilenumbruch unbedingt nötig ist.

Erst wenn der Bildschirm oder die Anzeige zu schmal wird, um alle Elemente ordentlich darstellen zu können, greift der Browser darauf zurück, einen horizontalen Scrollbalken zu benutzen:

10. Diskutiert für und wider von Scrollbalken.

11. Erstelle in einer HTML-Datei Absätze mit unterschiedlichen Längen um das Verhalten von Absätzen zu testen. Ändere dazu auch die Breite deines Anzeigefensters.

Absätze werden durch das Tag **`<p>`** gekennzeichnet:
```
<p>Inhalt des Absatzes </p>
```

p ist die Abkürzung für paragraph, dem englischen Begriff für Absatz.

Überschriften strukturieren ein Dokument. Gerade bei langen Texten springt der Leser auf der Suche nach den für ihn relevanten Informationen von Überschrift zu Überschrift, da diese einen neuen Sachverhalt oder ein neues Thema ankündigen. Genauso wie Textverarbeitungsprogramme Formatvorlagen für verschiedene Überschriften enthalten, gibt es diese auch in HTML:
- Überschrift 1. Grades/1. Ebene/Hauptüberschrift:
```
<h1>Hauptüberschrift</h1>
```
- Überschrift 2. Grades/2. Ebene/Überschrift:
```
<h2>Überschrift</h2>
```

Diese Überschriften (englisch headings) sind von h1 bis h6 definiert, wobei h1 die am meisten hervorgehobene und h6 die am wenigsten hervorgehobene Überschrift ist:

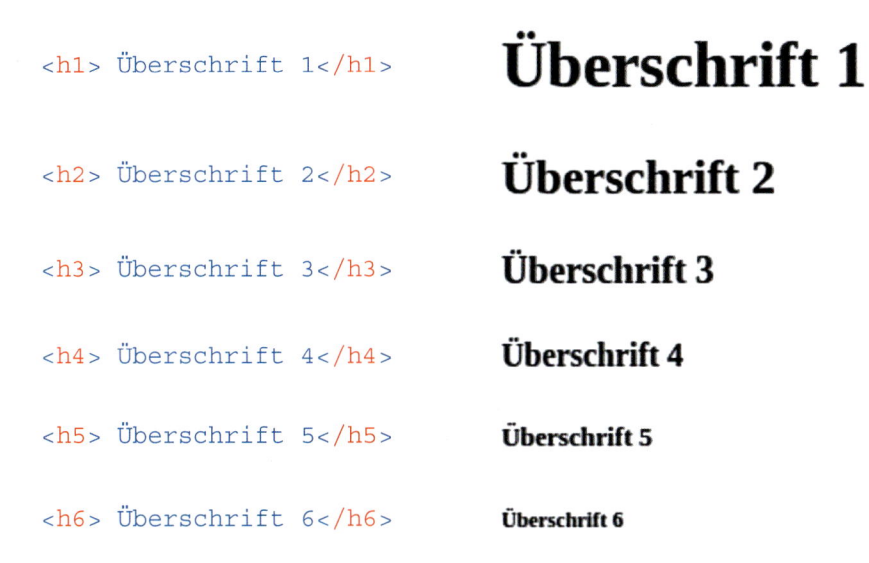

```
<h1> Überschrift 1</h1>
```
Überschrift 1

```
<h2> Überschrift 2</h2>
```
Überschrift 2

```
<h3> Überschrift 3</h3>
```
Überschrift 3

```
<h4> Überschrift 4</h4>
```
Überschrift 4

```
<h5> Überschrift 5</h5>
```
Überschrift 5

```
<h6> Überschrift 6</h6>
```
Überschrift 6

12. Erstelle in deiner HTML-Datei Überschriften verschiedener Ebenen. Achte darauf, dass ein sinnvoller Sachverhalt widergespiegelt wird.

Die Nummern bei den Überschriften-Tags zeigen nicht an, die wievielte Überschrift es ist, sondern die Ebene der Überschrift.
h1 ist damit eine Hauptüberschrift, während h2 eine untergeordnete Überschrift ist, und so weiter bis h6.

Schriftschnitt:
Text hervorheben kann man im Allgemeinen durch kursiv setzen, fett setzen, unterstreichen oder eine Kombination aus ihnen.

`<b>fett</b>`	**fett**	bold
`<i>kursiv</i>`	*kursiv*	italic
`<u>unterstrichen</u>`	<u>unterstrichen</u>	underline
`<b><i>fett und kursiv</i></b>`	***fett und kursiv***	

Achte darauf, dass der Tag der zuletzt „aufgeht" als erstes wieder „zugeht".

Bilder:
Auch Bilder tragen zu einem ansprechenden Layout bei.
Bilder (engl. images) werden mit dem img-Tag eingebunden. Dabei fällt auf, dass dieses Tag nur Attribute und Attributwerte beinhaltet und kein schließendes Tag hat:
`<img src="Blume.jpg" alt="Ein Bild von einer blauen Blume">`

src bestimmt die Quelle (engl. Source) des Bildes. Ist kein Dateipfad angegeben, so muss das Bild im gleichen Ordner wie die HTML-Datei liegen. Hat man mehrere Bilder, so ist es sinnvoll, sie in einem Ordner zusammenzufassen.
Liegt dieser Bilderordner in der gleichen Ebene wie die HTML-Datei, so wäre der Dateipfad „Bilder/Blume.jpg".

alt ist der alternative Text, der angezeigt wird, wenn das Bild z. B. wegen einer langsamen Internetgeschwindigkeit, einer Einstellung des Browsers für Sehbehinderte oder aus anderen Gründen nicht dargestellt werden kann.

Zusätzlich kann man die Höhe **(height)** und die Breite **(width)** einstellen:
`<img src="Blume.jpg" alt="Ein Bild von einer blauen Blume" style="width:500px;height:200px">`
Dabei werden die Maße in Pixel angegeben.

Hyperlinks:
Ein wichtiger Aspekt von Webseiten ist die Verknüpfung mit anderen Seiten:
`<a href="https://www.wikipedia.de/Hypertext_Markup_Language">Hier geht es zur Wikipedia-Seite über HTML</a>`
erzeugt einen klickbaren Link mit dem Text „Hier geht es zur Wikipedia-Seite über HTML" und dem Ziel *„https://www.wikipedia.de/Hypertext_Markup_Language"*.

Aber nicht nur Links mit einem Ziel im Internet sind möglich, auch Links zu Dateien im selben Dateisystem, wenn beide Dateien im selben Ordner liegen:
`<a href="MeineZweiteSeite.html">Link zur zweiten Seite</a>`

Listen:
Aufzählungen gibt es in zwei Varianten:

13. Erstelle einen Absatz in deiner HTML-Datei und formatiere einzelne Zeichen bzw. Zeichenketten unterschiedlich.

14. Kopiere in den Ordner, in dem deine HTML-Datei liegt, ein Bild. Füge es in deine HTML-Datei ein.

15. Die Bildbreite kann auch in Prozent angegeben werden, dann ändert sie sich mit der Größe des angezeigten Fensters dynamisch mit. Bei `width:50%` ist das Bild immer halb so breit wie das Browserfenster.
Teste verschiedene Größen deines Bildes, benutze auch die prozentuale Größenangabe.

16. Erstelle eine zweite HTML-Datei im selben Ordner und verlinke die Seiten miteinander.

17. Erstelle einen Link, mit dem du eine Suchmaschine öffnen kannst.

mit Nummerierung:

1. erster Punkt
2. zweiter Punkt
3. dritter Punkt

```
<ol>
  <li>erster Punkt</li>
  <li>zweiter Punkt</li>
  <li>dritter Punkt</li>
</ol>
```

ohne Nummerierung:

- erster Punkt
- zweiter Punkt
- dritter Punkt

```
<ul>
  <li>erster Punkt</li>
  <li>zweiter Punkt</li>
  <li>dritter Punkt</li>
</ul>
```

Dabei stehen die Abkürzungen für
ol → ordered list,
  deutsch geordnete Liste
ul → unordered list,
  deutsch ungeordnete Liste
li → list item,
  deutsch Listeneintrag

Nicht immer sind 1., 2. bzw. die kreisförmigen Aufzählungszeichen die gewünschten Symbole. Diese lassen sich jedoch einfach ändern indem man das Anfangstag der Liste erweitert.

```html
<ul style="list-style-type:circle">
  <li>erster Punkt</li>
  <li>zweiter Punkt</li>
  <li>dritter Punkt</li>
</ul>
```

○ erster Punkt
○ zweiter Punkt
○ dritter Punkt

18. Erstelle eine HTML-Datei mit diversen Listen. Teste dabei unterschiedliche Darstellungen.

Attributwerte für ungeordnete Listen mit dem Attribut **list-style-type:**
disc → gefüllter Kreis, Standard
circle → leerer Kreis
square → Quadrat
none → kein Aufzählungszeichen

19. Diskutiert, wann man nummerierte bzw. nichtnummerierte Listen benutzt.

Attributwerte für geordnete Listen mit dem Attribut **type:**
1 → Zahlen
A → Großbuchstaben
a → Kleinbuchstaben
I → römische Ziffern in großer Schrift
i → römische Ziffern in kleiner Schrift

Das Attribut type ist ein Teil des Attributes style. Man kann also innerhalb von style das Attribut type festlegen. Dies ist sinnvoll, wenn man noch mehr Attribute von style festlegen will. Möchte man „nur" den Typ einer Liste ändern, kann man dies aber kürzer über `type=Attributwert` erreichen.

Listen können auch geschachtelt werden:

```html
<ol type="I">
  <li>erster Punkt</li>
  <ul style="list-style-type_square">
    <li>Unterpunkt</li>
  </ul>
  <li>zweiter Punkt</li>
  <li>dritter Punkt</li>
</ol>
```

I. erster Punkt
   ○ Unterpunkt
II. zweiter Punkt
III. dritter Punkt

Farben:
Ob eine Webseite als gut lesbar oder ansprechend empfunden wird, liegt stark an den verwendeten Schriften und dem Farbschema, welches benutzt wird.
Genau wie bei Präsentationen sollten die Farben gut kontrastieren, sich aber nicht beißen. Im Internet gibt es Seiten, bzw. Apps, die Farbschemata erzeugen und die Farbwerte bereitstellen.

Farben können ganz unterschiedlich definiert werden. Wenn du bereits mit Bildbearbeitungssoftware gearbeitet hast, kennst du vielleicht schon das **RGB-Schema:** Mit einem Wert von 0 bis 255 gibt man an, wie stark die Einzelfarben Rot, Grün und Blau in der Mischfarbe vertreten sein sollen.
Beispiel: rgb(117,25,140)   ergibt ein sattes Violett.

HEX: Mithilfe von hexadezimalen Werten zwischen 0 und ff (identisch mit 0 bis 255) und mit dem Aufbau #rrggbb , nur eben anstatt einem dezimalen Wert umgerechnet in hexadezimal:
Beispiel: #75198c   ergibt das gleiche Violett wie oben.

Hexadezimales System:
Basiszahl 16
Dezimales System:
Basiszahl 10

Es gibt auch bereits vordefinierte Farbnamen, die benutzt werden können.
Dazu gehören die Standardfarben (jeweils auf englisch) sowie die hellen bzw. dunklen Varianten (z. B. lightblue, darkblue).
Desweiteren aber auch viele Farben wie lime, powderblue, rebeccapurple, crimson und viele weitere.

20. Teste verschiedene Farben als Attribute in deinen bis jetzt erstellten HTML-Dateien.

21. Bestimmt hast du schon einige Präsentationen erstellt. Die Regeln für die Benutzung von Farben gelten auch für Webseiten. Erstellt eine HTML-Seite mit schlechtem und eine mit gutem Farbschema.

22. Finde heraus, wodurch sich serifenlose Schriften und Serifenschriften unterscheiden und diskutiere, wann sie jeweils benutzt werden. Finde dazu Beispiele in der realen Welt.

23. Teste die verschiedenen Attribute um die Schrift zu verändern in einer deiner HTML-Dateien.

Die Hintergrundfarbe sowie die Schriftfarbe kann man bei jedem Element anpassen, indem man das Anfangstag um das Stilattribut **background-color** erweitert:
```
<p style="background-color:#75198c;">Mein Absatz</p>
```

Mein Absatz

Bei mehreren Attributen trennt man sie mit einem Semikolon:
```
<ol type="I"; style="background-color:DodgerBlue;">
   ...
</ol>
```

I. erster Punkt
     o Unterpunkt
II. zweiter Punkt

Schriftart und Schriftgröße:
Schriften sollten passend zum Auftritt der Webseite gewählt werden. Verschnörkelte Schriften sind dabei naturgemäß schwerer zu lesen als einfache Schriften. Man unterscheidet auch zwischen serifenlosen und Serifenschriften:

Calibri ist eine serifenlose Schrift:

   Dies ist ein Text in Calibri

Times New Roman ist eine Serifenschrift:

   Dies ist ein Text in Times New Roman

Möchte man einen Absatz in einer bestimmten **Schriftart** gestalten, so definiert man einen Stil, im englischen style, in dem man das Attribut font-family setzt:
```
<p style="font-family: Courier New, Times New Roman">
Andere Schriftart</p>
```

Da jedes System unterschiedliche Schriften unterstützt, kann man hier in einer kommagetrennten Liste verschiedene Schriftarten angeben. Ist die zuerst angegeben Schriftart auf dem System nicht verfügbar, so wird automatisch die nächste in der Liste angegebene Schriftart benutzt.

Die **Schriftgröße** lässt sich mit Hilfe des Attributes font-size angeben:
```
<p style="font-size:24px">Dieser Absatz hat eine Schrift-
größe von 24 Pixeln</p>
```

Eine **Kombination von Schriftgröße und Schriftart** ist ebenfalls möglich. Dazu trennt man die Attribute und ihre Attributwerte mit einem Semikolon:
```
<p style="font-family: Courier New, Times New Roman";
"font-size:24px">Andere Schriftart und Schriftgröße</p>
```

Tabellen:
Auch Tabellen lassen sich in HTML umsetzen. Dabei geht man zeilenweise (englisch table row, kurz **tr**) vor.
Innerhalb der Zeilen bewegt man sich von der 1. Spalte bis zur letzten (englisch table data, kurz **td**) und beendet dann die Zeile.

Um die Kopfzeile hervorzuheben, kann man den Befehl **th** (table header) benutzen, dieser wird standardmäßig zentriert und fett formatiert.

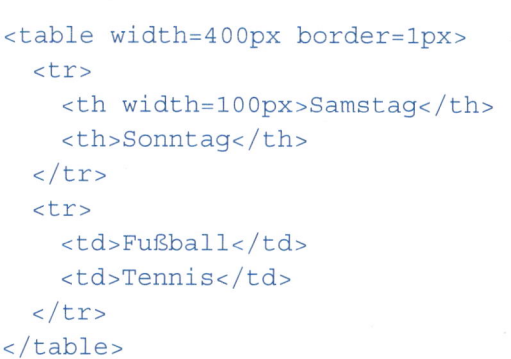

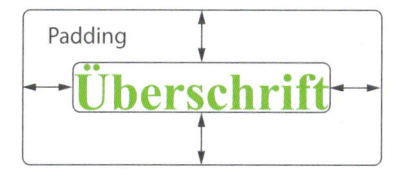

HTML-Code	Ergebnis
| ```
<table>
  <tr>
    <th>Samstag</th>
    <th>Sonntag</th>
  </tr>
  <tr>
    <td>Fußball</td>
    <td>Tennis</td>
  </tr>
</table>
``` | **Samstag  Sonntag**<br>Fußball  Tennis |

Denke daran, dass Tabellen zeilenweise aufgebaut sind.
Achte besonders auf eine ordentliche Einrückung, damit die Struktur der Tabelle auch schon in der HTML-Datei sichtbar ist.

Die Breite der Spalten wird dabei automatisch an den längsten Zelleninhalt angepasst. Außerdem hat die Tabelle nicht automatisch Rahmenlinien, weder die äußeren, noch das innenliegende Gitter. Möchte man dies, so muss der <table>-Befehl bzw. die Spaltenbefehle erweitert werden:

```
<table width=400px border=1px>
  <tr>
    <th width=100px>Samstag</th>
    <th>Sonntag</th>
  </tr>
  <tr>
    <td>Fußball</td>
    <td>Tennis</td>
  </tr>
</table>
```

24. Ist es sinnvoll, HTML die Breite der Spalten selbst festlegen zu lassen? Finde Beispiele, die von dieser automatischen Festlegung profitieren, sowie Gegenbeispiele.

Der angegeben HTML-Code ergibt folgende Tabelle:

Samstag	**Sonntag**
Fußball	Tennis

25. Erstelle eine eigene Tabelle. Fange mit einer einzelnen Zeile an und erweitere sie dann zeilenweise, um syntaktische Fehler zu vermeiden.

26. Formatiere deine Tabelle mit einem Rahmen.

Das Box-Modell

Eine Webseite ist nicht einfach nur Text, sie besteht aus vielen kleinen Bereichen, die aneinander ausgerichtet werden. Damit das nicht schlecht zusammengepuzzelt aussieht, gibt es das **Box-Modell**.

Der Befehl `<h1>Überschrift</h1>` erzeugt erstmal eine Box, die automatisch der Textgröße angepasst wird:

<u>Überschrift</u>

Außerhalb dieser Box schließt sich das **Padding**, der sogenannte **Innenabstand**, an:

Padding

Überschrift

```
<h1 style="padding:10px 10px 10px 10px">Überschrift</h1>
```

Padding bedeutet Polsterung, gibt also dem Inhalt einen Abstand nach außen.
```

27. Öffne im Browser verschiedene Internetseiten. Versuche dabei auch Beispiele zu finden, bei denen die Padding-Werte nicht gut gesetzt wurden. Dies ist häufig bei alten, privaten Seiten der Fall.

Das Padding für verschiedene Elemente, also zum Beispiel alle Absatzelemente, sollte gleich sein. Dies kann man mit CSS erreichen, das du später kennenlernst.
Nur in Ausnahmefällen sollte man einzelne Elemente händisch umdefinieren.
Denke in diesem Zusammenhang auch an den Folienmaster bei Präsentationssoftware aus den Office-Paketen.

Dieses Padding hat vier Attribute:

`padding-top`
`padding-left`   `padding-right`
`padding-bottom`

Möchte man nur einzelne dieser Werte verändern, kann man sie einzeln verändern:
`padding-top:10px;`
`padding-bottom:10px;`

Setzt man sie alle vier gemeinsam, gilt die Reihenfolge top right bottom left, also oben beginnend und dann im Uhrzeigersinn weiter, jeweils getrennt durch ein Leerzeichen:
`padding:10px 5px 10px 5px;`

Da top und bottom oft den gleichen Wert haben, funktioniert auch eine Schreibweise mit zwei Werten. Der erste Wert bestimmt top und bottom, der zweite left und right:
`padding:10px 5px;`

Außerhalb des Innenabstands befindet sich die **Grenze,** engl. **Border.**

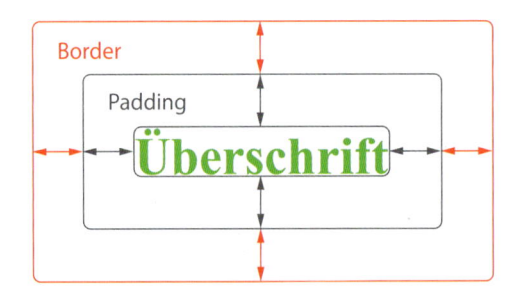

Ein besserer Ausdruck für „Grenze" ist „Umrandung". Diese kann entweder unsichtbar oder sichtbar sein. Auch sie hat wieder die möglichen Schreibweisen, um alle Linien gleich zu setzen:
`border-width:4px;`
Alle vier Werte gleichzeitig aber unterschiedlich:
`border-width:4px 10px 4px 10px;`
Top- und bottom-Wert gleich, sowie left- und right-Wert gleich:
`border-width:4px 10px;`

Den letzten Abstand, den man für ein Element definieren kann, ist der Außenabstand, der **Margin:**

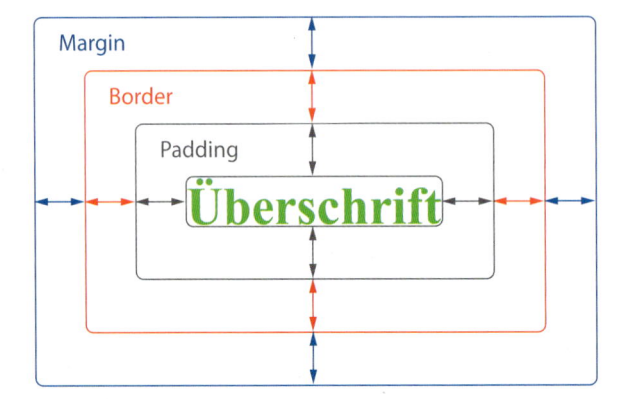

Die äußere Spalte, in der dieser Infotext steht, wird ebenfalls Marginalie genannt.

Dieser bestimmt den Abstand zu anderen Elementen und dem Seitenrand. Er befindet sich außerhalb des eigentlichen Elements. Dieser Bereich wird nicht durch

Einstellungen am Element farblich hinterlegt. Setzt man also die Hintergrundfarbe eines Buttons blau, so wird der Button nur bis zur Umrandung blau, der Margin bleibt transparent.

> Das Box-Modell wird also dadurch gebildet, dass die Elemente verschiedene Boxen um sich herum haben, von innen nach außen Padding, Border und Margin, die individuell festgelegt werden können.

Audio

Nur drei Audioformate werden vom Audio-Tag in HTML unterstützt. Und selbst diese drei werden nicht von allen Browsern unterstützt. Auch unterstützen die Browser das Audio-Tag erst ab einer gewissen Version. Dies liegt daran, dass es erst mit HTML5 neu eingeführt wurde.

Browser		MP3	WAV	OGG
	Internet Explorer/Edge ab Version 9.0	✓	✗	✗
	Chrome ab Version 4.0	✓	✓	✓
	Firefox ab Version 3.5	✓	✓	✓
	Safari ab Version 4.0	✓	✓	✗
	Opera ab Version 10.5	✓	✓	✓

.mp3
speichert nur die Signale, welche für einen Menschen wahrnehmbar sind, dadurch wird die gespeicherte Datei kleiner, allerdings gehen auch Informationen verloren.

.wav
speichert eindimensionale Schwingungen, also Musik als akustische Schwingung, aber auch Herzstrom oder Erdbebenschwingungen.

.ogg
ist ein freies Containerformat, welches Audio-, Video- und Textinformationen beinhalten kann. Dieses Format wurde mit dem Ziel entwickelt, diese direkt streamen zu können.

HTML-Code:
```
<audio controls>
  <source src="audio.mp3" type="audio/mpeg">
  Ihr Browser unterstützt kein Audio
</audio>
```

Ausgabe im Browser:

28. Speichere eine Audiodatei in deinem HTML-Ordner und binde sie in deine HTML-Datei ein.

Jeglicher Text, der sich zwischen den Audio-Tags befindet, wird nur dann angezeigt, wenn der Browser das Audio-Tag nicht unterstützt.

Der Typ des Audios ist der sogenannte MIME-Type:

Format	MIME-Type
MP3	audio/mpeg
WAV	audio/wav
OGG	audio/ogg

MIME steht für **M**ultipurpose **I**nternet **M**ail **E**xtensions und schaffen Kompatibilität in E-Mails für Umlaute und Sonderzeichen, aber auch bei der Deklaration von Inhalten in verschiedenen Protokollen, wie zum Beispiel http.

Die Trennung von Form und Inhalt kennst du bereits von den Formatvorlagen in der Textverarbeitung.

Wasserkaskaden

Darstellung mit Klassenkarten:

SELEKTOR
Attribut1=Attributwert
Attribut2=Attributwert
…

29. Erstelle eine Klassenkarte um eine nichtnummerierte Liste mit der Hintergrundfarbe rot und ohne Aufzählungszeichen zu formatieren. Teste anschließend diese Liste, indem du die CSS-Datei in eine HTML-Datei einbindest.

CSS

Du hast gelernt, wie man nummerierte Listen anpassen kann, so dass sie beispielsweise römische Zahlen als Aufzählungspunkte haben.
Allerdings müsstest du das jetzt bei jeder einzelnen Liste genauso einstellen, damit du ein durchgehendes Design auf deinen Seiten hast.
Hier kommt **CSS** ins Spiel: Es stellt Formatierungen für verschiedene Klassen zur Verfügung, die dann einfach übernommen werden können. Es trennt also den Inhalt von der Form. Damit ist es auch in der weiteren Pflege einer Website sehr einfach, das Aussehen zu verändern, ohne dabei in die Inhalte eingreifen zu müssen. Umgekehrt ist es möglich, Inhalte zu verändern, ohne dass sich derjenige der die Inhalte bereitstellt um die Form kümmern muss.
CSS steht für **C**ascading **S**tyle **S**heets, zu deutsch gestufte Gestaltungsbögen.

Um die Formatierung der Listen dauerhaft zu verändern, jedenfalls für alle HTML-Dateien, die die jeweilige CSS-Datei verwenden, gilt folgende Syntax:

```
Selektor
   ↓
ol {
    list-style-type:upper-roman
}
         Attribut      Attributwert
```

Mehrere Attribute eines Elements kann man festlegen, indem man sie als strichpunktgetrennte Liste in die geschweiften Klammern schreibt:

```
Selektor {
         Attribut1:Attributwert;
         …
         AttributN:Attributwert;
}
```

Man kann die CSS-Regeln in den Kopf der HTML-Datei einbinden, dann muss man sie aber in jede Datei immer wieder einfügen. Möchte man anschließend eine Formatierung ändern so muss man dies wieder an vielen Stellen tun, nämlich in jeder Datei einmal. Geschickter ist es, die CSS-Regeln in eine eigene Datei auszulagern und diese jeweils im Kopf der HTML-Datei einzubinden:

```
<html>
  <head>
    <link rel="stylesheet" type="text/css"
    href="Dateiname.css" />
  </head>
  <body>
    <ol>
      <li>Punkt1 </li>
    </ol>
  </body>
</html>
```

Und die zugehörige CSS-Datei:
```
ol {
list-style-type:upper-roman
}
```

> Beim Speichern muss darauf geachtet werden, dass die **Dateiendung .css** ist!

Grundwissen

- **Tags** sind von spitzen Klammern umschlossen und haben meist einen Anfang und ein Ende. Tags können geschachtelt werden, dabei ist auf die korrekte Schachtelung zu achten. Jedes Tag definiert ein Objekt, dessen Attribute angepasst werden können.

- **CSS** trennt die Formatierung vom Inhalt und macht es möglich, dass ganze Webseiten schnell und einfach ihr Aussehen anpassen können.
  ```
  Selektor {
          Attribut1:Attributwert;
          …
          AttributN:Attributwert;
  }
  ```

- Wichtige Tags:

Tag	Bedeutung
`<html>…</html>`	zeigt an, wo die HTML-Datei beginnt und endet
`<head>…</head>`	enthält alle Kopfinformationen
`<title>…</title>`	enthält den Titel, dargestellt im Tab
`<body>…</body>`	enthält den Inhalt der Webseite
`<u>…</u>`	unterstrichen/underline
`<b>…</b>`	fett/bold
`<i>…</i>`	kursiv/italics
`<a href="Ziel">Linktext</a>`	erzeugt einen klickbaren Link mit dem Ziel und dem dargestellten Text Linktext
`<img src="Quelldatei" alt="Text">`	fügt das Bild der Quelldatei ein, alternativ den Text
`<p>Absatz</p>`	Absatz/Paragraph, der dynamisch umgebrochen wird
`<audio controls>…<audio>`	Audio
`<video controls>…<video>`	Video
`<ol>…</ol>`	nummerierte Listen/ordered list
`<ul>…</ul>`	Aufzählungslisten/unordered list
`<li>Listeneintrag</li>`	Listenelement
`<h1>…</h1>` `<h6>…</h6>`	Überschriften, Abstufungen in der Hervorhebung bis zur 6. Ebene

- Wichtige Attribute:

Attribut	Mögliche Attributwerte	Bedeutung
`color`	`Red, blue, #1544A8`	Textfarbe
`bgcolor`	`Red, blue, #1544A8`	Hintergrundfarbe
`font-family`	`Verdana, Times New Roman`	Schriftart
`font-size`	`12px`	Schriftgröße
`padding`	`12px`	Innenabstand
`margin`	`12px`	Außenabstand

Zeig was du kannst

1. Erstelle einen Steckbrief mit HTML.

2. Setze deinen Stundenplan in HTML um.

3. Im Internet sind die Lehrpläne der verschiedenen Schularten verfügbar. Lade den Lehrplan eines Fachs deiner Klassenstufe herunter.
   a) Formatiere die Lehrplaninhalte mit Hilfe von Überschriften und Listen übersichtlich.
   b) Gestalte den Lehrplan mit Hilfe von CSS.

4. Filme mit deinem Smartphone oder Tablet einige kurze Video- und Audiodateien.
   a) Unter welchen Formaten kannst du diese jeweils speichern? Bietet dein Gerät und die verwendete App ein Format an, dass direkt in HTML eingebunden werden kann?
   b) Recherchiere, wie man Dateien in andere Dateitypen konvertieren kann.
   c) Binde die erstellten Dateien in eine HTML-Seite ein.
   d) Falls deine Schule einen eigenen Server hat, um die Dateien hochzuladen, teste mit verschiedenen Geräten, ob sich die Dateien problemlos im Browser abspielen lassen.

5. Die AG Schülerzeitung plant, in Zukunft nicht nur eine Druckversion der Schülerzeitung herauszugeben, sondern auch eine Webseite zu erstellen.
   a) Welche Vorteile bzw. Nachteile hat eine Webseite gegenüber einer Druckversion?
   b) Überlege dir ein ansprechendes Layout, wie diese Webseite aussehen soll und modelliere es mit Hilfe von Klassenkarten.
   c) Setze deine Seite um. Benutze dazu dein Wissen von HTML und CSS.

6. Statt für dein nächstes Referat eine Präsentation mit Powerpoint, Keynote oder einer ähnlichen Office-Anwendung für Präsentationen zu erstellen, überlegst du dir, es mit HTML umzusetzen.
   a) Diskutiert Vor- und Nachteile dieses Vorhabens.
   b) Setzt (gemeinsam) ein Referat in HTML um.

Kapitel 5

IT-Projekt

1 Elemente der Projektarbeit in der Informationstechnologie
2 Das klassische Wasserfallmodell
3 Agiles Projektmanagement
4 Ein agiles Projekt umsetzen

In Unternehmen als auch im öffentlichen Sektor ist die Arbeit in Projekten sehr gängig. Spricht man von Projekten, ist hiermit ein Vorhaben über eine gewisse Zeitspanne gemeint, welches meist in einer Arbeitsgruppe (Team) bearbeitet wird. Es braucht hier bestimmtes Handwerkszeug, um die gemeinsame Arbeit vieler Menschen zu organisieren und die Aufgaben zielgerichtet zu erledigen. Hierfür gibt es sogenannte Projektmanagementmethoden, die den Arbeitsprozess strukturieren und somit den Menschen helfen ihre Arbeit gut gemeinsam zu meistern.

1 Elemente der Projektarbeit in der Informationstechnologie

Ein **IT-Projekt** im Informationstechnologie-Unterricht soll ein **IT-Produkt** als Ergebnis haben. Ein IT-Produkt ist eines, das aus verschiedenen Bereichen der Informationstechnologie Funktionen und Werkzeuge verwendet. Dabei werdet ihr kapitelübergreifend und fächerübergreifend arbeiten. Ihr werdet in Gruppen (Teams) arbeiten und die Teams können ihren Projektablauf eigenständig planen und durchführen.

Ein Projekt besteht aus folgenden Teilaufgaben:

Analyse	Erfassen der Problemstellungen und Anforderungen
Entwurf (Planung)	Gedanken- und Organisationsprozess, um Schritte und Aufgaben festzulegen, die nötig sind, um die angestrebte Zielvorstellung des Projekts zu erreichen
Durchführung (Realisierung)	Umsetzung der geplanten Aufgaben unter Erfüllung der Anforderungen
Dokumentation	Während des gesamten Projektes soll nachvollziehbar erfasst werden, welche Schritte getätigt und welche Ergebnisse erreicht wurden. Dies geschieht parallel zu allen Aufgabenbereichen im Projektprozess.
Test	Die erreichten Ergebnisse werden dahingehend überprüft, ob sie die Anforderungen erfüllen, z. B. fehlerfreies Laufen der Software und das Vorhandensein geplante Funktionalität der Software.
Präsentation	In einem Projekt ist es grundsätzlich nötig, Teilergebnisse wie auch das Endprodukt vorstellen zu können.

Verschiedene Projektmanagementmethoden setzten die Organisation dieser Aufgaben unterschiedlich um. Wir betrachten zuerst das **Wasserfallmodell** mit seinem linearen Stufenaufbau und dann ein **agiles Vorgehen** mit „spiralförmigem" Aufbau. Beide Ansätze dienen der Organisation eines Projektes.

Lukas, Demir und Anna wollen an dem Wettbewerb „Programmiere ein Computerspiel" teilnehmen. Hierfür soll ein *IT-Produkt,* in diesem Fall ein Computerspiel, entworfen, programmiert und in einem Wettbewerb mit einer Präsentation und Demonstration vorgestellt werden. Eine Jury wird dann das Computerspiel bewerten.

Tipp: Design-Prinzipien für Präsentationen nach GARR REYNOLDS
http://www.presentationzen.com/

Kriterien für die Bewertung des Computerspiels beim Wettbewerb „Programmiere ein Computerspiel":
- Punktezähler
- bewegliche Spielfigur durch Eingabe
- Spielaufbau
- Level
- Logo
- Aufmachung
- Präsentation
- erfolgreiche Demonstration
- Dokumentation

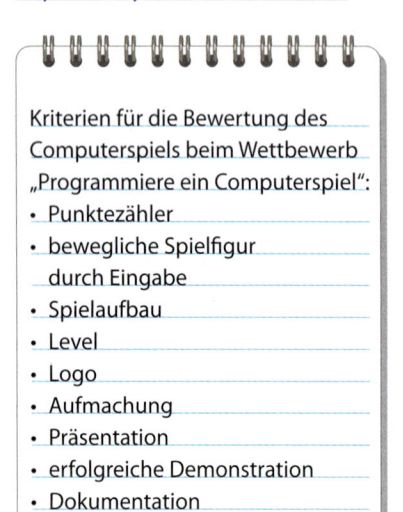

2 Das klassische Wasserfallmodell

Das Wasserfallmodell ist eine Projektmanagementmethode, welche auch schon in den Anfängen der Softwareentwicklung verwendet wurde. Der Grundgedanke ist der lineare Stufenaufbau der Phasen.

Lukas, Demir und Anna sind völlig begeistert von dem Wettbewerb und haben schon zahlreiche Ideen für ihr Computerspiel. Sie wollen,
- dass man einen eigenen Avatar anlegen kann,
- dass das Spiel mindestens 10 Level hat,
- dass man übers Internet mit anderen spielen kann
- und dies alles in 3-D-Sicht.

Auch für die Präsentation vor der Jury haben sie schon erste Ideen und wollen farbige T-Shirts mit dem Logo, eine Live-Demo und mehrere Computer um Interessierten das Spiel sofort zum Auszuprobieren anbieten können, auch eine Website, wo man das Spiel herunter laden kann, nehmen sie sich vor.
Bis zum Wettbewerb haben sie drei Monate Zeit.

Sie entscheiden sich, mit dem folgenden Wasserfallmodell zu arbeiten.

Tipp: Auf *https://scratch.mit.edu/ideas* findest du Anleitungen für programmierte Computerspiele.

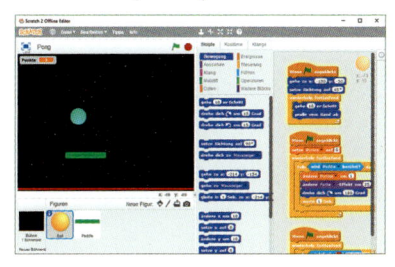

Scratch-Programmieroberfläche

Phasen des Wasserfallmodells

Für die Erstellung von Software sind gewisse Phasen (Schritte) nötig. Die Phasen bauen aufeinander auf und das Ergebnis der vorherigen Phase fließt in die nächste Phase ein. Dieses Model nennt sich deshalb Wasserfallmodell.

Phase	Beschreibung
Anforderung (Analyse)	Es werden die Anforderungen an das fertige Produkt gesammelt, z. B. im Gespräch mit dem Auftraggeber oder den zukünftigen Benutzern.
Entwurf	Es werden Pläne, Skizzen und Proben angefertigt. Dies ist die klassische Planung.
Implementierung	Nun werden die geplanten Elemente realisiert. Bei Software findet nun die gesamte Programmierung statt.
Überprüfung (Test)	In dieser Phase findet das Überprüfen des Ergebnisses statt. Software wird hier umfassend getestet und der Umfang der Funktionalität mit den vorher definierten Anforderungen abgeglichen.
Wartung	Auftretende Fehler werden behoben und notwendige Veränderungen werden nun im laufenden Betrieb vorgenommen.

1. Stelle das Wasserfallmodell mit seinen Phasen als Stufenmodell grafisch dar. Benötigst du Hilfe, findest du online mit einer Bildersuche passende Grafiken zur Orientierung.

2. Erkläre jede Phase mit deinen eigenen Worten und gib ein Beispiel an.

3. Zu welchen Problemen kann es bei einem Vorgehen nach dem Wasserfallmodell kommen? Erkläre.

4. Nenne Vorteile des Wasserfallmodells. Begründe deine Antwort.

Das Team stellt einen groben Plan mit Zeitmeilensteinen auf:
- Zuerst wollen Sie alle *Anforderungen* aufschreiben, welche das Produkt und die Präsentation erfüllen müssen. Hierfür entnehmen sie dem Flyer des Wettbewerbs die Anforderungen an das Computerspiel und die Teilnahme am Wettbewerb.
- Dann planen sie die Level und Spielregeln zu *entwerfen*, sich auf ein Logo und einen Spielnamen zu einigen und festzulegen wie die Präsentation und Demonstration vor der Jury aussehen soll.
- Schließlich soll das **Implementieren** (Programmieren) des Spiels folgen, die T-Shirts mit Spiel-Logo gedruckt werden und die Präsentation erstellt werden.

5. Nenne Probleme, die auftreten könnten, und somit den Plan von Demir, Lukas und Anna durcheinander bringen könnten.

Am Schluss planen sie noch zu *überprüfen*, ob alles korrekt funktioniert und die Präsentation ausgiebig zu üben.

Analyse, Entwurf, Programmierung, Präsentation erstellen, Test üben, Wettbewerb

Während der Entwurfsphase hat das Team viele kreative Ideen und die Team-Mitglieder haben sehr viel Freude beim ausgiebigen Entwerfen von Spiel-Level und Spielregeln. Auch das Designen eines Logos und Sammeln von Ideen für eine beeindruckende Präsentation verfolgen sie mit großem Elan.

In der Implementationsphase stellt das Team dann jedoch fest, dass es sich viel zu viel vorgenommen hat: Nachdem die Team-Mitglieder ein Level gebaut haben, stellen sie fest, dass die Hälfte der geplanten Zeit vorbei ist, obwohl sie 10 Level bauen wollten. In der Entwurfsphase hatten sie bereits viel Zeit in die Level-Beschreibungen gesteckt. Die Zeitmeilensteine, die sie sich gesetzt haben, können sie nicht einhalten. Für den ausführlichen Test haben sie auch keine Zeit mehr.

Vor der Präsentation kommt es zu weiteren Problemen: Die Farben des Logos und des gesamten Designs sind zu hell für die Präsentation am Beamer, und Demir ist auch noch unerwartet krank geworden und hat den USB-Stick mit dem Video ihrer Demo. Die ganze Präsentation ist von Problemen begleitet und das Team empfindet ihren Wettbewerbsbeitrag als Scheitern.
Wie Demir, Lukas und Anna erfahren mussten, hat das Vorgehen nach dem strikten Wasserfallmodell so seine Risiken.

Probleme des Vorgehens nach Wasserfallmodell

Durch den Aufbau werden streng erst die komplette Planung, dann die komplette Umsetzung und dann die abschließende große Testphase durchgeführt. Das bedeutet:
- lange Entwicklungszeit/Lieferzeit der ersten Version
- nur bei einfachen und offensichtlichen Projektlösungen anzuwenden
- Planung stößt im Test auf ihre Grenzen durch Implementation
- Lernkurve der Team-Mitglieder wird nicht berücksichtigt

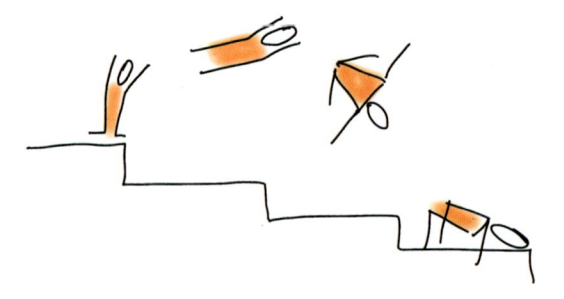

Nach der Präsentation von Demir, Lukas und Anna kommt der Wettbewerbsbeitrag eines Konkurrenzteams dran, den sie sich anschauen. Bei dieser Präsentation scheint alles zu passen! Und das entwickelte Spiel funktioniert fehlerfrei und erfüllt die Anforderungen. Das Team fragt sich, wie die wohl gearbeitet haben.
Sie tauschen sich mit dem anderen Team aus und dieses erzählt, sie haben sich „agil" organisiert und Schritt für Schritt ihr Produkt geplant, programmiert, getestet und verbessert, sowie auch die Präsentation. „Agil?" fragen sich Lukas, Demir und Anna.

---

6. Stelle dar, wie sich die aufgetretenen Fehler und Probleme vermeiden hätten lassen. Stelle Verbesserungsideen vor.

7. Erkläre Möglichkeiten, wie sich das Wasserfallmodell anpassen lässt, um diese Probleme zu verhindern.

8. Nimm mit Hilfe des Schaubildes Stellung, in welcher Phase das Wasserfallmodell scheitern kann und begründe deine Antwort.

9. Nenne Probleme, die in den einzelnen Phasen besonders auftreten können.

3 Agiles Projektmanagement

Iterativ-inkrementelles Vorgehen

Agiles Projektmanagement zeichnet sich durch selbstorganisierende Teams und ein iterative-inkrementelle Vorgehensweise aus.

> **Iterativ-Inkrementeller Prozess:**
> **Iterativ** bedeutet gleichartige Aktivitäten im Prozess zu wiederholen und **inkrementell** bedeutet aufeinander aufbauend, erweiternd zu arbeiten.

Dieses Vorgehen ermöglicht alle Phasen eines IT-Projektes für einen ersten kleinen Teilbereich zu durchlaufen. Dabei sammelt man schon Erfahrungen, welche Aspekte für die jeweilige Phase zu beachten sind. Doch ist am Ende der ersten Runde nicht das Projekt vorbei, sondern die gesammelten Erfahrungen können wiederholt in die nächsten Runden einfließen. Diese Beachtung der Lernkurve ist sehr wertvoll und ermöglicht schnell aus Erfahrung zu lernen und besser zu werden.

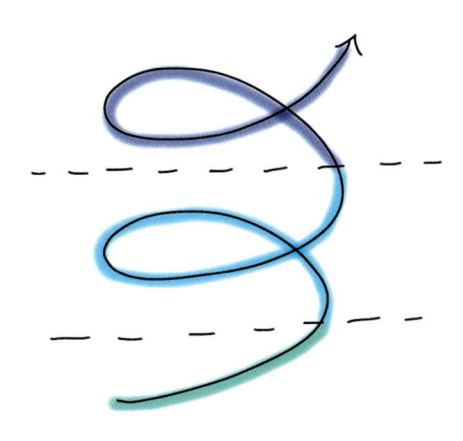

Vorteile der agilen Arbeitsweise:

Vorteil	Beschreibung
Transparenz und Visualisierung	Zu jedem Zeitpunkt kann gesehen werden, wer gerade an welcher Aufgabe arbeitet und welche Aufgaben noch zu erledigen und schon fertig sind.
schnelle Zwischenergebnisse	Durch die Zerlegung des Projektes in Runden gibt es Zwischenergebnisse, welche auch für die Einholung von Feedback genutzt werden können. Die Erfahrungen fließen in jede neue Runde ein.
zeitlicher Rahmen	Die Aufgabenkarten für eine Runde geben Sicherheit über die anstehenden Aufgaben.

Das Konkurrenzteam Max, David und Lea haben sich für dieses Vorgehen entschieden. Hierbei haben sie begonnen die erste Anforderung (steuerbare Spielfigur) umzusetzen. Schnell haben sie einen ersten Eindruck über die Möglichkeiten der Entwicklungsumgebung erhalten und wie lange sie brauchen, um eine Funktionalität zu programmieren. Weiter beginnen sie eine sehr einfache Version des Spiels zu entwickeln. Als diese schon fehlerfrei läuft, erweitern sie es um ein Level mit gesteigerter Geschwindigkeit, dann um ein Level mit höherem Schwierigkeitsgrad und bauen neben dem Gewinnen auch ein Verliermöglichkeit ein.

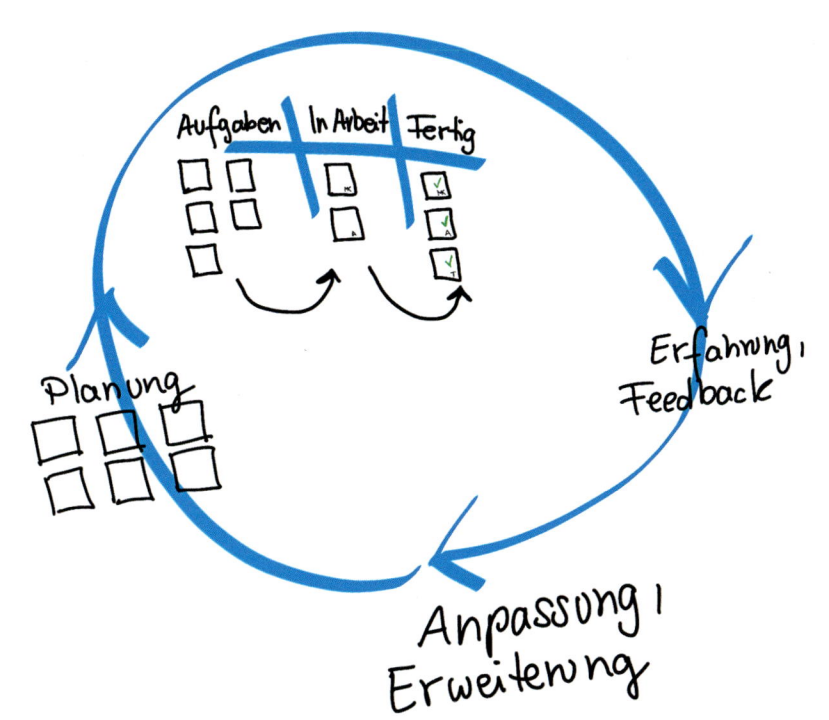

10. Vergleiche das agile Vorgehen mit dem Wasserfallmodell.

Der Begriff „**Truck-Faktor**" wurde von KENT BECK geprägt und meint, wenn ein Teammitglied vom „Truck" überfahren wird, muss ein Team weiter alle Aufgaben erledigen können. Klingt grausam, aber stell dir anstatt dessen vor, jemand wird krank, kündigt oder gewinnt im Lotto und macht eine Weltreise. In solchen Fällen muss ein Projekt trotzdem erfolgreich weiterlaufen. Deshalb ist es wichtig, die eigenen Fähigkeiten auszubauen und von seinen Teamkollegen zu lernen.

11. Analysiert, welche Risiken es bei euch gibt und wie ihr den Truck-Faktor beachten könnt. Denkt insbesondere an Sicherheitskopien, Passwörter, USB-Sticks …

12. Mit wem könntest du in Partnerarbeit viel lernen? Erstelle eine Art Wunschzettel hierfür.

13. Finde im Internet Beispiele für „Vision Boards" und lass dich inspirieren. Erstellt ein Vision Board für euer Projekt und verwendet dies z. B. auch als Deckblatt für euer Portfolio oder eure Dokumentationsmappe.

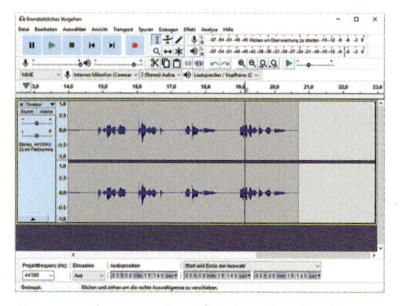

Anwendungsoberfläche Audacity

4 Ein agiles Projekt umsetzen

Ein Team zusammenstellen

Um erfolgreich eine komplexe Aufgabe zu lösen, sind meist verschiedene Fähigkeiten erforderlich. Menschen haben verschiedene Stärken, Vorlieben und Profile. Setzt man bei der Auswahl der Teammitglieder verschiedene Schwerpunkte, hat man eine gute Grundlage geschaffen um verschiedenartige Problemstellungen und Aufgaben erfolgreich zu lösen.

In einem Softwareentwicklungsteam gibt es Experten für z. B. Frontend, Backend, Testen, Architektur, Design – jeder von ihnen kann programmieren und sie können auch bis zu einem gewissen Grad jede andere Aufgabe erledigen, doch besondere Stärken machen sie zu Spezialisten im eigenen Team.

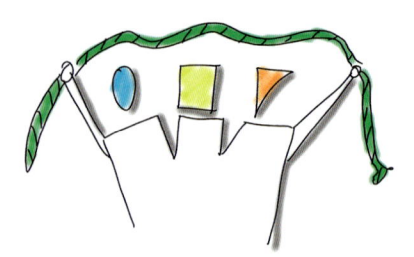

Die eigenen Fähigkeiten auszubauen ist sehr wichtig. Deshalb gibt es z. B. beim Programmieren „Pair Programming": Man sitzt zu zweit vor einem Rechner, der eine tippt und der andere diktiert den Quellcode. Nach einer gewissen Zeit, z. B. nach 20 Minuten, werden die Rollen getauscht. Bei dieser Art zusammen zu arbeiten lernt man von- und miteinander.

Wer etwas schon gut kann, wird besser darin es anderen zu vermitteln oder seine Handlungen argumentativ zu unterstreichen. Du wirst sogar feststellen, dass du ein Thema noch besser durchdringst, wenn du es jemandem erklärst.

Eine Vision entwickeln

Menschen arbeiten nur ungern an Aufgaben, deren Sinn sie nicht verstehen. Möchte man also sein Team motivieren an kleinen Aufgaben zu arbeiten hilft es eine gemeinsame Vorstellung zu haben wie das Endergebnis aussehen wird und sich gemeinsam auszumalen wie wunderbar dies werden kann, wenn alle mithelfen. Visionen sind stark emotional besetzte Zielvorstellungen, die helfen können Menschen enorm zu motivieren. Die Vision einer plastikfreien Welt zum Schutze unserer Umwelt, insbesondere der Weltmeere, motiviert z. B. immer mehr Menschen täglich auf Plastik zu verzichten und in plastikfreien Läden einzukaufen. Auch hier nehmen die Menschen teils mehr Aufwand und höhere Kosten für ihre Vorstellung einer umweltfreundlicheren Lebensweise in Kauf.

Ob eine umweltfreundliche Lebensweise, ein Marathon oder ein Wettkampf im Gewichtheben: eine Vision, ein Ziel, das uns motiviert, setzt enormen Willen und Kräfte frei.

Arbeit in Aufgabenkarten teilen

Auch wer eine genaue Vorstellung über das Endprodukt hat, z. B. ein Hörbuch, eine Ausstellung, ein Programm oder auch nur einen Vortrag, muss viele einzelne Schritte gehen, um an sein Ziel zu gelangen. Hierfür ist es sinnvoll sich erste große Bereiche des Projektes zu überlegen, welche thematisch zusammengehören.

Beispiel: Aufgabenbereiche für Hörspiel mit passendem Titelblatt
- Texte schreiben
- Soundeffekte suchen
- Ton aufnehmen
- Audio schneiden
- Toneffekte in Tonspur hinzufügen

Diese großen Bereiche geben einen ersten Anhaltpunkt über die Art der Aufgaben, die benötigt werden.

Da wir iterativ-inkrementell arbeiten wollen, zerlegen wir das Projekt in mehrere Runden, in denen wir alle Entwicklungsphasen durchlaufen und bauen unser Endprodukt rundenweise weiter aus. Hierbei ist darauf zu achten, dass am Ende einer Runde (z. B. einer Schulstunde oder einer Doppelstunde) ein vorführbares Zwischenergebnis entsteht. Hierfür werden die großen Aufgaben nun zu kleineren Aufgabenkarten mit einer Bearbeitungsdauer von 10 bis 30 Minuten zerlegt und zielführend ausgewählt und priorisiert.

Beispiel-Aufgabenkarten:
- Skizze der Geschichte – roter Faden (für maximal 5 Min. Tonspur)
- Dialog für die erste Szene (20 Sekunden) schreiben
- Toneffekte für die erste Szene benennen und aus Tonsammlung auswählen
- Dialog für die erste Szene üben (2x sprechen mit simulierten Toneffekten)
- Tonspur für erste Szene aufnehmen
- Toneffekte für erste Szene hinzufügen

Anschließend wird das Ergebnis für diese erste Runde getestet. Auftretende Fehler werden behoben. Verbesserungswünsche und neue Ideen werden aufgenommen und würden in eine neue Runde einfließen. Dies muss jedoch gut überlegt werden, ob die neuen Ideen Vorrang haben vor den bereits bestehenden Aufgabenkarten!

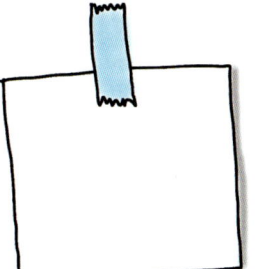

14. Erstellt einen Dialog und übt diesen mit eurem Partner.

15. Überlegt, welche Soundeffekte ihr gerne dafür hättet und ob ihr diese selbst aufnehmen könnt, z. B. mit dem Smartphone.

16. Nehmt die Tonspur auf.

17. Fügt die Soundeffekte in einer separaten Tonspur hinzu.

18. Exportiert euer Ergebnis als mp3-Format.

Tipp: Beim Kopieren von Audacity-Dateien musst du auch den _data-Ordner mit kopieren um später die Dateien wieder öffnen zu können.

Arbeitsweise mit agilen Aufgabentafeln

Die Visualisierung des Arbeitsprozesses ist gerade bei „Wissensarbeitern" besonders wichtig, da die Arbeit oft nicht einfach für jeden sichtbar ist – gerade der aktuelle Stand der Dinge. Deshalb helfen Visualisierungen wie Aufgabentafeln den Arbeitsprozess transparenter und das gemeinsame Arbeiten an einem Projekt einfacher zu gestalten.

Für eine Runde werden alle Aufgabenkarten, die erledigt werden sollen, in die Spalte „Aufgaben" gehängt. Bearbeitet ein Teammitglied eine Karte, wird diese in „In Arbeit" umgehängt. Ist die Karte fertig bearbeitet, wird sie in „Fertig" gehängt.

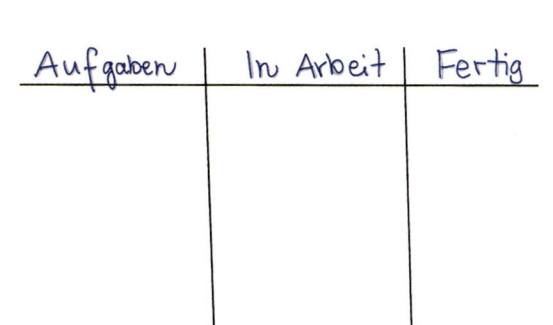

19. Erstelle eine Aufgabentafel für euer Team.

20. Erstelle für die erste Runde Aufgabenkarten für euer Projekt und hängt diese priorisiert in die Spalte „Aufgaben".

Tipp: Agile Aufgabentafeln können mit Magnettafeln, A3 Blättern und Heftnotizen, Pinnwänden oder sogar digital erstellt werden.

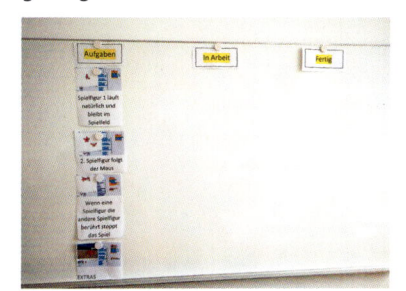

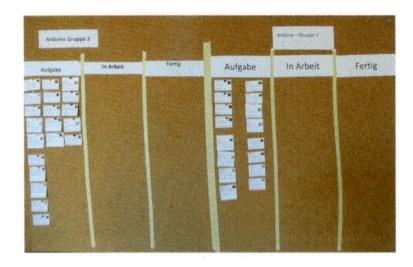

Definition von Fertig

Eine Karte ist nur dann als fertig bearbeitet zu betrachten, wenn sie alle Entwicklungsstufen durchlaufen hat, insbesondere auch das Testen. Für jedes Projekt können für die unterschiedlichen Aufgabenarten „Definitionen von Fertig" festgelegt werden. Beispielsweise bei Quellcode im Unterrichtskontext, dass keine Fehlermeldungen beim Kompilieren auftreten und die gewünschte Ausgabe erfolgt, oder bei dem Verfassen von Text, dass eine weitere Person diesen gegengelesen haben muss.

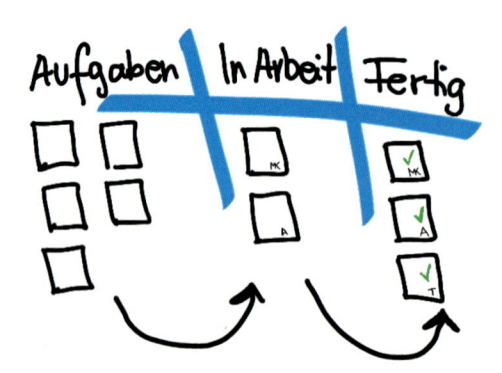

Tipp: Macht am Ende der Unterrichtsstunde ein Foto als Backup von eurer Aufgabentafel. Eine Aufgabentafel auf einem A3-Blatt könnt ihr auch gut falten und in einer Dokumentenmappe mitnehmen.

Karten umhängen und verpflichten

Wer sich eine Karte nimmt und diese „In Arbeit" hängt vermerkt seinen Namen oder Kürzel darauf und verpflichtet sich damit diese Karte fertig zu stellen und sich bei Problemen Hilfe zu holen. Wer dann seine Karte in „Fertig" umhängt versichert dem Team, dass diese Karte den Anforderungen der Definition von „Fertig" genügt.

Digitale Aufgabentafeln

Tipp: Du kannst z. B. die Trello-Anwendung auf deinem Smartphone oder Tablet installieren oder es einfach im Webbrowser öffnen und loslegen gemeinsam die Aufgabenkarten umzuhängen.
https://trello.com/
Beachte, dass deine Anmeldung bei Trello nur durch Elternbriefe oder eine Datenschutzerklärung erlaubt ist.

Maximilian, Thomas und Sebastian wollen auch zu Hause an ihrem Projekt weiter arbeiten und dabei im Blick haben, wer welche Aufgaben gerade bearbeitet und mit welchen sie schon fertig sind.
Damit die Teammitglieder von unterschiedlichen Orten aus an einer Aufgabentafel arbeiten können, haben sie sich entschlossen mit einer digitalen Aufgabentafel zu arbeiten.
Praktisch ist dabei auch, dass die Zettel nicht verloren gehen können.

Ihr könnt eurer Lehrkraft – wenn sie einverstanden ist – auch einen Zugang zu eurer digitalen Aufgabentafel geben, damit diese euren Fortschritt sehen kann und euch ggf. unterstützt.

Grundwissen

- Projektphasen:

Anforderung (Analyse)	Es werden die Anforderungen an das fertige Produkt gesammelt, z. B. im Gespräch mit dem Auftraggeber oder den zukünftigen Benutzern.
Entwurf (Planung)	Es werden Pläne, Skizzen und Proben angefertigt.
Implementierung	Nun werden die geplanten Elemente realisiert. Bei Software findet nun die gesamte Programmierung statt.
Überprüfung (Test)	In dieser Phase findet das Überprüfen des Ergebnisses statt. Software wird hier umfassend getestet und der Umfang der Funktionalität mit den vorher definierten Anforderungen abgeglichen.
Wartung	Auftretende Fehler werden behoben und notwendige Veränderungen werden nun im laufenden Betrieb vorgenommen.

- Es gibt zwei grundsätzliche Arten der **Projektdurchführung**:
  - einmaliges Durchlaufen der Projektphasen (**Wasserfallmodell**)

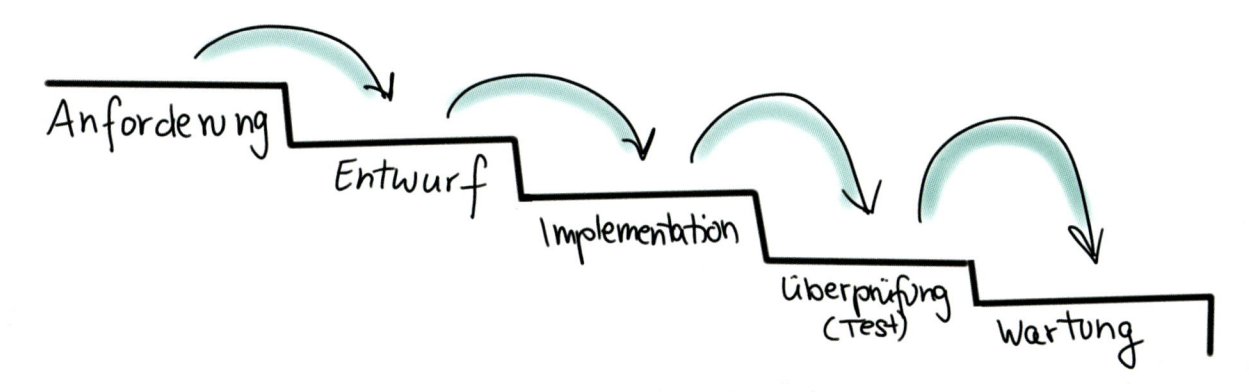

  - mehrmaliges Durchlaufen der Phasen mit Gelegenheit Feedback und Erfahrung einfließen zu lassen (**agiles Vorgehen**)

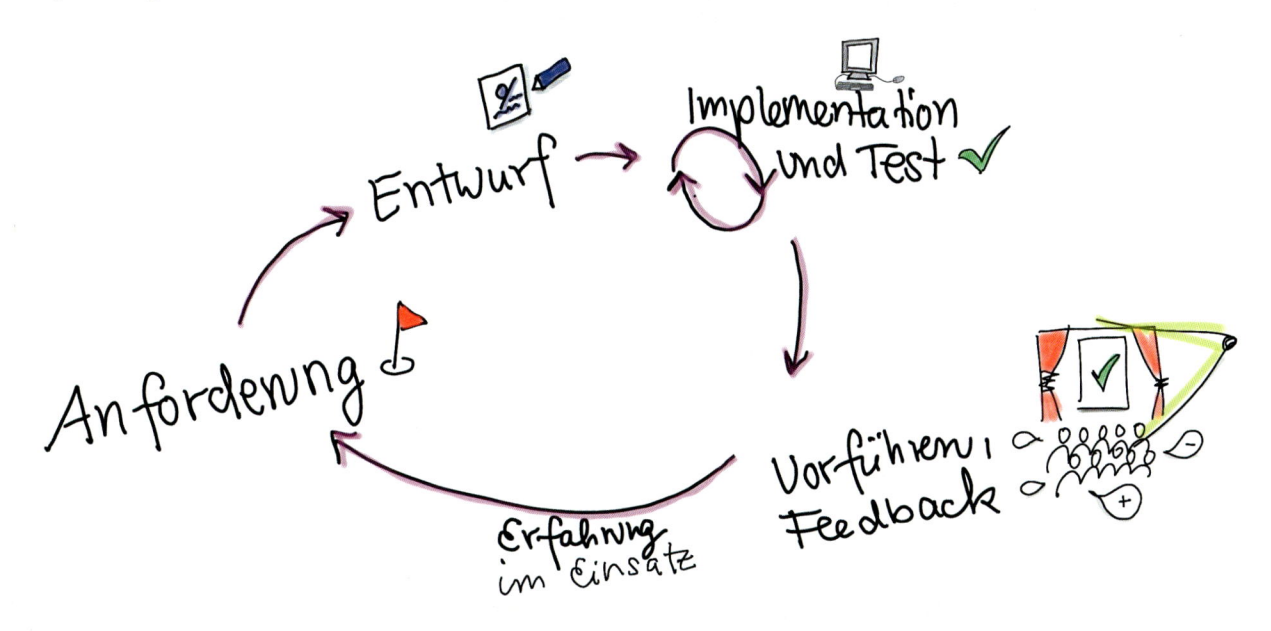

Zeig was du kannst

1. Beantworte für jedes Beispiel folgende zwei Fragen:
   a) Identifiziere, welche Projektphase vorliegt.
   b) Beschreibe, welche Herausforderungen sich in dieser Projektphase stellen.
   I   Tilo, Kai und Malte wollen mit dem „AppInventor" eine App programmieren und tauschen sich gerade aus, welche grundsätzlichen Funktionalitäten diese haben soll.
   II Malte und Kai sitzen gemeinsam am Computer und programmieren mit „Pair Programming" die erste Funktionalität der App.
   III Tilo probiert intensiv die von Malte und Kai programmierte Funktionalität der App aus und sucht Fehler.

2. Kai und Malte haben die Software „App Inventor" als erstes ausprobiert um zu sehen wie dort eine App programmiert werden kann. Tilo hat sich währenddessen eine App mit Oberflächendesign überlegt und skizziert. Als Kai und Malte diese Entwürfe dann betrachten, müssen sie Tilo enttäuschen, da seine Entwürfe zu komplex sind für die Möglichkeiten, die „App Inventor" bietet diese zu programmieren. Tilo möchte nun neue Entwürfe machen.
   a) Nenne Fehler, die dieses Team in der Durchführung ihres Projektes machen. Ordne diese Fehler hierbei auch einer Projektphase zu.
   b) Lege den dreien einen Verbesserungsvorschlag dar.

3. Es soll eine Galerieausstellung mit Fotokollagen erstellt werden und ein dazu passender Audio-Guide. Es wurde ein Prototyp gebaut. Dieser wurde der IT-Lehrerin gezeigt. Sie hat Verbesserungsvorschläge gemacht. Daraufhin wurde mit der ersten Fotocollage und dem passenden Audio-Guide begonnen. Auftretende Fehler wurden behoben. Schrittweise wurde die Ausstellung um ein neues Kunstwerk und einen Audio-Teil dazu erweitert, solange Zeit war. Welche Projektmethode, Wasserfall oder agiles Vorgehen, wurde im vorliegenden Beispiel verwendet? Nenne Merkmale.

4. Begründe, welches Vorgehen zur Durchführung des Projektes sich jeweils anbieten würde. Begründe deine Antwort.
   a) Die Klasse möchte ein Bild erstellen mit Hilfe der Bildbearbeitung, bei dem alle Schülerinnen und Schüler der Klasse in Astronautenanzügen auf dem Mars sind. Hierfür schneidet jeder einen Astronautenanzug aus und fügt sein Foto hinter das Visier. Das Ergebnis speichert jeder in einen Verteilordner. Anschließend wird auf einem Mars-Hintergrund alles eingefügt.
   b) Es soll eine digitale Schulhausführung mit Fotos, Videos und Hyperlinks in einem Präsentationsprogramm umgesetzt werden.
   c) Da die Klasse tolle IT-Projekte erarbeitet hat, sollen sie einen Stand am Tag der offenen Tür der Schule anbieten, bei dem die Projekte ausgestellt werden.

5. In der nebenstehenden Grafik kannst du eine Aufgabentafel eines Teams sehen:
   Lies aus der Grafik nützliche Informationen bezüglich des Projektstandes heraus, z. B. was noch zu erledigen ist, und wer welche Aufgabenkarten und -arten erfolgreich abgearbeitet hat.

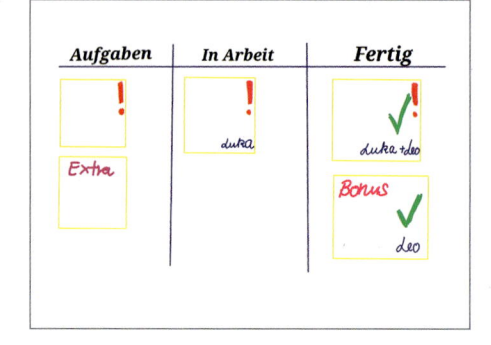

6. Eine Geburtstagsparty soll organisiert werden.
   a) Schreibe wesentliche Aufgaben in Form von Aufgabenkarten. Achte dabei darauf, dass diese jeweils in 10 bis 30 Minuten von ein bis zwei Personen erledigt werden können.
   b) Sortiere deine Aufgabenkarten nach Priorität und den Abhängigkeiten zueinander, z. B. kann kein Kuchen gebacken werden, bevor die Zutaten eingekauft/vorhanden sind, oder es können erst alle Gäste eingeladen werden, sobald eine Gästeliste besteht.

7. Notiere Empfehlungen, die du dem jeweiligen Team anhand ihrer Aufgabentafel und den Aufgabenkarten geben kannst.
   a) Team „Drache"

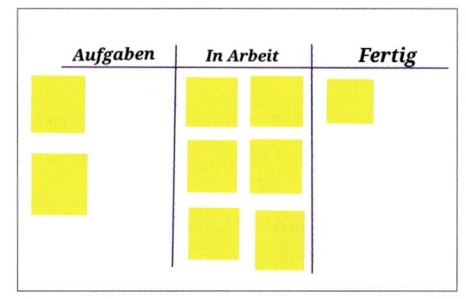

   b) Team „Die fantastischen Drei"

   c) Team „Go-big-or-go-home"

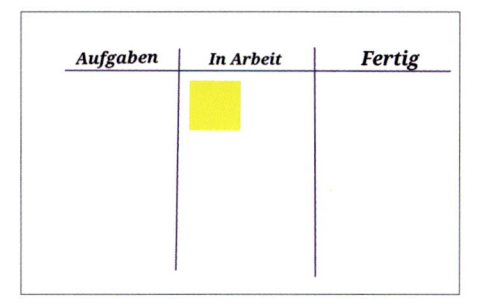

8. Für die Durchführung eines IT-Projekts sollt ihr euch im Team entscheiden nach welchem Ansatz, Wasserfallmodell oder dem agilen Vorgehen, gearbeitet werden soll. Um euch fundiert darüber austauschen zu können, formuliere deine Entscheidung und begründe diese ausführlich.

9. Führe ein IT-Projekt durch, das ein IT-Produkt als Ergebnis hat. Stelle dir hierbei ein Produkt zusammen, welches beispielsweise Elemente aus der Programmierung, Video-, Ton- und Bildbearbeitung, und Layout hat.
   a) Beschreibe sehr grob die IT-Produktidee für das Projekt.
   b) Stellt euch eure Ideen gegenseitig vor.
   c) Wählt gemeinsam eine Idee aus.
   d) Entscheidet euch für eine Projektvorgehensweise.
   e) Führt das Projekt durch.

10. Führe ein agiles Projekt durch.
    a) Stellt ein Team zusammen. Achte dabei auf eure Stärken. Begründet eure Auswahl.
    b) Legt eine Aufgabentafel an.
    c) Entwerft erste Aufgabenkarten.
    d) Legt eine für eure Aufgaben sinnvolle „Definition von Fertig" fest.
    e) Hängt die Aufgabenkarten in Spalte „Aufgaben".
       Bearbeitet in Einzel- oder Partnerarbeit die Aufgaben (umhängen, Namenskürzel auf die Karte schreiben, wenn deine Bearbeitung die „Definition von Fertig" erfüllt, hänge die Aufgabenkarte in die Spalte „Fertig" um).
    f) Wenn alle Aufgabenkarten in der Spalte „Fertig" sind, dann holt euch Feedback ein und reflektiert was gut gelaufen ist und was noch besser gemacht werden sollte – sowohl am Produkt als auch an der Zusammenarbeit im Team!
    g) Beginnt eine neue Runde mit neuen Aufgabenkarten.
    h) Führt das Projekt in dieser Art und Weise zu Ende.

Tipp: Projektideen mit Calliope:
https://calliope.cc/projekte

Projektideen mit dem Arduino:
https://www.hackster.io/arduino/projects

11. Erstelle in Projektarbeit ein digitales Kochbuch.
    Erstellt hierzu eure eigenen Aufgabenkarten. Hier ein paar grundsätzliche Vorschläge für die Umsetzung eines digitalen Kochbuchs:
    Rezept heraussuchen, kochen und filmen, schneiden der Filmaufnahmen, Text erfassen, zusammenfügen in ein Dokument, Einbindung von Videos, Fotos der Schritte und des fertigen Gerichtes, ein einheitliches Design umsetzen.

12. Führe ein „Physical Computing"-Projekt durch.
    a) Wähle einen Mikrocontroller aus (Arduino, LilyPad, Calliope)
    b) Wähle Sensoren, z. B. Lichtsensor oder Temperatursensor, aus und finde einen sinnvollen Anwendungsfall zum Thema „Leben in der Zukunft"
    c) Implementiere die Funktionalität des Sensors.
    d) Integriere alles in einen Schaukasten (z. B. Schuhkarton)
    e) Erstelle eine interaktive Präsentation mit Hyperlinkstrukturen, welche euren Anwendungsfall anschaulich darlegt.
    f) Entwerft mit Hilfe der Bildbearbeitung ein Szenario für euren Anwendungsfall.

„Temperaturhelfer" für den Kindergarten: „Brauche ich eine Jacke?"

Tipp: Deine eigenen Schaltpläne für Physical-Computing-Projekte kannst du mit fritzing erstellen:
http://fritzing.org

13. Baut und programmiert ein Stück smarte Kleidung mit dem Lilypad Mikrokontroller.
    Beispiel-Projektidee: Kleidungsstück, das leuchtet wenn du schwungvoll tanzt
    • am Saum LEDs befestigen
    • mit Beschleunigungsmesser verbinden
    • Funktionalität programmieren

Register

Symbole
3-D-Animation 124

A
Adressierung 10
agiles Projektmanagement 175
agiles Vorgehen 172, 179
Aktivitätsdiagramm 39
Aktoren 101
Algorithmus 38, 50, 89, 101
Animationsprinzipien 127, 137
– Beschleunigen und Verlangsamen 131
– Pose-zu-Pose 127
– Stauchen und Strecken 128
– Timing 128
Antivalenz 77
Anweisung 39, 95
Äquivalenz 79
ARP 14, 28, 34
Artweaver Free 135
Attribut 88
Audio 139, 167
– ~bearbeitung 142
– ~effekte 153
– ~formate 139, 141
– ~import 141
– ~objekte 139
Auflösung 106, 150

B
Barrierefreiheit 157
Bedienbarkeit (Usability) 157
Bedingungen 88, 91, 95
Bildwiederholraten 150
Bit 139
Bitrate 139
Blenden 153
BlueJ 53, 54
Box-Modell 165
Broadcast-Adresse 13
Broadcasts 13
Bus 7, 8
BYOD 15
Byte 139

C
Client-Server-Modell 23
CMYK-Farbmodell 108, 120
Codec 139, 144, 153
Codierung von Algorithmen 38
Compiler 53
Computeranimation 123
Computergrafik 106
Cookies 31
Corporate Identity 157
Creative Commons Licence 152
crossfade (Überblenden) 143
CSS 168, 169

D
Datenkapselung 65
Datenschutzgrundverordnung (DSGVO) 32, 152
Debugger 96
Default Konstruktor 59
Deklaration 42
DHCP 15
Dienste 23
Disjunktion 73
DNS-Server 25
Domain 25

E
Editor 53, 158
eingebettete Systeme 85, 97
einseitig bedingte Anweisung 91
Einzelbildanimation 123
– mit Fotos 135
Endlosschleife 43, 92
Ethernet 7
Ethernet-Frames 27
Exklusiv-Oder 78

F
Farbmodelle 108, 120
Filmprojekte 155
Firewallregeln 21
Froschperspektive 146
FTP 28
Funkübertragung 9
fußgesteuerte Schleife 43

G
Gateway 19
Glasfaserkabel 9

H
Halbaddierer 81
Host 12
HTML 158
– Grundgerüst einer HTML-Datei 159
– Objekte und Attribute 160
HTTP 27, 28
Hub 14
Hyperlink 162
Hypertext 158

I
Implementierung 57, 61, 173, 179
Industrieroboter 85
Infrarot-Sensor (IR-Sensor) 97
Initialisierung 42
inkrementell 175
Inkscape 107
Internet, Geschichte 29, 30
Internet Protocol (IP) 10, 27, 28
IP-Adresse 10
iterativ 175

iterativ-inkrementeller Prozess 175
IT-Projekt 172

J
Java 53
JDK 53
JRE 53
Jugendschutzgesetz 152

K
kabelgebundene Übertragung 9
Kameraaufnahmen 145
Kamerabewegung 146
Klasse 140
klassisches Wasserfallmodell 173
Kommentare 160
Kompression 119
Kompressionsverfahren (Codec) 139, 153
Konjunktion 75
Konstruktor 58
Kontrollstruktur 101
kopfgesteuerte Schleife 43
Kugelcharakteristik 141
Kunsturhebergesetz 152
Kupferkabel 9

L
LAN 6, 10
LAN-Kabel 6
LED 97
Listen 50, 162
Logikgatter 72
logische Grundfunktionen 72

M
MAC-Filter 33
Margin 166
Markup 158
mBot 97
Methode 95
Methoden 40, 60, 88, 140
Mikrofonaufnahmen 140
MIME, Multipurpose Internet Mail Extensions 167
mobile autonome Roboter 85
Mobilfunk 9
Modell 38
Modellierung von Algorithmen 38
MP3 139, 140
MP4-Codec 150
MPEG-2 144
MPEG-4 144
Multicast 13

N
NAND-Schaltung 76
NAT 21
Negation 75, 93
Netzwerkkarte 6
NOR-Schaltung 76

O
Objekt 140
objektorientierte Programmierung 65
Objektorientierung 53
ODER-Funktion 72

P
Parameter 89
Perspektiven 146
Pixelformate 119
Pixelgrafik 106, 120
Programmablaufplan 101
Programmieren 101
Programmoptimierung 96
Programmtest 96
Projektdurchführung 179
Protokolle 26, 34
Punktnotation 101

Q
Quellenangabe 152

R
Rechenwerk (ALU) 82
Rendering 133, 134
rendern 149, 153
Repeater 9
RGB-Farbmodell 108, 120
RGB-Schema 163
Richtmikrofon 153
Ring 7, 8
Roboter 85
Robot Karol 86
Router 18
Routingtabelle 21

S
Schleife 43, 50, 101
 – fußgesteuert 43
 – kopfgesteuert 43
 – verschachtelte 93
Schnitt
 – hart 148
 – Montage 153
 – weich 148
Scratch 44, 47
 – Listen 47
 – Variablen 47
Semantik 91, 101
Sensoren 85, 97, 101
Sequenz 39, 89, 101, 148, 153
Server 23
Softwareprojekt 56
 – Analyse 56
 – Entwurf 56
Sounddesign 149
SSID 33
Stern-Topologie 7, 8
Storyboard 127, 147, 153
Strafgesetzbuch 152

Subnetting 10
Subnetzmaske 12
Switch 6, 14
Syntax 91, 101
Szene 148, 153

T
Tags 158, 169
TCP 26
Top-Level-Domain 25
Topologie 7

U
Überblendung (crossfade) 143, 153
Übertragungsmedium 8
UND-Funktion 75
Unicast 13
Unified Modelling Language (UML) 39
Urheberrecht 114, 120, 152
URL 25
Usability (Bedienbarkeit) 157

V
Variable 41, 50
Variablentyp 41
Vektoranimation 123
Vektoren 111
Vektorformat 119
Vektorgrafik 106, 120
Vektorpfad 111, 125
Vererbung 66, 69
vermaschtes Netz 7, 8
verschachtelte Schleifen 93
Verschlüsselung 33
 – WEP 33
 – WPA2 33
Video 139, 144
 – ~bearbeitung 148
 – ~editor 153
 – ~effekte 153
 – ~export 150
 – ~formate 139, 144
 – ~import 150
Vogelperspektive 146
Volladdierer 82

W
Wasserfallmodell 172, 173, 179
Webdesign 157
Webserver 24
WEP 33
Wiederholungen (Schleifen) 92
Wireshark 17
WLAN 9

X
XNOR-Funktion (NICHT-ODER-Funktion) 79
XOR-Funktion (Antivalenz) 78

Z
Zählschleife 43, 92
Zelle 7, 8
zweiseitig bedingte Anweisung 91